AF357955

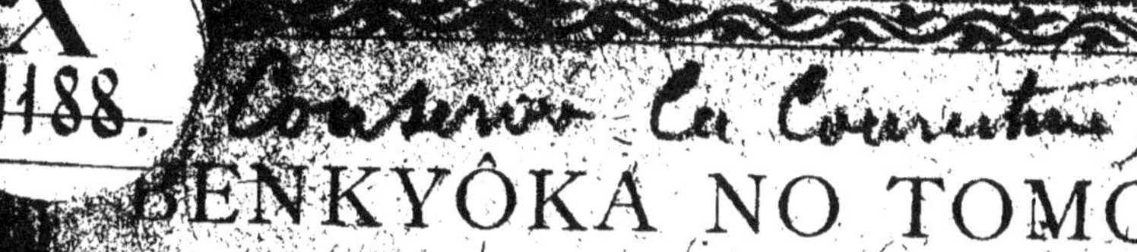

BENKYÔKA NO TOMO

"VADE-MECUM" DE L'ÉTUDIANT

OU

COMPILATION DE TEXTES

AVEC NOTES EXPLICATIVES

POUR SERVIR A L'ÉTUDE

DE

LA LANGUE JAPONAISE PARLÉE

PAR

P. CARON

MISSIONNAIRE APOSTOLIQUE

HONGKONG

IMPRIMERIE DE NAZARETH

1892

BENKYÔKA NO TOMO

BENKYÔKA NO TOMO

"VADE-MECUM" DE L'ÉTUDIANT

OU

COMPILATION DE TEXTES

AVEC NOTES EXPLICATIVES

POUR SERVIR A L'ÉTUDE

DE

LA LANGUE JAPONAISE PARLÉE

PAR

P. CARON

MISSIONNAIRE APOSTOLIQUE

HONGKONG

IMPRIMERIE DE NAZARETH

1892

AVANT - PROPOS

Plusieurs fois depuis mon arrivée au Japon, j'ai entendu affirmer que, sauf le *Shingaku dôwa*, le *Dô ni dôwa*, le *Kaikwa mondô*, et quelques autres ouvrages, il n'existait point de livres en langue japonaise parlée.

Que cette proposition fût vraie il y a une quinzaine d'années, je n'oserai pas y contredire : mais actuellement elle ne me semble plus fondée. Depuis quelques années, le désir de vulgariser la science, de la mettre à la portée même des enfants, a fait éclore nombre d'opuscules écrits en langue courante. L'*Instruction impériale sur l'Éducation* est venue donner un nouvel essor à ce mouvement. D'un autre côté, les romans ou nouvelles, les journaux amusants, les feuilles sérieuses même tendent de plus en plus à revêtir cette forme facile du langage vulgaire qui les fait pénétrer dans les masses. Ce n'est donc plus le manque de sujets d'étude qui pourrait arrêter l'étudiant, ce serait plutôt leur multiplicité.

Mais ici se dresse un obstacle : tous ces livres sont imprimés en caractères chinois, et, bien qu'on y trouve le *Kana* en regard, il en résulte, pour ceux qui n'ont eu ni le temps, ni le goût de faire une étude préalable des caractères, une sérieuse difficulté, pour ne pas dire une impossibilité, de lire ces ouvrages sans le secours d'un lettré indigène. C'est pour obvier à cet inconvénient que je me suis décidé à en publier de nombreux extraits en caractères latins.

A une traduction qui diminuerait trop le travail personnel, j'ai préféré de simples notes explicatives, qui, tout en éclaircissant les passages difficiles, laissent cependant à l'étudiant le plaisir et le mérite d'arriver par lui-même à l'intelligence du texte : avantage fort précieux, car on retient beaucoup mieux ce qu'on a laborieusement conquis.

Ce petit Recueil a trois parties : La première contient dix Leçons, composées chacune de trois Exercices : un récit, une conversation, et un discours. Cette première partie, sans difficultés notables, convient surtout à ceux qui désirent acquérir une manière de s'exprimer à la fois simple et élégante.

La deuxième comprend cinq Leçons, dont chacune a un récit, un monologue ou un dialogue, et un discours amusant. Cette partie, qui est comme un tableau de mœurs japonaises, se distingue de la première par des difficultés plus sérieuses, et surtout par un grand nombre d'expressions populaires, utiles à connaître, mais que l'étudiant cependant ne devra employer lui-même qu'avec discrétion.

La troisième partie, de cinq Leçons également, ne renferme que de courtes conférences sur des sujets scientifiques. Elle apprend les principaux termes techniques, qui peuvent se rencontrer dans la conversation courante.

Les notes qui accompagnent le texte donnent la signification: 1° des mots chinois ou japonais qui ne se trouvent pas dans le dictionnaire du Dr. Hepburn; — 2° des mots chinois qui, ayant dans le dictionnaire des homophones, prêteraient par conséquent à la confusion ou à l'ambiguité; — 3° des expressions populaires malaisées à rendre en français. — J'ai ajouté quelques remarques sur le style de tel ou tel morceau, et la construction de certaines phrases.

Voici, pour étudier ce livre avec fruit, une méthode qui me semble aussi simple que pratique: l'étudiant préparera avec soin la Leçon ou l'Exercice qu'il doit voir avec son professeur; il lira ensuite ce texte à haute voix, une ou plusieurs fois, avec les inflexions voulues, et en observant les coupures indiquées par la ponctuation. Puis, quand le *sensei* sera venu, on lira d'abord de la façon ci-dessus indiquée, le texte en son entier; on le reprendra ensuite phrase par phrase, demandant les explications nécessaires, jusqu'à parfaite intelligence de l'ensemble et des détails. Enfin, si l'on veut vraiment profiter de ces exercices, il faut compléter ce premier travail en étudiant de mémoire le texte japonais; et, pour y arriver plus aisément, on fera bien de traduire les leçons — une fois bien comprises — en un français exact et élégant, qui permette de saisir la façon dont les gallicismes se rendent en japonais.

Tous ces conseils sont évidemment superflus pour ceux qui ont déjà une certaine connaissance de la langue, ils ne s'adressent qu'aux débutants.

Dans plusieurs leçons, la nature du sujet m'a fait apporter au texte original quelques suppressions ou de légères modifications qui n'altèrent en rien la valeur de ces extraits.

Ce Recueil, fruit des loisirs forcés résultant d'une longue maladie, n'est point sans maintes imperfections qui tiennent à des causes multiples. Le Lecteur voudra bien, j'espère, être indulgent pour un travail entrepris en vue de lui être utile, si possible. P. C.

____

N. B. — Dans l'impression de cet ouvrage, on a dû, bien qu'à regret, substituer l'accent circonflexe français au petit trait employé communément pour marquer les voyelles longues en Japonais,

# PREMIERE PARTIE

BENKYÔKA NO TOMO

LEÇON I.

I

Le Savetier et le Financier.

Mukashi, mukashi, zundo no ô-mukashi, ima
no chan-chan bôzu no kuni de, Tô no yo ni (1),
Riuhakusû to iu namae no hito ga arimashite, kono
hito wa Reibujirô (2) to ka, nan to ka, iu o ya-
kunin sama de gozaimashita kara, zeitaku wa shi-
hôdai, umai mono wa kui-hôdai de, jitsu ni eyô
eigwa ni kurashite ita hito de gozaimashita ga. —

Sono o yakunin sama no ie no mae wo, mainichi
mainichi, takigi wo shotte, tôru jii ga atte, sono
jii ga, takigi wo utte, kaeri-gake ni wa, kitto sake
ni yotte, hana uta wo utai nagara, samo omo-
shirosô ni kaette kimasu kara, — kano Riuhakusû
ga, kore wo fushigi ni omoimashite, aru hi, migi
no shiba-uri jii wo waga uchi ye yobi-irete, mô-
shimasuru ni wa: "Kisama wa, mainichi mainichi,
takigi wo shotte, waga ie no mae wo tôri-kaeri ni
wa, kitto sake wo nomi, uta wo utai, yohodo omo-
shiroki yôsu ni wa, ore mo urayamashiku omoi; ore
nado wa, waga mi wo o kami ye sashi-dashite (3),
fuchimai wo chôdai shite oreba, kimono mo ta-
kusan ari, kuimono ni mo sashitsukae naku;

---

(1) *Tô no yo ni*, sous la dynastie des *Tô*, vers l'an 650 après
Jésus-Christ.

(2) *Reibujirô*, assistant à la cour des Rites. Cette expression
est mise ici dans un sens comique.

(3) *Mi wo o kami ye sashi-dashi*, paraître à la cour.

kerai mo, gejo mo amata atte, taisô kiraku no yô
da ga, — nan ja ka ja to, yoru hiru tomo, shimpai
bakari de, totemo dodoitsu hitotsu utau hima ga nai
ga, — kisama wa, dô shite kayô ni tanoshimu ka?''
to toitareba, shiba-uri jii no kotaete iimasuru ni
wa: ''Sareba de gozaimasu. Watakushi wa, kono
machi-hazure no kata-hotori ni, ku shaku shihô no
koya wo koshirae, tada hitori de kurashite ori-
mashite, mainichi, ni hyaku mon no zeni wo
motte, shiba wo motome; kore wo machi ye utte,
ribun wo sukoshi môkete, mochi wo kui, sake wo
nonde koya ni kaeri; hiza wo kagamete daki, hiji
wo makura ni shite, yo (1) wo akasu oibore oyaji
de gozarimasuru ga, — mohaya toshi wo totte ori-
masureba, iya (2) ya kimono no nozomi mo naku;
tsumi wo okashimasen kereba, osore mo naku;
takuwaeta kane mo nakereba, dorobô ni torareru
kizukai mo nashi (3); yotte, ichi gô ka ni gô no
sake wo nonde, kono ue mo nai tanoshimi to shite
orimasu, '' to iimashitareba, Riuhakusû wa, masu-
masu urayamashiku omoimashite, mata iimasuru
ni wa: ''Kenjin (4) to wa, kisama no koto ja!
Naruhodo! sô iu ryôken de kurashite oreba, ta-
noshii koto de arô. Sari-nagara, ima sukoshi
môke ga ôkereba, naosara tanoshiki koto de arô, ''
to, zeni ni kwam-mon wo dashite yarimashitareba,
shiba-uri jii wa, taisô yorokonde, kaerimashita.

---

(1) *Yo*, nuit.
(2) *Iya*, est mis ici pour *ie*, maison.
(3) ...*kizukai mo nashi*. Remarquer dans cette phrase l'heu-
reux emploi du conditionnel présent *orimasureba, nakereba*, au
lieu de *orimasu kara, nai kara*. *Yotte* est employé ici à cause
de la finale *nashi;* on pourrait dire également : *gozaimasen kara,*
(4) *Kenjin to wa.....,* certes, tu es un vrai sage !

Suru to, sono yokujitsu kara, takigi wo dossari shotte, machi ni urimashite, kaeru toki ni wa, sake mo nomazu, uta mo utawazu, isogashisô ni kaerimasu kara, Riuhakusû mo fushigi ni omotte orimasu to, oyoso san jû nichi mo tatte, kano oyaji ga, Riuhakusû no ie ye kite, zeni ik-kwammon wo hôri-dashite, môshimasuru ni wa: "Danna, kono aida wa, arigatô gozaimashita ga, kono zeni ga arimasu to, ni ga omokutte, ase-mizu wo nagasanakereba narazu; mata, zeni no nokori wo koya ye kakushite oku mono desu kara, moshi dorobô de mo tori wa senu ka (1)? to, isoide kaerimasu kara, sake mo nomu koto ga dekizu; uta wo utau koto mo dekimasen kara, kono zeni wa o kaeshi môshimasu," to, hôri-dashite, sarimashita sô de gozaimasu (2).

(Extrait de *Kokkei hitori enzetsu*, page 9.)

2

UNE RENCONTRE FORTUITE.

Chikamori Toki-o, jeune étudiant pauvre mais intelligent, est allé voir un feu d'artifice. Il est rencontré par une amie d'enfance, Sumida Umeko, qui, pensant le reconnaître, l'aborde et lui adresse ainsi la parole:

Umeko.—Moshi, o hito chigai nara, gomen nasaimashi. Anata wa Chikamori san to wa osshaimasen ka?"

---

(1) *Tori wa senu ka*, équivaut à *torimasen ka*.

(2) A la fin d'un récit, *sô de gozaimasu*, équivaut à notre expression française: on dit que, il paraît que, on raconte que... Il faudrait donc éviter d'employer *sô de gozaimasu* à la fin du récit d'un événement dont on se porte comme témoin oculaire, ou que l'on tient de source certaine.

Toki-o. — Hai! Boku wa Chikamori desu, Chika-
mori Toki-o desu.

Umeko. — Sonnara, Chikamori san desu ka? Ma-
koto ni hisashû o me ni kakarimasen mono desu
kara, donata ka? to hajime wa omoimashita, —
yoku, mâ! o tassha de ....

Toki-o. — Anata wa Sumida no Umeko san de-
shita ka ?

Umeko. — Hai !

Toki-o.—Kore wa, shitsurei shimashita! Boku wa,
dômo! sukoshi wa mi-oboe ga arimashita yô na
kokoro-mochi ga shimashita ga, — donata da ka?
to, ima made handan ni kurushinde (1) ita no de, —
makoto ni hisashiburi de, — mina san wa, o tassha
desu ka?

Umeko. — Arigatô. Minna sôken ni kurashite ori-
masu. — Anata wa konnichi wa, hana-bi ye o ide
nas'tta no desu ka?

Toki-o. — Sô desu. — Anata mo ...

Umeko. — Hai! — Anata no o sumai wa dochira
desu?

Toki-o. — Boku no sumai desu ka? Boku no su-
mai wa, Bunkaidô to iu honya no ura de, —iya! dô-
mo! kitanai tokoro de ....

Umeko. — Hé-hê! Bunkaidô to iu no wa, Kôfu (2)
no desu ka?

Toki-o. — Hai! Kôfu de ....

Umeko. — Anata wa, tôji wa, dono gakkô ye o ide
ni narimasu ?

Toki-o. — Doko ye mo yukimasen. Mainichi uchi
ni bura-bura shite oru no de, "kyô wa koko ni

---

(1) *Handan ni kurushinde,* ayant peine à décider.
(2) *Kôfu,* chef-lieu du département de *Yamanashi.*

hanabi ga aru'' to shimbunshi no shirase ni, ichi-moku-san ni tobi-dashite kita no de, — toki ni, Kôichi (1) kun wa ai-kawarazu go benkyô deshô.

Umeko. — Mô Tòkyô ye itte ichi nen amari sugi-masu ga, — kono aida no yûbin ni wa, Tôkyô no yôsu wo kaite yokoshimashita. Sono owari ni: ''Toki-o kun wa nani wo shite oru ka? Sôken de oru ka? Henji wo dasu yô ni ....'' to arimashita. — Ani mo zuibun benkyô shite oru yô desu.

Toki-o. — Ha-hâ! Sô desu ka? Sore de boku wa anshin shimashita. — Dôka, Kôichi kun ni: ''Boku no tassha de oru koto, narabi ni, fujûbun nagara mo, benkyô shite oru'' to iu koto wo shirashite kudasai.

Umeko. — Hai! Sô itashimasu.

Toki-o. — Ima hi ga kurete shimaimasu kara, taku ye kaerimashô. — Dôka, o uchi ye yoroshiku .... Kôi-chi kun ye mo, yoi tayori ni, sono yoshi (2) wo ....

Umeko. — Sayô nara .... Chitto taku ye o asobi ni irasshaimashi.

Toki-o. — Arigatô. Mata, ori wo mite, ukagaimashô.

(Extrait de *Nintai no hana*, page 91.)

3

LA DISPUTE DU COUTEAU ET DES CISEAUX.

Enzetsusha Kanai Ryôkichi susunde, enzetsu no se-ki (3) ni noboru to, sûhyaku no bôchôsha te wo utsu no koe (4): pachi, pachi, pachi (5).

---

(1) *Kôichi*, frère de *Umeko.*
(2) *Yoshi*, circonstance.
(3) *Enzetsu no seki*, place d'où l'on prononce le discours.
(4) *Koe* équivaut à *oto.*
(5) *Pachi-pachi*, onomatopée représentant le bruit des cla-quements de main.

Tadaima wa hijô ni o te wo narashite kudasari-
mashita ga, watakushi no môshi-ageru koto wa,
sonna ni rippa na giron de mo arimasen kara, kaet-
te arigata meiwaku (1) de gozaimasu.

Watakushi, konnichi wa, nani mo yôi wo shite
mairimasen deshita kara, goku chotto shita koto
wo noberu tsumori de arimasu.

Mina san wa, yoku go zonji no tôri, hasami to
kogatana wa dochira mo, mono wo kiru dôgu de
gozaimasu ga, kogatana wa itsu mo hasami wo ka-
roshimete orimasu.

Aru toki, kogatana ga hasami ni mukatte : ''A-
nata wa, watakushi to chigatte, ha no tsuita mono
ni mai nakereba, mono wo hasamu koto dekima-
sumai. Watakushi wa, ichi mai no ha de, nani
mono de mo sassoku kiremasu. Ika ni anata ga
ibatte mo, watakushi ni wa oyobimasumai,'' to
môshimasureba, hasami wa naka-naka shôchi shi-
masen.—''Kore, kogatana san ! Anata ga kire-
aji (2) no yoroshii jiman wo nasarimasu ga, tame-
shi ni, kore wo kitte goran nasai,'' to, jibun no
ashi no tsume wo dashimashita. Kogatana wa
kangaete : ''Naruhodo ! Tsume wo kiru toki nado
wa (3), ware wa hasami ni oyobanai,'' to omoi,
hasami no warai wo maneku wo osorete, ashi no
tsume wo kiru koto wa yoshimashita.

---

(1) *Arigata meiwaku*, agréable ennui. L'honneur que vous
me faites de m'acclamer ainsi m'est agréable ; d'un autre
côté, si je considère le peu de valeur de mon discours, cet
honneur devient pour moi un ennui.

(2) *Kire-aji* ...., tu peux te vanter, si tu veux, de bien cou-
per, mais ...

(3) *Kiru toki nado wa*, japonicisme que l'on peut rendre
ainsi : pour ce qui est de couper un ongle ; et *autres cas*
analogues.

—Oyoso, yo-no-naka no hito ni wa, ete fu-ete ga gozaimashite, nani gei ni mo, mannô (1) no hito wa sukunô gozaimasu. Ôku no hito no naka ni wa, sanjutsu ni kuwashii hito mo ari, dokusho ni jôzu na hito mo ari, gwagaku ni jôzu na hito mo ari; hitori ni tsuite, nani ka ichi gei zutsu, ete ga aru mono de gozaimasu. Subete ôku no hito to tsuki-ai wo suru hito ya, ôku no hito wo tsukau hito wa, ono-ono no ete no tokoro wo riyô (2) shinakereba narimasen. So shite, ono-ono no fu-ete no tokoro wo semete (3) wa narimasen. Moshi mo, sono fu-ete no ten (4) wo anadoreba, kaette jibun wa haji wo kaku mono de gozaimasu.

(Extrait de *Shôgaku hyakkwa sôsho*.)

LEÇON II.

I

EXEMPLE DE PATIENCE.

Mukashi, Rokusuke to iu otoko ga atte, nani-goto ni mo, hara wo tateru to iu koto ga nakute, ikani mo kannin-zuyoi tokoro kara (5), yo no hito ga, adana shite " Kannin no Rokusuke! Kannin no Rokusuke! " to yonde orimashita. Shi-karu ni, kono Rokusuke ga (6) kannin-zuyoi no

---

(1) *Mannô*, ou bien *yorozu no chikara*, un homme complet.
(2) *Riyô suru*, utiliser.
(3) *Semete*, participe de *seme, ru*, reprocher.
(4) *Ten*, point.
N. B.—Remarquer l'emploi de *wa* au lieu de *wo*. Ex.: *Kiru koto wa, yoshimashita*. Dans ce cas, *wa* se rend par *quant à*.
(5) *Tokoro kara*, à cause de.
(6) *Ga* a ici sa signification primitive de *no*, de. Voir Chamberlain (*Hand-book of colloquial Japanese*, pag. 57. n. 91).

wo yo no hito ga mina homeru no wo kinjo no
warui mono ga gôhara ni omôte: ''Rokusuke wo
ichiban komarasete yarô,'' to, aru hi no koto,
onaji akutô ga jû nin bakari uchi-yori, ii-awa-
shite (1), Rokusuke ga aruite kaeru ushiro kara
tsukete itte (2), dashi-nuke ni nigiri; kobushi
wo katamete, Rokusuke no atama wo poka-poka to
tô (3) bakari naguri-tsuketa keredomo, — Roku-
suke wa sumashi-konde (4) iku kara, — mata, ha-
shiri-yotte, kondo wa, shi go nin kakatte, oyoso
go roku jû mo naguri-tsuketa keredomo, — Roku-
suke wa yahari sumashi-konde yuku no de, —
akutô-domo wa: ''Koitsu-me, kore de mo, nan
to mo iwanu ka?'' to, mina mina tachi-yotte, kon-
do wa, kazu kagiri naku, mecha-mecha ni (5),
poka-poka to naguri-tsuketa keredomo, — Roku-
suke wa yahari sumashi-konde, kakubetsu okoru
yô na keshiki mo nai no de, sasuga no akutô mo
osore-itte: ''Sate mo! Sate mo! Rokusuke dono!
kikô (6) wa, ika naru jutsu ga atte, kaku made
ni yoku kannin ga dekimasu ka? Chôchaku ni
au to iute mo, itsutsu ya tô nara, kannin mo deki-
yô keredomo, ima nazo (7) wa, kikô no atama wo
oyoso go roppyaku mo butta de arô ni, sukoshi
mo ganshoku (8) wo henzezu, kannin shite su-

---

(1) *Ii-awashite*, se concertant.
(2) Remarquer ici cet idiotisme japonais : *Aruite kaeru ushi-
ro kara*, pour *aruite kaette ita tokoro ga, ushiro kara*.
(3) *Tô*, dix coups.
(4) *Sumashi-konde*, plein d'indifférence.
(5) *Mecha-mecha ni*, sans ordre ni mesure.
(6) *Kikô*, ou bien *anata*.
(7) *Nazo*, ou bien *nado*.
(8) *Ganshoku wo henzezu*, sans changer de visage.

mashi-konde oru to iu no wa, ningen no waza to wa mienai ga, sadameshi kijutsu (1) no aru koto de arô. Kono ue wa, washi-ra no tsumi wo yurushite, dôka, sono kannin no shiyô wo oshiete kudasai" to iu to, — Rokusuke wa: "Ha-ha!" to waratte: "Iya! Nani mo kannin suru no ni, muzukashii denju (2)'mo, kijutsu mo, nan ni mo nai. Tatoi watakushi ga, atama wo go hyaku butarete mo, roppyaku nagurarete mo, kannin suru no wa, tatta hitotsu zutsu de aru" to iuta no ni, — akutô-domo mo kampuku shite: "He-hê! Naruhodo! Sô desu ka? Watakushi-domo mo, kore kara kono ichi gon (3) wo mamorimashô" to iute, sore kara, ono-ono kokoro wo aratameta to iu hanashi ga gozaimasu.

(Extrait de *Mono-shiri-gao*, page 38.)

2

LE NOUVEAU JAPON.

Deux jeunes étudiantes s'entendent pour fonder une société, dans le but d'avancer la civilisation de leur pays.

Yoshiko vient voir son amie Umeko, et lui adresse ainsi la parole: Makoto ni go bu-in ni uchi-sugimashite, nan to mo môshi-wake ga gozaimasen. — Yoku mina san mo o sawari ga naku, o medetô zonjimasu,—itsuzo ya o tegami ni azukarimashite, sugu

---

(1) *Kijutsu*, art mystérieux.
(2) *Denju*, enseignement.
(3) *Ichi gon*, c'est-à-dire, *hitotsu no kotoba*.

ni mo agaru hazu deshita keredomo, yondokoro nai yôji no tame, tsui o yakusoku no nichigen wo hogu (1) ni shite, môshi-wake ga gozaimasen.

Umeko. — Dô itashimashite! Watakushi koso go busata wo itashite, ai-sumimasen. Sukoshi go sôdan wo itashitai koto ga arimasu kara, anata no o taku ye ukagaimashô to zonjite orimashita ga, iro-iro shirabe-mono ga dekita mono desu kara, tsui-tsui agarazu, o tegami wo sashi-agemashita ga, —jitsu wa, isogashikute, anata ga o ide de nakereba, yoi ga to inotte orimashita yo! — mô yôji mo katazukimashita kara, kyô wa, gogo kara de mo, anata ye ukagô to zonjite ita tokoro desu ni, — kaette, anata ni o ashi wo o hakobase môshite, osore-irimashita, ne!

Yoshiko. — Ara! osore-itte nado wa, ikemasen, yo! Tô ni (2) agaru beki deshita keredomo, — hontô ni Nihonjin ga, yakusoku no kigen wo yaburu no wa, kanshin desu, ne!

Umeko. — Ho-ho! Yoshiko san wa, tokugi no zainin desu (3), ne! Yakusoku no kigen wo yabutte .... dôka, kono kuse wa naoshitai mono desu, ne! Yoshiko san!

Yoshiko. — Hontô ni sayô desu, yo! Seiyôjin no yô ni kichin to (4) jikan wo mamoru no ga, tsûjô de arimasu no ni, — Nihonjin wa, kore ga nara-

---

(1) *Hogu ni shite,* en faire comme de bouts de papier que l'on néglige, c'est-à-dire, oublier.

(2) *Tô ni,* depuis longtemps.

(3) *Tokugi no zainin,* est mis ici par opposition à *hôritsu jô no zainin,* et veut dire : vous êtes coupable, non devant la loi, mais au point de vue des convenances.

(4) *Kichin to,* ric-à-ric.

washi ni natta mono desu kara, yôi ni wa naori-
masen deshô.

Umeko. — *Shûkwan wa dai ni no tensei* to yara de,
shimi-konda kuse, wa, naka-naka naoranu mono
desu. Yohodo mae kara, kono koto wo shimbun
zasshi de ronji-tatete, kono kuse wo naosu yô ni
tote, ô-sawagi wo shimashita ga, — dame no mono
desu, ne. Kore ga Nihonjin dô-shi (1) desu kara,
jikan wo tagaete mo, yakusoku wo yabutte mo,
betsu ni sawagi wa dekimasen ga, ima ni naichi
zakkyo ni de mo natte, Seiyôjin to hiroku kôsai
wo suru toki ni wa, totemo ima made no injun
shugi (2) de wa Seiyôjin no ki ni irumai, — dôka,
ichi nichi mo hayaku kono kuse wa naoshitai
mono de .. .

Yoshiko. — Injun shugi de wa, komarimasu, ne !
Watakushi no kangaeru ni wa, kono kuse wo
naosu ni wa : mazu dai ichi, joshi ga shujikwai (3)
mita yô na mono wo setsuritsu shi ; jijitsu wo sada-
mete, yori-ai ; enzetsu nari, tôron nari shite, chi-
koku (4), matawa, hayaku (5) shita mono wa
kwai-in taru koto wa yurusanu to iu yô ni shita
nara, kono kuse wa oi-oi naoru darô to omoimasu.
Sore de, hito no tsuma taru mono ga kwai-in de
aru naraba, onore ga kwazen to (6) jiki wo aya-
maranu yô ni : yoru beki tokoro ye wa, yori ; nasu
beki koto wa, sugu ni nasu yô ni shitara, sono

---

(1) *Dôshi,* ou bien *onaji kokorozashi,* même sentiment.
(2) *Injun shugi,* ce mauvais *principe de retarder* toujours
ce qu'on doit faire sur l'heure.
(3) *Shujikwai,* société de ponctualité.
(4) *Chikoku,* manquer l'heure.
(5) *Hayaku,* violer sa promesse.
(6) ... *kwazen to jiki wo ayamaranu yô ni,* s'appliquant
fermement à ne pas manquer l'heure.

otto mo, chokusetsu ni kansetsu ni (1) tsuma no okonai ni kankwa shite, kono warui kuse ga naoru deshô. Mata, kono yô na tsuma no sodatetaru ko wa, haha no okonai ni kankwa sare, uso mo tsukazu, nusumi mo sezu, namake mo sezu shite, sunawachi, jikan no yakusoku nado mo yoku mamoru zenryô naru ko ga dekiru darô to kangaemasu.

Umeko. Sore wa mei-an (2) de ….Sate, go sôdan to môsu no wa, hoka no koto de mo gozaimasen ga, — watakushi wa, Nihon joshi no chi-i ga susumanu koto wo ureite, nani ka kôsaikwai no yô na mono wo hiraite mitai to omoimasu. Anata wa, ikaga to omoimasu?

Yoshiko. — Sô de gozaimasu, ne. Anata ga sono go kesshin nara, watakushi mo, oyobazu nagara mo, anata to chikara wo awase, hakkisha (3) no chi-i wo kegashimashô (4).

Umeko. — Anata sae sansei shite kudasareba, sugu ni mo hirakitai mono de, — da ga, shimbunshi ni kôkoku shite, hiroku kwai-in wo boshû (5) shite, sakan ni dai ikkwai wo hirakitai mono desu, ne.

Yoshiko. — Shimbun ni kôkoku wo suru ni wa, ano Ozawa san ya Masumura san ni o negai môshite, tokubetsu ni kwai-in ni natte, jinryoku wo negô de wa arimasen ka?

Umeko. — Sore ga yoi deshô. Ozawa san to Masumura san no o futari ga sansei shite kudasareba,

---

(1) *Chokusetsu, kansetsu,* directement, indirectement.
(2) *Mei-an,* proposition magnifique.
(3) *Hakkisha,* celui qui met en branle une affaire.
(4) *Chi-i wo kegasu,* souiller la position ; formule de politesse excessive, pour s'excuser de demander la charge que l'on désire.
(5) *Boshû suru,* réunir.

kwai-in mo takusan dekimashô. Kwaijô wa, Ya-
manashi Kairakkwan to shite; kwai wa, tsuki ni
do gurai ga yoi deshô.

Yoshiko.— Ni do gurai de, yoi no desu. Oi-oi
seidai ni natta nara, jogaku zasshi de mo hakkô
suru yô ni .... ne ! Anata !

Umeko.—Watakushi mo yahari sono tsumori desu.

Yoshiko. — Aku made mo, kono kwai no hone to
natte, jinryoku shimashô; kore mo onajiku kuni
ni tsukusu gimu desu kara.

Umeko. — Nintai futô (1) no seishin wo motte,
tajitsu rippa na mi wo musubasemashô, ne ! Yo-
shiko san ! — Chotto kôkoku-bun wo kakimashô
ka ? *To ii-tsutsu, suzuri wo hiki-yosete, kangae na-
gara, sara-sara to kaki-kudashitaru bummen wa : (suit
la teneur de l'annonce).* Yoshiko san, naoshite ku-
dasai, yo ! Yatara-gaki (2) desu kara.

Yoshiko. — Donna de mo, wake sae wakareba, yô
gozaimasu, yo ! Isoide shimbunsha ye tanomi, sono
kaeri ni Ozawa san no tokoro ye yorimashô.

Umeko. — Sô shimashô. — Soro-soro sensô ni tori-
kakaru no de, kyô koso wa shutsujin no kado-
ide (3) desu, ne !

Yoshiko. — Senjô made wa yohodo ai ga arimasu,
kono dôchû ni wa, iro-iro no teki-hei mo imasu
ga, koko wo yaburi-susumu mono wa, anata to wa-
takushi to no hoka wa arimasen kara, zuibun
shikkari shite kakaraneba ikemasen, ne ! *

(Extrait de *Nintai no hana*, page 97.)

---

(1) *Nintai futô*, patience et courage.
(2) *Yatara-gaki*, premier jet ou brouillon.
(3) *Shutsujin no kado-ide*, la sortie des troupes du camp.
* N. B.—Remarquer dans ce morceau l'observation scru-
puleuse, par les femmes de la classe élevée, des formules de

3

LA MANIÈRE DE BIEN PARLER.

Watakushi wa, konnichi, nôben to iu koto wo nobete, o mimi wo kegasu tsumori de gozaimasu. Watakushi wa shigoku totsuben de gozaimasu. Totsubensha ga, nôben no enzetsu wa, fu-niai de gozaimasu ga, — moshi mo, shokun ga, watakushi no yô ni totsuben ni natte wa komarimasu kara, sono yobô-hô (1) to shite môshi-ageru no de gozaimasu.

Nôben to wa, monji no tôri, yoku shaberu to iu koto de gozaimashite, hitotsu no gakumon de gozaimasu. Onaji kotogara de mo, shaberi-kata ga heta de areba, sanseisha ga sukunô gozaimasu. Kôshi sama no o deshi chû ni mo, Shikô to iu hito wa bensha de, homerarete orimashita. Mata Sei-yô no Gambetta to iu hito wa, kindai yûmei no bensha de arimashita. Koto ni waga kuni wa, ima kara, kokkwai mo hirake; shi-chô-son no kwaigi nari, gunkukwai nari, fukenkwai nari; ware-ware no kangae wo nobenakereba naranu ba-ai mo, takusan ni natte kimashita kara, masu-masu nôben no gakumon ga hitsuyô ni natte mairimashita.

Heta no hito ga, taninzu no mae de, enzetsu suru wo goran ni natta koto ga gozaimashô: kubi wo shita ni mukete, ryôte wa oki-tokoro ni sashi-

---

politesse. — Dans le passage commençant par : *Injun shugi de wa komarimasu*, on trouve un exemple de la transition du ton ordinaire de la conversation à celui du discours : *Enzetsu nari, tôron nari shite*, ce qui a lieu lorsque quelqu'un veut formuler son opinion sur un sujet quelconque.

(1) *Yobô-hô*, manière de prévenir un mal.

tsukae; sono koe wa, kame (1) no naka ni sa-
kebu gurai no koto de, manjô (2) wa "oroka!" to,
sugu ni nare no hito ni mo kikemasen. Konna
arisama de wa, jibun no mikomi wo jûbun noberu
koto wa, kesshite dekimasen. Dô shite, tanin no
sansei wo eraremashô?

Enzetsu wo jôzu ni yaru ni wa, okubyô ga dai
ichi ikemasen.

Okubyô de wa, ase bakari dete, hijô ni seki-ko-
mimasu (3). Dono yô ni tanin no hampaku 4)
wo ukeru to mo, soko wa okubyô sezu ni, don-don
shaberu no ga sen ichi de gozaimasu. Shintai wa
massugu ni tatte, manjô wo mi-mawashi nagara,
heiki de yaranakereba narimasen. Ryôte wa, shijû
mono mane wo suru ni, hitsuyô de gozaimasu
kara, *pocket* no naka ya hakama no shita ye irete
oite wa narimasen: te-mane wa ôi ni benron (5)
wo tasukemasu. Benron chû ni wa, sukoshi no
kokkei (6) mo yoroshû gozaimasu. Sono tsugi ni,
hitsuyô no mono wa, koe no age-sage to kowa
-iro (7) de gozaimasu: koe ni age-sage ga nake-
reba, kiku hito ni kanji (8) ga irimasen. Yûsô (9)
na kotogara wa, yûsô ni; aware na kotogara wa,
aware ni benzuru no ga hitsuyô de gozaimasu:
kore wa, shibai no yakusha no omomuki wo yoku
mi-nukeba, yoroshû gozaimasu

---

(1) *Kame*, grand vase de terre.
(2) *Manjô*, toute l'assistance.
(3) *Seki-komi*, être hors d'haleine.
(4) *Hampaku*, contradiction.
(5) *Benron*, discours.
(6) *Kokkei*, plaisanterie.
(7) *Kowa-iro*, la couleur de la voix, c.-à-d. le ton général.
(8) *Kanji*, émotion.
(9) *Yûsô*, intrépidité.

Mada môshitai koto ga takusan gozaimasu ga,
ato no shokun no jama wo itashimasu kara, yame-
masu ga, — donata ka koko ye agatte, jitchi (1)
go kenkyû wo negaimasu.

(Extrait de *Shôgaku hyakkwa sôsho*.)

LEÇON III.

I

LA VRAIE RICHESSE C'EST LE TRAVAIL.

Igirisu no aru machi ni hitori no kanemochi ga
arimashita. Shite, kono machi de wa, naka-naka
haba no kiku hito (2) deshita ga, — yo-no-naka no
eigwa wa, asagao no hana de, asa saite, yûbe ni
chiru no narai nareba, "masaka no toki no yôjin
ni (3)," to, jibun no kodomo ni wa kane no aru
no ni mo kakawarazu, mina kotogotoku shokugyô
wo oshiete, sukoshi mo asobashite wa okimasen
deshita.

Goran nasai : Nihon de wa, kanemochi no kodo-
mo wa, chiisai toki kara, waga mama ni sodate-
masu kara, toshi wo totte, nan no shokugyô mo
nasu koto atawazu, mattaku okotari-mono ni naru
no ga takusan desu kara, moshi shindai ga kata-
muku yô ni naru to, taihen komatte kimasu ga, —
hontô ni kanashii koto de wa arimasen ka?

---

(1) *Jitchi*, pratique (par opposition à théorie).
(2) *Haba no kiku hito*, homme influent.
(3) *Masaka no toki no yôjin ni*. Il me semble qu'on doit
après *yôjin ni* sous-entendre *shiku wa nashi :* il n'y a rien de
mieux que de prendre ses précautions en temps convenable,

Kono kanemochi ni *Rakeru* (1) to môsu airashii musume ga arimashita ga, ototsan wa kono musume ni *shappo* no kazari wo tsukeru shigoto wo narawasemashita. Mina san no naka ni: "Takusan o kane ga atte, mireba, nanni mo fujiyû na koto wa nai no ni, naze shigoto nan ka narawaseru ka?" to utagau o kata mo arimashô ga, — oyoso kane hodo, ikura atte mo, tsukaeba, sugu to naku naru mono wa arimasen. Shokugyô wa, kane to chigatte, mi ni tsuite ite, naku naranu mono desu kara, moshiya bimbô ni natte mo, shokugyô wo kokoroete ori sae sureba, mata kangae no tsuke-yô ga aru mono desu.

Da kara, *Rakeru* no ototsan wa, ima wa nanni mo komaru koto wa nai no desu ga, nochi no tame wo omotte, kono shigoto wo narawaseta no deshô. *Rakeru* mo mata konna kanemochi no musume ni ni-awazu (2), oya no ii-tsuke wo yoku mamori, isshô-kemmei ni shigoto wo shussei (3) shimashita kara, ma mo naku, hitori de mise de mo dashite, akinai ga dekiru hodo ni jôtatsu shimashita.

Aa! yo-no-naka wa, nan to, mâ! utsuri-kawari no hayai deshô! — Sono go, ichi nen bakari tatsu to, ototsan wa hijô ni son wo shite, tsui ni shindai-kagiri no shobun (4) wo ukeru hodo ni narimashita yue, pattari kurashi-kata ni komatte kimashita ga, — *Rakeru* wa, konna toki no yôjin ni, shokugyô wo oboete otta no desu kara, sugu *shappo*-kazari no mise wo hiraki, shôjiki ni hataraki-

---

(1) *Rakeru*, Rachel.
(2) *Ni-awazu*, non conforme à sa condition.
(3) *Shussei suru*, donner toute son énergie.
(4) *Shindai-kagiri no shobun*, déclaration de faillite.

mashitara, ma mo naku, tokui (1) ga takusan fue-
te, jûbun ni sono ryôshin wo yashinau koto
ga dekiru yô ni, kôkô wo tsukushimashita to
môshimasu.

(Extrait de *Yônen no shinro*, page 62.)

2

UN SECOURS OPPORTUN.

*Deux créanciers, l'un, marchand de bois de chauf-
fage, l'autre, marchand de vieux objets, se présentent
chez Chikamori Toki-o, pour exiger le paiement de ce
qui leur est dû.*

Makiya. — Gomen nasai, yo !

Dôguya. — Gomen yo ! (*Ils entrent.*)

Makiya. — Oi ! Chikamori san! omae san no na-
ki-goto, wabi-goto mo kiki-akimashita. Kyô wa,
dô de mo, go ka tsuki-bun no takigi-chin noko-
razu haratte moraitai.

Dôguva. — Moshi, Chikamori san! anata mo
manzara ningen no tsura wo kabutte iru kara wa,
giri ninjô (2) wa ikura ... baka de mo wakimaete
iru darô .... kô shite, mainichi dekakete kuru no
mo, mono-zuki de kuru no de wa gozaranu zo! —
Suzuri no dai ya tsukue no dai wazuka da kere-
domo kinsen da. Ichi mon, ni mon mo, somatsu
ni wa dekinu : ishi ya kawara wa, michi-bata ni
takusan korogete iru keredomo, kane bakkari wa
taishita mono .... ikura sukoshi no kane da tote,
uke-torazu de wa orarenai. Dôka kippari kyô

---

(1) *Tokui*, la pratique.
(2) *Giri ninjô*, sentiment des convenances,

koso wa, kane wo dasu to mo dasanu to mo, tsuru
no hito koe (1) wo kikashite kudasai.

Toki-o. — Kore wa, o futari sama gata, tabi-tabi
no go sokurô (2) osore-irimasu. Watakushi da
tote, kane wo harawanu to iu de wa arimasen ga, —
goran no tôri no arisama de ... ikura go saisoku
ni azukatte mo, moto yori nai mono desu kara ....
Jitsu ni, watakushi wa, mina san ga tabi-tabi go
saisoku ni o ide kudasaru mono desu kara, dôka
hayaku henkyaku, iya ! haraitai to omoimashite,
iro-iro kufû wo itashite mo, umai kinsaku (3) wa
dekimasen yue, yondokoro naku, mawaranu (4)
fude wo mawashite, tsumaranai shôsetsu wo cho-
jutsu no mane wo shite imasu ga, — kore de mo
shuppan shite, ikura ka kane wo eru tsumori desu
ga, — dôka, ima sukoshi no aida, go kamben wo
negaimasu. Watakushi da tote, giri ninjô wo
shiranu mono de wa arimasen. Kane wo taosu (5)
yô na koto wa itashimasen. Hensai to iu koto
mo shitte orimasu ; harau to iu koto mo zonjite
orimasu yue, kakubetsu no go rensatsu wo motte,
sukoshi no yûyo wo negaimasu.

Makiva. — Iya, iya, narimasen. Sonna furu-ku-
sareta ii-nuke (6) wa kiki-akite, mimi ni wa, ippai
tako-darake (7). — Hontô naraba, ima made saisoku

---

(1) *Tsuru no hito koe,* un seul cri de grue. Expression
figurée pour dire : une parole décisive.

(2) *Sokurô,* pour *saisoku no rô,* la peine que vous vous êtes
donnée de venir réclamer ce qui vous est dû.

(3) *Kinsaku,* expédient pour se procurer de l'argent.

(4) *Mawaranu fude,* pinceau inhabile.

(5) *Kane wo taosu,* faire perdre de l'argent.

(6) *Ii-nuke,* échappatoire.

(7) *Mimi ni ippai tako-darake,* j'en ai des ampoules plein
les oreilles.

ni kita zôri-chin mo ka-nyu (1) su beki da ga, kore wa makete yaru to shite mo, ichi yen wa morawaneba naranu. Chikamori san, iya! Toki-o san, ii-wake wa yame to shite, hommi (2) no kane wo haratte kudasai.

Dôguya. — Ame no furu hi mo, kaze no hi mo kakasazu (3), mainichi kayoi-kite, mô saisoku wa akimashita. Dekinu nara, dekinu de yoroshii : sono kawari ni, tsukue to suzuri, ano furu-bôshi furu-gutsu mo nokorazu motte mairimashô.

Makiya. — Susubei san ga sô suru nara, watakushi mo nani ka …. ho-ho! ano yagu to kono dobin …. nan da ? kuchi ga kakete iru, — mo koka ni wa ….

Toki-o. — Iya ! moshi, sore wa ! dôzo go kamben wo …. sukoshi wa, rishi mo fu suru (4) tsumori desu kara.

Dôguya. — Rishi mo kasu mo aru mono ka?

Makiya. — Sâ! Susubei san, zaisan-shirabe wa ikaga desu?

Dôguya. — Shôchi da. Shôchi da.

A ce moment, les créanciers se mettent en devoir d'emporter les quelques meubles de l'étudiant. Survient alors un secours inopiné dans la personne d'un ami d'enfance de Chikamori. Repoussant violemment les créanciers, il les réprimande en ces termes:

Kore wa! ryônin! yoku kike yo! tanin no ie ni abare-komi, zaisan-shirabe mo futo-butoshii (5)….

---

(1) *Zôri-chin wo ka-nyu su,* je devrais y ajouter le prix des chaussures usées dans ces courses incessantes.
(2) *Hommi no kane,* du bel et bon argent.
(3) *Kakasazu,* ne laissant pas passer.
(4) *Fu suru,* ajouter à.
(5) *Futo-butoshii,* d'une manière rude.

·ikani kane wo saisoku suru ni shite mo, nai mo-
no ga kaeseru mono ka? Kono hito wa heishin
teitô (1) shite: "yûyo wo shite kure" to môsu de
·wa nai ka? Kaesanu, harawanu to itta no de wa
nai; sukoshi okureru bakari de, kane wo kaesu ni
wa chigai nai. Sore wo mo kiki-wakezu, tadaima
no rambô .... Nani! keisatsusho ye hiki-watashi,
sôtô no shobun wo owaseru no de aru ga, — yuru-
shite yaru hodo ni, kore kara wa kesshite rambô
wa naranai zo! (*leur donnant un billet de banque*)
sá! kono kane de harai-tsukawasu zo! — senkoku
yori no burei no kôjô (2), Chikamori kun ni wabi
wo seyo!

(Extrait de *Nintai no hana*, page 122.)

3

LA CHANDELLE.

Shokun yo! Subete yo-no-naka mono wa, mina
hito ni yoi oshie ni narimasu. Ima, watakushi
wa, rôsoku wo motte, tatoete o hanashi môshitai
koto ga arimasu. Sore wa hoka no koto de mo
arimasen ga. —

Mina san mo, mata yoku go zonji no gotoku,
rôsoku to iu mono wa, taiyô ga bosshite nochi yo
ni narimasuru to, yami-yo wo terashite, yoku
atari kimpen wo akiraka ni shimasuru yue ni,
kore de iro-iro no shigoto ga dekimasu. Mata,
yami-yo ni, hito ga tasho ye yukimasuru toki wa,

---

(1) *Heishin teitô*, d'un cœur égal, et la tête humblement
baissée.
(2) *Burei no kôjô*, paroles insolentes.

sono hito no ashi-moto wo akiraka ni terashi tsut-
su, annai shite yukimasu. So shite, moshi tochû
ni mizu-damari nado ga arimasuru to, rôsoku wa
kuchi wa kikimasen to mo, sono soburi de: "Oya!
danna! o machi nasai, koko ni wa, mizu-damari
ga arimasu" to oshiemasu. Sono yami-yo wo te-
rashimasuru kôtoku (1) wa, temonaku hitotsu no
chiisaki taiyô wo eta yô na mono de arimasu. Nan
to! mina san, rôsoku to iu mono wa taisô no kônô
no aru mono de wa gozaimasen ka?

Saraba, rôsoku, sono mi wa sazo sondai ni ka-
maete (2) oru ka? to mimasureba, iya, iya, sô de
wa naku shite, kaette seken wo terasu ni shita-
gatte, sono mi wo dan-dan to herashite oru mono
de arimasu. Jitsu ni rôsoku wa, waga mi wo he-
rashite, naku nashite mo, seken no hito wo yokare
kashi! to inorimasu. Sono kokoro-gake no kan-
shin na koto wa, ima watakushi no nibuki shita
ni wa nobe-tsukusarenu koto de arimasu. Aa! nan
to! mina san, kokoro naki rôsoku de sae mo kaku
arimasuru ni, nani tote bambutsu no reichô to mo
iimasuru hito ga, kono rôsoku ni makete nari-
mashô ya? Mata hito-kiwa susunde, yoi koto wo
itasaneba naranu koto de arimasu. Saru wo, seken
ni wa hito wo tsuki-taoshite mo onore no ri ni
naru yô to tsutomuru yoku (3) no fukai mono ga,
ôku arimasuru ga, korera no hito wa, rôsoku no
mae ni taishite mo, hazukashiku wa arimasen ka?
Watakushi no kangae de wa, kono yô na hito wa
hajite shinaneba naranu koto darô to omoimasu.

---

(1) *Kôtoku*, utilité.
(2) *Sondai ni kamaeru*, se renfermer dans sa dignité.
(3) *Yoku*, convoitise.

Dôzo, mina san wa, rôsoku ni haji-korosarenu yô
ni negaimasu.

(Extrait de *Kodomo enzetsu*, page 90.)

LEÇON IV.

I

L'ORANG-OUTANG.

Mukashi, aru tokoro ni, ippiki no shôjô ga ori-
mashita no wo, — hitori no ryôshi (1) ga, dôka
shite kore wo ike-doritai to omotte mo, moto yori
rikô na shôjô de gozaimasu kara, naka-naka toru
koto ga dekimasen. Sokode, ryôshi wa hito kufû
wo tsukete: hitotsu no oke ye sake wo ippai irete,
kano shôjô no dete asobu tokoro ye okimashita.
Suru to, shôjô wa, umare-tsuki sake no suki na
mono de gozaimasu kara, sono sake no nioi wo
kaide, nomitakute tamarimasen keredomo, sono
sake wo nomeba, kitto ike-dorareru to iu koto wo
shitte orimasu kara, naka-naka yôi ni wa nomi-
masen keredomo, amari sake no nioi ga shite tama-
ranai tokoro kara, shôjô no omô ni wa: "Kono
sake wa, kitto ore wo ike-dori ni shiyô to omôte,
ningen ga motte kite oku no ni chigai nai kere-
domo, atari wo mite mo, dare mo inai yôsu da
kara, chotto ippai gurai nonda kara tote, masaka
ni torareru kizukai mo arumai" to, shizuka ni
itte, ippai nomimashita. Ippai nonde miru to,
taihen umai keredomo, moshi ningen ga kuru to,
torareru kara to omotte, isoide soko wo tachi-

---

(1) *Ryôshi*, chasseur.

nokimashita ga, —itsu made tatte mo, hito ga ki-
masen kara, shôjô no omô ni wa : ''Mada híto ga
konai nara, mô ippai gurai nonde mo yokarô'' to,
mata ippai nonde, isoide soko wo tachi-nokimashi-
ta ga, —sore de mo mada hito ga konai tokoro
kara, shimai ni wa, dandan heiki ni natte: ''Mo-
shi hito ga kita nara, kakete nige sae sureba, wa-
takushi wo ike-dorareru koto mo nai kara, mô
ippai gurai wa yokarô'' to, mô ippai, mô ippai de,
tôtô sono sake wo nonde shimau to, ashi mo koshi
mo tatanai yô ni natte, zen-go mo shirazu ni, soko ye
taorete nete orimashitara, soko ye ryôshi ga kite,
temonaku ike-dorareta to iu hanashi ga gozaima-
su. *

(Extrait de *Kyôiku dai enzetsu*, page 67.)

2

VISITE D'ADIEU.

Sumida. — Tadaima o hanashi shita tôri, sensei
to o wakare môshite kara, Tôkiô ye mairi, kaigun
heigakkô ye nyûgaku shite, konnichi ni itaru
made, jitsu ni o hanashi mo dekinai hodo no kan-
nan wo namemashita. Desu ga, kono goro de wa,
yohodo naremashite, mô kore kara wa, oi-oi raku
ni naru bakari de gozaimasu. Hajime wa nanibun
genjû na kôsoku (1) de, naka-naka hito tôri no

---

* N. B.—Comme l'étudiant peut le remarquer lui-même, le
récit précédent tient tout entier en quatre phrases seulement ;
encore les deux premières sont-elles assez courtes. Quoique le
génie de la langue japonaise comporte assez bien ces longues
phrases (voir Chamberlain, *Hand-book, etc.*, p. 251, n° 442),
cependant l'étudiant devra préférer, au moins dans les com-
mencements, l'emploi d'un style plus concis.

(1) *Kôsoku*, pour *gakkô no kisoku*.

kyûkutsu de wa arimasen deshita (1) ga, — konna
guai nara, tsumari (2) shôgai kaigun ni jûji shita-
ku narimashita.

Hagemuda. — Iya! sô naranakereba ikenai. Hito
tabi kaigun ni jûji suru to kesshin shita kara wa,
doko made mo sono kokoro wo ushinatte wa
naranu.

Sumida. — Watakushi wa, doko made mo kono
mokuteki wo motte, kesshite naku shimasen. —
Toki ni, sensei! watakushi wa kondo kôkaijutsu
tanren (3) no tame, tabun enyô (4) ni kôkai shina-
kereba narimasen.

Hagemuda. — Nani! enyô kôkai! dare to, mata
nani kan ni nori-kunde … ?

Sumida. — Muramoto kaigun taisa ga kanchô (5)
de, fune wa kaigunshô no Kenkô kan da to uke-
tamawarimashita.

Hagemuda. — Ha-hâ! sore wa! Itsugoro shuppan
suru no desu?

Sumida. — Mada nichigen no tokoro wa hakkiri
to wa shiremasen ga, hatsuka goro to hobo kettei
shita yô de aru to senkoku hôyû kara kikimashita.

Hagemuda. — Naruhodo! sore wa zuibun yukwai
darô ga, — shikashi, hajimete no kôkai da kara,
yoku ki wo tsukenakereba ikemasen. — Sore ni (6),
kono goro wa, suihei dano junsa nado no kenkwa

---

(1) *Hito tôri no kyûkutsu de wa arimasen deshita,* c'était une
gêne peu commune.

(2) *Konna guai nara, tsumari,* eh bien! malgré tout cela,
à la fin …

(3) *Kôkaijutsu tanren,* perfectionnement dans l'art de la
navigation.

(4) *Enyô,* pays lointains.

(5) *Kanchô,* capitaine de vaisseau de guerre.

(6) *Sore ni,* à ce propos.

ga ori-ori aru yô da ga, —jôriku de mo shita toki
ni wa, kanarazu tsutsushinde mueki no sawagi
nado wo shinai yô ni .. . Nihon no kokutai (1) wo
kizu-tsukenu yô ni …. Nihon to iu koto wo wasu-
renu yô ni …. hi-no-maru no hata wo kegasanu yô
ni …. Kore wa, boku ga kimi ni okuru genji jô (2),
sunawachi seishin kara no sembetsu de arimasu (3).
Ina ! kimi bakari de naku, konnichi no kôkaisha
ni taishite, mottomo kibô suru tokoro desu.

Sumida.—Hai ! kono ue mo nai go sembetsu….'4)
kanarazu tsutsushinde fukuyô itashimasu. — Ima
made yôkô shita mono mo íkura mo arimasu ga, —
Ô-Bei bunkwa no sanran taru, heibi no seisei taru
ni kokoro wo ubawarete (5', taitei no mono ga,
gwaiken jô no mane wo nashi, butô dano, yakwai
dano to ô-sawagi wo shite, tama-tama kichô (6)
shite mo, miyage-mono wa kano kuni no gwaiken
jô no bunkwa no tori-tsugi da to môsu koto des_u
ga, —watakushi wa fukaku kangaete, watakushi
wa watakushi dake no semmon, sunawachi heibi
no ikan wo kuwashiku chôsa shite, kichô suru
kesshin de gozaimasu.

Hagemuda. — Sô to mo ! Sô to mo ! chiri nado wo
yoku soranjite oite, shokushô no kôkaijutsu wo
kenkyû suru no wa, dai ichi da.

---

(1) *Nihon no kokutai,* dignité ou réputation de l'empire
du Japon.

(2) *Genji,* paroles.

(3) ….*sembetsu de arimasu,* en guise de présent d'adieu,
présent tout spirituel, je vous laisse ces recommandations.

(4) Sous-entendu : *de gozaimasu.*

(5) ….*ubawarete,* charmé par l'éclat de la civilisation, par
le bon ordre qui préside aux armements militaires.

(6) *Kichô shite,* revenant à la cour. Par extension: revenant
au Japon.

Sumida. — Iro-íro no go sembetsu, arigatô gozai-masu. — Sore kara, sensei wa itsu Tôkiô ye o ide ni narimashita? tadaima wa doko ni o sumai desu ka?

Hagemuda. — Boku wa, kotoshi no ni gwatsu, Tô-kiô kyôiku shimbunsha no hei ni ôjite, shukkyô shite, tôji wa sono sha-in to natte, hibi hikken (1) ni jûji shite orimasu.

Sumida. — Sonnara, sontaku (2) wa shimbun ,ha desu ka?

Hagemuda. — He ! shimbunsha ni oru no desu.

Sumida. — Sô de gozaimasu ka? Sensei ! sensei ni hitotsu o negai ga arimasu ga, — kore wa zehi sensei no go kôryo (3) wo negawaneba to wata-kushi no hitori-gime (4) desu ga, — jitsu ni ori-itte no o negai desu ga, — go shôdaku wa kuda-saimashô ka :

Hagemuda. — Donna koto desu ka? Boku ni de-kiru koto nara, shôdaku wo ji (5) shimasumai.

Sumida. — Hoka no koto de mo gozaimasen ga, — gumai (6) Ume wa, sensei mo go shôchi no tôri, mohaya toshi-goro ni mo narimasu yue, doko zo yoi tokoro ga gozaimashitara, tsukawashitai to oya-domo mo, hito-kata narazu shimpai wo shite orimasu ga, — saiwai ni watakushi no shinyû de, — shika mo dôkyôjin de, — Chikamori Toki-o to môsu hito wa, jitsu ni e-gatai jimbutsu de, — wa-takushi mo, kare nareba, imôto no otto ni shite mo

---

(1) *Hikken, fude to suzuri. Hikken ni jûji shi*, se consacrer à la composition littéraire.

(2) *Sontaku*, votre honorable demeure.

(3) *Kôryo*, votre haute attention.

(4) *Hitori-gime*, pour *hitori de kimeta*.

(5) *Ji*, pour *kotowari*.

(6) *Gumai*, terme de dépréciation : ma sotte sœur.

hazukashiku nai to omoimasu. Ume mo mata Chikamori wo hisoka ni shitôte oru yô ni mo miemasu kara, oya-domo ye mo sono omomuki wo hanashimashita tokoro, oya-domo mo ôi ni yorokobimashite: "Chikamori naraba, yoi jimbutsu da; seishitsu mo shitte oru kara, uchi no hinkon wa kamawanai, shinchû (1) no zaisan ni tonde ite, are naraba, Ume no otto ni wa, jûbun da. Sassoku endan (2) wo môshi-komu ga yoi" to môshimasu no de, — tadaima sensei wo o mi-kake môshite, Chikamori ye kono gi wo go settoku (3) wo negaitô gozaimasu ga, — sô shite, sensei ni kono baishaku no chi-i ni tatte itadakitô gozaimasu.

Hagemuda. — Ha-hâ! Sonnara boku ga kekkon tokumei zenken kôshi to natte....he! yô gozaimasu. Shôdaku shimashita.

Sumida. — Sore wa, sassoku no go shôdaku, arigatô gozaimasu.

(Extrait de *Nintai no hana,* page 144.)

3
LA PLIE.

Yo-no-naka no mono wa, semman okuchô (4) kazu kagiri mo naku, takusan aru koto de gozaimasu ga, — ri no aru mono wa, gai mo ari; toku no aru mono wa, shitsu mo arimasu. Sono ri to toku bakari to iu mono mo nakereba, sono gai to

---

(1) *Shinchû,* pour *kokoro no uchi.*
(2) *Endan wo môshi-komi,* entamer la négociation du mariage.
(3) *Kono gi wo settoku shi,* exposer cette affaire.
(4) *Semman okuchô,* des millions et milliards.

shitsu bakari to iu mono mo nai koto de gozaimasu. Mottomo toki to shite, sono ritoku bakari to iu mono, aruiwa gaishitsu bakari to iu mono mo nai de wa arimasumai ga, sore wa hanahada mare naru koto de arimasu. Sô desu kara, yo-no-naka no monogoto no ri-gai toku-shitsu wo sadamemasuru ni wa, yoku yoku sono ri-gai toku-shitsu sôhô wo mi-kurabete: sono ri no ôku shite, gai no sukunai mono wo, ri to shite, tori; sono shitsu no ôi ni shite, toku no chiisaki mono wo, shitsu to shite, sutsu (1) beki mono de arimasu. Saru wo, seken ni wa, tada sono ippô bakari wo mite: kore wa ri de aru, kore wa gai de aru to ronjimasuru no wa, jitsu ni oroka na hanashi de arimasu. Korera no hito wa, mazu yoroshiku kano hirame wo goran nasai.

Kono hirame to môshimasuru uwo wa, mina san mo mata yoku go zonji no gotoku, ichi men wa kuroku shite, ichi men wa shiroku arimasuru de wa gozaimasen ka? Aru hi no koto de arimashita. Nihon-bashi no uwo-gashi ni hirame ga tsurushite arimashitaru ni, tama-tama futari no yama-sodachi no inaka-mono (2) ga higashi to nishi to yori kimashita ga,—sono higashi kara kimashita hito ga, kore wo mite: "kono uwo wa, kuroi uwo de aru" to môshimasuru to, sono nishi kara kita hito ga: "Iya! sô de wa nai. Kono uwo wa, shiroi uwo de aru. Ron yori shôko: kore kono tôri, shiroi de wa gozaimasen ka?" to môshimashita. Suru to, higashi no hito ga mata iu ni wa: "Ron yori shôko to wa,

----

(1) *Sutsu,* pour *suteru.*

(2) *Yama-sodachi no inaka-mono,* des paysans élevés dans ses montagnes.

warera no môshi-bun ima gen ni miraruru ga
gotoku (1): kore kono tôri, kuroi de wa gozai-
masen ka?" to tagai ni ii-hatte, naka-naka ni sô-
ron ga yamimasen deshita ga, — futo shita kaze
no hyori ni (2), hirame ga kururi to han-mawari
mawarimasuru to, saki ni kono uwo wa kuroi to
môshita hito no hô ye, shiro-kawa ga muki; kono
uwo wa shiroi to itta hito no hô ye, kuro-kawa ga
yukimashitareba, futari wa, nan to mo iwazu, tada
tagai ni niko-niko to waratte sarimashita ga, —
seken no hito ga, aru jibutsu wo mite "nan de mo,
kore wa ri de aru" — "Iya! gai de aru" to sôron
shimasuru no wa, ôku wa, kono hirame no shiro-
kuro no arasoi no yô na mono de arimasureba,
mina san wa, monogoto no yoshi-ashi wo ronjiyô to
omoimashitara, yoku yoku yoshi-ashi no sôhô ye
manako wo sosoganakereba narimasen.

(Extrait de *Kodomo enzetsu*, page 94.)

LEÇON V.

I

UN BON CONSEIL.

Aru tokoro ni, hijô no kanemochi ga arimashita.
Subete kanemochi to iu mono wa, rinshoku naru
ga ippan desu ni, kono hito wa utte-kawatte goku
yoi hito de arimashita.

Aru toki, kono hito no uchi ye ôzei no hito ga
yori-atsumari, aruiwa naki, aruiwa kanashimi, mi-

---

(1)......*gen ni miraruru gotoku*, nos objections doivent se
résoudre d'après ce que nous avons maintenant sous les yeux.
(2) *Hyori*, impulsion.

na mina taihen kokoro wo itamete orimashita.
Naze to iu ni : kono kanemochi no shujin ga shin-
da tame de arimashita.

Kono ôzei no naka ni, hitori no waka-mono ga,
wakete mo kanashimi, shijû atama wo agezu,
naki-shizunde imashita kara, hitori no hito ga
fushigi ni omotte : ''Naze anata wa sonna ni naki-
masu ka ? '' to tazunemashita. Suru to, kono waka-
mono wa, hô ya mabuta ni afureta namida wo
tenugui de nugui nagara, tsugi no hanashi wo
katarimashita :

''Chôdo watakushi ga jû shi go no jibun ni wa,
watakushi no haha wa bimbônin deshita kara,
watakushi wa mizu-kumi wo shite, sukoshi zutsu
no o ashi (1) wo totte, okkasan ni yarimashita.
Da ga, kono mizu-kumi wa, itatte hone no oreru
shigoto desu kara, iya de tamarimasen yue, mizu
wo kumu tabi goto ni, oke kara mizu wo yuri-
koboshite, uchi ye kuru jibun ni wa, hambun hodo
ni shite shimaimashita.

Aru hi, watakushi ga, itsumo no tôri, oke kara
mizu wo yuri-koboshi nagara, aruite kimasu to, —
kono uchi no shujin ga mi-tsukemashite :

''Omae wa nani wo suru'n da ? '' to toimashita.
Watakushi wa, iranu koto wo tou yatsu ja to omoi :

''Nani ! nan de mo arimasen. Mizu-kumi desu''
to ikinari kotaemasu to, — mata toi-kaeshite :

Shujin. — Omae, okkasan ga arimasu ka ?

Watakushi. — He ! okkasan wa arimasu to mo (2).

---

(1) *O ashi,* pour *o zeni.*

(2) *To mo,* pour *to iute mo.* A la fin d'une phrase, et en ré-
ponse à une question, *to mo* peut se rendre par : Mais je
crois bien, il n'y a pas de doute à cela, naturellement.

—Shujin wa issô koe wo yawaragete: "Wataku-
shi no uchi de mo mizu ga irimasu kara, mizu
wo kunde kite kudasai: o ashi wo takusan age-
masu yo!" to, sara ni kotoba wo tsuide:"Omae
wa rikô no hito ka? kanemochi ni naritai to omoi-
masu ka?"

Watakush˙.—Â! rikô de —so shite, kanemochi
ni ....

Shujin.—Omae ga mizu wo katsugu yôsu de wa,
naka-naka rikô no hito ya, kanemochi no hito ni
wa, muzukashii mono da.

Watakushi.—Naze desu?

Shujin.—Omae wa mizu wo kumu no ga ya-
kume deshô. Sore wo hambun hodo mo yuri-ko-
bosu to wa, tsumari omae wa jibun no yakume wo
tsukusanu to iu mono da. Oyoso kataku jibun
no shoku wo mamoranu hito wa, tare kare ni ka-
kawarazu, risshin suru koto wa dekinu. Wata-
kushi mo, omae no toshi-goro ni wa, goku bimbô
de atta ga, dekiru dake hone wo otte, jibun no
tsutome wo mamotta o kage de (1), ima no mibun to
natta no da" to hanashimashita. Watakushi wa,
kono imashime wo kiite, chôdo me ga sameta yô
ni, ima made no shiwaza no warukatta koto wo
hijô ni kôkwai shite, mattaku umare-kawari, is-
shô-kemmei ni hone otte, sono tsutome wo tsu-
kushimashita.

Sono go, ichi nen sugimashite, shujin wa, wa-
takushi no shussei suru no wo mite, watakushi
wo mise no bantô ni age; tsui ni, kaji bampan (2)
wo watakushi no te hitotsu ni makasete kudasai-

---

(1) *O kage de,* grâce a ....
(2) *Kaji bampan,* toutes les affaires de la maison.

mashita. Kayô ni mi to tamashii wo tasukete kudasatta shujin no shinda no desu kara, watakushi wa, kanashikute tamarimasen.''

(Extrait de *Yônen no shinro*, page 65.)

2

UN CURIEUX INVENTEUR.

Kono goro no koto deshita ga, watakushi wa aru go inkyo san no uchi ye yukimashite, yomo-yama no hanashi ni toki wo utsushi; mô don (1) ga naru ka? daidokoro de o zen no oto ga suru ka? to iu kokoro-mochi de, hiru-meshi no gochisô wo matte orimasuru tokoro ye, — kore mo inkyo no shiru hito to miemashite, gara-gara to kôshido wo akete, ito mo kokoro-yasuge ni (2) haitte kimashite:

"Go inkyo san, konnichi wa !

Inkyo. — Hai ! kore wa ! tare ka to omottara, Sensuke sensei ga .... mâ ! kochira ye o agari shite, hisashiku kao wo misenakatta ga, — nani ka kono setsu wa ii môke-kuchi (3) ga aru to mieru, ne !

Sensuke. — Nani ! betsudan ii môke-kuchi mo go-zaimasen ga, — jitsu wa, kyô sono môke-kuchi no ikken (4) ni tsuite, shôshô go inkyo san ni go sôdan wo negaitai to zonjite, chotto ukagatta no desu ga, — sôdan aite ni natte kudasaru ka? ikaga desu ka?

Inkyo. — Kane môke nara, zehi to mo han-kuchi

---

(1) *Don*, le coup de canon de midi à *Tôkiô*.
(2) *Kokoro-yasuge ni*, familièrement.
(3) *Ii môke-kuchi*, une bonne occasion de gagner de l'argent.
(4) *Ikken*, pour *hitotsu no koto*.

nosete moraitai (1) mono da ga, — shite, donna moke-kuchi ka?

Sensuke. — Sono môke-kuchi to iu no wa, konna wake desu ga, — go inkyo san! mata rei no o hiyakashi wa gomen (2) desu ze! — Jitsu wa sakunen kara iro-iro to shinku shite, hitotsu no kikai wo hatsumei shimashita kara, kondo Nôshômushô ye negatte, sembai tokkyo wo uketai to iu ikken de ...

Inkyo. — Hm! sore wa kanshin da ga, sono hatsumei to iu no wa, nani ka, ne! ningen ni hane de mo tsuite tobu to iu shikumi de mo kangaeta no ka?

Sensuke. — Sore wa! mata o hako (3) wa hajimarimashita, ne! Mâ! sukoshi majime de kiite kudasai. Sono hatsumei-hin to iu no wa, kayô na kikai desu. (*Il déplie avec précaution une large feuille de papier.*)

Inkyo. — (*Regardant avec attention le plan de la machine.*) Naruhodo! kore wa chotto yoi kufû no yô ni omowareru ga, — kore wa, sadameshi tameshite mita'n darô, ne!

Sensuke. — Nani! mada tameshite mimasen ga, dai jôbu. Futsugô wa nai tsumori de gozaimasu.

Inkyo. — Ha-ha-ha! kikai wo hatsumei shita no wa ii ga, mada tameshite minai to wa, zuibun sosokashii hatsumeisha da ga, — shikashi, sore wa, mâ! tameshite minai de mo, omae no iu tôri, tashi-

---

(1).... *han-kuchi nosete moraitai,* s'il s'agit de gagner de l'argent, j'accepterai bien d'être de moitié dans l'affaire.

(2) *Rei no o hiyakashi gomen,* ne plaisantez pas comme vous le faites ordinairement.

(3) *Mata o hako,* voilà encore votre habitude de plaisanter qui reparaît.

ka na mono to shite oite (1), moshi kore ga tokkyo
ni natte, sâ! seizô mo dekita, kyô kara seken ye
uri-dasu to iu toki wa, ikura gurai ni uru tsumori
ka?

Sensuke. — Sô desu. Soko mo mada tashika ni
ikura gurai ni uru to iu me-ate mo tsuite orimasen
ga, — mazu, ikko (2) go yen wa muron deshô.

Inkyo. — Sore! Sore da kara, watakushi ga, so-
sokashii hatsumeisha da to iu no da. Gwanrai hi-
totsu no kikai wo hatsumei shite, koku-eki wo
hakarô to kokorozasu mono-ga, sono kikai no ii ka
warui ka shiken mo sezu, mata seizô no ue wa,
ikurai ni hatsubai suru to iu mokuteki mo nashi
ni; tada sembai tokkyo sae ukereba, sore de ii,
kane ga môkaru to yoku-bari konjô bakari de wa,
jitsu ni komaru ja nai ka? Da ga, kore wa omae
bakari de wa nai, seken ni wa konna ukwatsu na
hito ga ikura mo aru sô da ga, sore de wa koku-eki
ni mo narazu, jibun mo kaette son suru yô na koto
ga dekiru kara, mâ! yoku shiken shite mite, kore
de ii to kimattara, sore kara tokkyo wo negatte;
tokkyo ni nattara, naru beku dake wa, nedan wo
yasuku utte, yo no hito no benri ni naru koto wo
kangaenakereba yukanu mono da.

Sensuke. — Sore ja, totemo go sôdan aite ni nari-
masen kara, izure mata sono uchi ni ukagaimashô.
(*Il sort d'un air fâché.*)

(Extrait de *Kokkei hitori enzetsu*, page 32.)

---

(1) ... *to shite oite,* étant supposé qu'il n'y ait rien à crain-
dre.
(2) *Ikko,* la pièce.

3

QUI PARLE SOUVENT DU BIEN
ARRIVE A LE FAIRE.

Mae no enzetsusha Akaji san wa, "shûshin wa kuchi-saki ni arazu shite, mi no okonai ni ari" to no endai wo kakagete, isseki no enzetsu wo itasare, hanahada kuchi no saki no shûshindan wo iyashimaremashita ga, — naruhodo! ikasama! sayô de mo gozaimashô. Sari nagara, watakushi no kangae de wa, kuchi-saki no shûshindan nareba tote, anagachi ni iyashimarenu koto darô to omoimasu. Mottomo watakushi wa anagachi Akaji san no setsu wo haku suru to iu wake-ai de wa arimasen ga, Akaji san no gotoku, ano yô ni toki-hanatte (1) shimaimashite wa, hito-bito no yoki michi ni omomuku no wo fusagi-tomeru no osore mo arimasureba, isasaka watakushi no zonji-yori wo nobeyô to omoimasu. Sore wa, betsu no koto de mo arimasen ga. —

Mukashi Kenkô hôshi to môsu hito no tsukurareta Tsure-zure-gusa to iu shomotsu ni oshierareta koto de gozaimasu: "Kichigai no mane tote, ôrai wo hashiri-mawareba, yahari kichigai de aru. Akunin no mane tote, hito wo korosaba, mata akunin de aru. Shun to iu oya-kôkô no hito wo manabu wa, mata Shun no tomogara de aru. Itsuwarite mo, ken (2) wo manabu wo, ken to iu beshi" to kayô ni môsaremashita ga, — kore wa shigoku mottomo no hanashi to omowaremasu.

---

(1) *Toki-hanachi,* ou *hoshii mama ni toki,* expliquer d'une manière arbitraire.

(2) *Ken,* la sagesse.

Sayô de arimasu kara, koko ni hitori no kodomo ga arimasuru ni, tsune ni yoki shûshindan wo hito yori kiite wa, mata kore wo hito ni hanashí; ake-kure to naku, shûshindan wo kuchi ni shima-shite, tsui ni wa kuchi-guse to naru yô ni ita-shimasureba, yoshiya tatoi kono ko ga mada sono shûshindan wo jitchi ni mi ni okonau no hakobi ni itarimasen de mo, kaku no gotoku, kuchi-guse ni naru kurai ni tonaemasureba, tsui ni wa itsu-shika shirazu, sono tsune no shûshindan ni kan-kwa serarete, makoto ni kore wo sono mi ni oko-nau yô ni itarimasu. Nan de mo, kodomo ni wa, yasuki koto yori hajimete dan-dan to muzukashii koto ni oshi-oyoboshimasuru wo yoshi to itashi-masu. Saru wo, hajime kara muzukashii koto wo oshie, shûshin wa kuchi-saki de wa yaku ni ta-tanu, nan de mo ka de mo kore wo mi ni okonawa-nakereba naranu mono da to kibishiku seme-tsuke-masuru no wa, chitto muri na koto de gozaimasu.

Sayô desu kara, nan de mo, hajime no uchi wa, mada kore wo mi ni okonawanu to mo, shûshindan wo hanasu no wa, marukiri kore hanasu koto wo mo shiranu mono yori wa, haruka ni mashi da to omowanakereba narimasen.

(Extrait de *Kodomo enzetsu*, page 13.)

LEÇON VI.

I

LE MIEUX EST L'ENNEMI DU BIEN.

Aru hito ga ippiki no buchi-neko wo yoso kara moratte kimashite, kore ni na wo tsukeyô to o-

moimashita ga, "are mo ikanu, kore mo dame
da" to, iro-iro ni mayôte, osamari ga tsukimasen
kara, shikata nashi ni, tada "neko yo! neko yo!"
to yonde orimasu to, — aru hito ga kite, iu ni wa:
"Neko wo yobu ni, tada neko yo! neko yo! de wa,
okashii kara, nan to ka na wo tsuketara yokarô.
Sore ni tsuite wa, kemono no uchi de ichiban
kitsui no wa, tora da kara, tora to na wo tsuketara
yokarô" to, susume ni makasete, tora to na wo
tsukete, "tora! tora!" to yonde oru to, — mata aru
hito no iu ni wa: "Ikura tora ga kitsui karatte (1),
ryô ni wa kanawanai kara, ryô to shitara yokarô"
to iu no de, — "Sore mo sô ka?" to omoi, sore kara
"ryô! ryô!" to yonde oru to, — mata aru hito ga
kite, iu ni wa : "Ikura ryô ga kitsui karatte, kumo
ga nakereba, ryô mo dô suru koto ga dekinai kara,
kumo to shitara yokarô" to iu no de, — "Sore mo
sô da" to, sore kara "kumo! kumo!" to yonde oru
to, — mata aru hito ga kite, iu ni wa : "Kumo ga,
ikura kitsui karatte, kaze ni fukarereba, fuki-toba-
sarete shimau kara, kaze to suru ga yoi" to iu no
de, — "Naruhodo! kore mo ichi ri (2) aru" to omoi,
sore kara "kaze! kaze!" to yonde oru to, — mata
aru hito ga kite, iu ni wa : "Ikura kaze ga tsuyoi
to itte, shôji wo shimereba, hairu koto ga dekinai
kara, shôji to suru ga ii" to iu no de, — "Naruhodo!
kore mo mottomo da" to omoi, sore kara "shôji!
shôji!" to yonde oru to, — mata aru hito ga kite :
"Ikura shôji ga kitsui karatte, nezumi ni attara,
kajirareru kara, nezumi to suru ga ii" to iwarete,
kai-nushi wa hajimete ki ga tsuki : "Nan da?

---

(1) *Karatte*, pour *kara to itte*.
(2) *Ichi ri*, une raison.

bakabakashii nezumi yori kitsui no wa, neko da kara, yappari moto no neko ga yokatta '' to, tôtô "neko yo! neko yo!'' ni tachi-modotta (1) to iu hanashi ga gozaimasu.

(Extrait de *Kokkei hitori enzetsu*, page 114.)

2

INQUIÉTUDES PATERNELLES.

Endô Jûzaemon, riche propriétaire des environs de Kôfu, se plaint amèrement de la mauvaise conduite de son fils aîné Buntarô, qu'il a envoyé à Tôkiô pour y compléter ses études :

Jûzaemon. — (*s'adressant à sa femme O Yoshi*) Dômo! segare ni wa komatta mono da. Mata Tôkiô no shiten kara gyaku-kawase wo utte (2) yokoshita kara, yondokoro naku haratte wa oita ga, — nanibun konna teitaraku de wa, kono mama ni mo okezu, dô shita mono darô?

O Yoshi. — Sô de gozaimasu ka? kono hodo mo anata kara o tegami wo o tsukawashi ni natta toki, watakushi kara mo yoku yoku iken wo itte yarimashita ni, sore wo mo kiki-irezu, mata kawase wo utte yokosu to wa, dô iu ryôken de gozaimashô?

Jûzaemon. — Nanibun ore ni mo sono ryôken ga wakaranai yo! Shikashi, kono nochi wa, Tôkiô no shiten ye mo: "kochira kara itte yaru made wa, kesshite tônin ni kane wo watashite kureru na" to ii-okutte wa oita ga, — nan to ka koko de

---

(1) ... *ni tachi-modotta,* il finit par revenir à la première manière d'appeler son chat.

(2) *Gyaku-kawase wo utte,* tirant une traite.

sono honshin wo kiite (1), totemo gakumon no shugyô ga dekinai nara, isso ima no uchi ni yobi-modosô ka to omoi wa shita mono no (2), — ore mo kenkwai ni detari, mata sore-zore no hito to kôsai wo shite miru to, tôji no hito wa, mukashi to chigai, gakumon ga nakute wa, hito-naka ye mo derarenai no de, saisho tônin (3) ga Tôkiô ye shugyô ni detai to itta toki wa, sono kokorozashi wo, kage nagara (4), yorokonde ita ni, — ima no fuhinkô de, ore no tanoshimi ni omôta koto mo mattaku kui-chigatte, kore de wa, dôraku wo shu-gyô ni yatta yô na mono da kara, makoto ni zan-nen de naranai ga, — omoi-kitte yobi-kaesu to shi-yô ka?

O Yoshi. — Sayô de gozaimasu, ne. Yoku yoku ryôken ga tatanakereba, sô itasu yori hoka ni kangae mo gozaimasen ga, — kore made shugyô shi-te mo, ima yamesasetara, nanni mo narimasumai.

Jûzaemon. — Sore wa mô sonata no iu tôri de, kore kara ga kanjin no tokoro (5) da ga, — su-koshi mo saki ni mokuto no nai ni, tada kane bakari tsukatte asonde irareru yori isso yobi-mo-doshite, uchi ni oite (6), yoku yoku iken wo shi-

---

(1)...*sono honshin wo kiite*, mais, de quelque façon que ce soit, après avoir là-dessus sondé ses véritables intentions.

(2) *No*, est mis ici avec un sens de restriction à ce qu'on vient de dire.

(3) *Tônin*, signifie la personne en question, c.-à-d. Buntarô.

(4) *Kage nagara*, en secret, dans le fond du cœur.

(5) *Kanjin no tokoro*, c'est maintenant le moment le plus important de ses études.

(6)..... *uchi ni oite*. Ne vaut-il pas mieux le rappeler à la maison que de le laisser à *Tôkiô*, sans s'être fixé préalablement aucun but sérieux, et avec le seul désir de dépenser de l'ar-gent à ses amusements?

tara, kaette sono hô ga tônin no tame ni narô ka
to omowareru de wa nai ka?

O Yoshi.— Sayô de gozaimasu, ne. Sô shita hô
ga, anshin ni narimashô ka?

Jûzaemon. — Sore wa mô anshin ni naru ga, —
tada oshii wa, nani fusoku nai shindai da kara,
jûbun gakumon wo sasete, kore kara saki, tônin
mo sôô na mono ni shitai to omotta ni, — sore ga
dekinai to omou to, zannen de naranai.

O Yoshi. — Makoto ni go mottomo de gozaimasu.
Tônin mo, shôgakkô wa hajime (1) Kôfu no chû-
gakkô ni otta toki wa, itsumo hyôban ga yokute,
sono uwasa wo kiku tabi ni donna ni ureshikatta
ka shiremasen ga, — sore ni hiki-kae, Tôkiô ye
maitte kara wa, saisho no ichi ni nen dake de (2),
sono nochi to iu mono wa, itsumo warui uwasa
bakari de, sono tabi ni ikura kokoro wo itameru
ka shiremasen. Sore ni, Buntarô no koto de wa o
Kimi ya Einosuke made shimpai shite, o Kimi mo
ori-ori tegami wo okuri, Einosuke mo dekinai na-
gara, hone wo otte wakaranai made mo ane ni
sôdan shite wa, tegami wo kaite, Tôkiô ye okutte,
sono henji no kuru wo tanoshimi ni itashite ori-
mashita ni, — sono nochi wa, ryônin kara ai-ka-
warazu yôsu wo tazunete yatte mo, sukoshi mo
henji wo okuranai mono desu kara: "dô shita koto
ka?" to itte, taisô anjite orimasu.

Jûzaemon.—Sô ka? Dômo! komatta mono da. Sai-
sho Tôkiô ye deru made wa, tanin ni, mashite (3)
imôto ya otôto no sewa mo shita ga, — sonna wake

---

(1) *Shôgakkô wa hajime,* à commencer par l'école primaire.
(2) *Dake de,* sous-entendu, *hyôban ga yô gozaimashita.*
(3) *Mashite,* à plus forte raison.

ni naru mo, mattaku asobi ni kokoro wo torarete oru kara darô.

O Yoshi. — Sayô de gozaimashô. Sore ni, konna guchi wo môshite mo, ima sara yô ni mo tachimasen ga, — kyonen made wa, nennen natsu-yasumi ni mo kaette, imôto ya otôto wo tsurete, Kôfu ye maittari, mata kinjo ye dekaketari itashimashita no de, — ryônin tomo, mata kotoshi mo natsu no o yasumi ni wa, ani to issho ni shohô ye asobi ni dekakeyô to itte, tanoshimi ni shite matte otta tokoro, — Tôkiô kara Hakone ye tôji ni iku to itte yokoshimashita kara, ryônin wa taisô hari-ai wo otoshimashita (1).

Jûzaemon. — Uchi no mono ga, kore made tônin wo omotte oru ni, sukoshi wa kangae mo tsukisô na mono ja nai ka?

O Yoshi. — Dô iu ryôken de gozaimasu ka? Sore kara, chikagoro kochira kara okuri-kin no hoka ni, Tôkiô no shiten kara iku tabi mo karita yô de gozaimasu ga, — yoppodo takusan ni narimashita ka?

Jûzaemon. — Sô sa. Taka mo daibun nobotta ga, ore no shindai da kara, benkyô sae sureba, kane wo tsukau no wa, tatoi saisho no kime yori ôku natte mo, sonna koto wa kamawanai ga, — kane ga jiyû ni naru tame ni, kanjin no gakumon wo uchisuteru kara, komaru no sa!

O Yoshi. — Sore ni hiki-kaete, Jun san nado wa, gakkô wa, tada chûgakkô dake o shimai nas'tta bakari de gozaimasu keredomo, ima de wa, â shite o uchi no koto kara waki no o tsuki-ai-muki made,

---

(1) *Taisô hari-ai wo otoshimashita,* ont perdu toute leur ardeur.

rippa ni hiki-ukete o ide nasaru ni, — onaji itoko
de, Buntarô wa, ano tôri de gozaimasu kara, hito
san no go yôsu wo mi, kiku tabi ni, itsudemo ko-
koro wo itameru bakari de, tônin no yukusue ga
anjirarete, kono goro wa yume ni made Buntarô
no koto wo miru hodo de gozaimasu.

Jûzaemon. — Sô darô. Ore nado mo ginkô ye
dete, wakai mono-domo ga yoku hataraite iru to-
koro wo miru to, sugu ni Bun no koto wo kangae-
dashite: "Dôka, yoi hito ni natte kurereba, ii ga"
to omotte, shimpai wo shite oreba, tônin wa su-
koshi mo sonna koto ni wa tonjaku shinai de, mata
kawase, mata kawase to kane wo tsukau koto ba-
kari kokoro-gakete iru no de, hoka ni nanni mo
shimpai wa nai ga (1), — are no tame ni shijû ko-
koro wo kurushimete oru. (*Après avoir réfléchi quel-
ques instants*) Dômo! ikura shimpai shite mo, tônin
no honshin wo minai uchi ni, betsu ni shiyô mo
nai kara, empô ni oite kokoro wo itameru yori to
mo kaku mo ittan yobi-modoshite, shibaraku taku
ni oite, sono ue mikomi ga aru nara, mata jôkyô
sasete (2) mo yoi kara, tegami wo dashite, modoru
yô ni itte yarô.

O Yoshi. — Dômo! sore yori hoka shikata mo
gozaimasumai.

(Extrait de *Rakkwa ryûsui*, page 2.)

----

(1)....*wa nai ga*, à part cela, il ne se tracasse d'aucune
autre chose: *ou bien*, n'était cela, je n'aurais point d'autre souci.
— Remarquer à ce propos l'ambiguité qui règne souvent dans
la phrase japonaise. Dans tout ce morceau, les interlocuteurs,
étant sur le pied de l'intimité, ne se préoccupent guère d'ar-
rondir leurs périodes.

(2) *Jôkyô sasete*. l'envoyant à la capitale.

3

ON A SOUVENT BESOIN D'UN PLUS PETIT QUE SOI.

Tanin ni taishite shinsetsu ni shimasuru koto
wa, kesshite mu-eki to (1) wa naranu mono de
arimasu. Dono yô na tsumaranu mono no yô de
mo, kore ni shinsetsu wo tsukushite okimasureba,
sore wa kitto itsuka nanika no koto ni tsuite,
sono hito yori sukuwareru yô naru koto ga ari-
masu. Hitotsu tatoete o hanashi wo itashimashô.

Aru hi no koto de arimashita. Shishi ô ga, hora-
ana ni oite, hiru-ne wo itashite orimashita toki,
aru ko-nezumi ga, achi kochi to kake-mawaru hyô-
shi ni, omowazu shishi ô no hana ye kake-agatte,
hiru-ne no yume wo odorokashimashitareba, shishi
ô wa taisô hara wo tate, te wo nobashimashite,
furuete oru nezumi wo osaemashite, tada hito tsu-
bushi ni itasô to shimasuru to, nezumi wa kana-
shige na koe wo agete: "Tsui itashita no de
gozarimasu. Dôzo, tasukete kudasaremase. Wa-
takushi no yô na mi no iyashiki mono ni, tattoi
o te wo o kegashi nasaremashite wa, mottainaku"
to isshô-kemmei ni wabi-goto shimasureba, shishi
ô ni wa nezumi no osore-chijimaru (2) sama wo
mite, warai nagara, kore wo yurushimashita. Shi-
karu ni, nochi hodo naku, shishi ô kemono wo
katte hashiri-mawaru toki, ayamatte ryôshi no
kaketaru wana ni kakatte, nogaren to shimasuru
ni, nogareru koto ga dekimasen. Sokode, ôki na
koe wo agete orimasuru to, izen tasukerareta nezu-
mi ga, haruka ni kore wo kiki-tsukemashite: "A-

---

(1) *To wa*, pour *to shite wa*.
(2) *Osore-chijimaru*, le corps contracté par la crainte.

no koe wa, nan de mo saki ni on wo uketa o kata
ni chigai nai (1)" to, sugusama ni sono tokoro ye
kake-tsukete kimashite, shishi ni karamatte aru
nawa wo kami-kiri, nan naku kore wo sukui-ida-
shimashita sô desu.

Sora! goran nasai. Shishi no me kara mima-
shitara, nezumi nado to iu mono wa, hanahada
tawai mo nai mono de gozarimasuru ga, masaka
no toki ni wa, kono nezumi ga shishi wo tasukeru
koto ga aru wo motte mimasureba, donna mono de
mo, kono hito no yakkai ni naranu to wa, ii-
kirenai (2) mono de arimasu. — Sô desu kara, mina
san wa, nan de mo yoku hito wo shinsetsu ni shite
okanakereba narimasen.

(Extrait de *Kodomo enzetsu*, page 15.)

LEÇON VII.

I

LE TIGRE ET LA FOURMI.

Aru toki, ippiki no tora ga, ari ni mukatte, iu ni
wa: "Waga chikara no takeku, ikioi sakan naru
koto wa, ningen no hyaku sen nin ni mo masaru
mono da. Shikaru ni, warera ga nakama ye nin-
gen wo toru koto wa naku shite, warera ga naka-
ma no mono wa ningen ni torareru koto wa kazu
shiranai hodo da ga, — zentai yowai ningen ga

---

(1)....*chigai nai*: "Cette voix là, sans aucun doute, est
bien celle du seigneur dont j'ai reçu dernièrement un bien-
fait".—Voyez sur l'ambiguité causée quelquefois dans la
phrase japonaise par l'absence de pronom relatif, *Hand-Book
of...etc.*, page 51, n° 82.

(2) *Ii-kirenai*, on ne peut affirmer.

tsuyoi tora wo totte, tsuyoi tora ga yowai ningen wo toru koto wa dekinai to wa, dô shita wake darô?'' to iimashitara, ari ga warôte, iu ni wa: ''Sore wa, omae ga jibun no tsuyoki wo tanomu ga yue no ayamachi to iu mono; ningen ga tsuyoi tora wo toru no wa, jibun no yowaki wo shitte, ôzei chikara wo awaseru kara, tsuyoi tora ni katsu no da. Sono shôko ni wa: warera no gotoki ari to iu mono wa, kiba mo naku, tsuno mo naku, tsume mo naku, chie mo naku, chikara mo naku, ikioi mo nai makoto ni chiisana mushi da keredomo, mina tenden ni sono chiisana mushi da to iu koto wo shitte oru kara, jibun wo tanomi to sezu; jibun wo tanomi to shinai kara, nakama wa yoku wagô suru; wagô shite oru kara, masaka no toki ni wa, senjô (1) no dote wo mo kuzushi, Fuji san mo ugokasu koto ga dekiru. Da kara, omae mo kono dôri wo wakimaete, ima yori onore wo tanomi, tsuyoi tote ibaru no wa yameru ga ii'' to iimasu to, — tora wa azakeri-waratte: ''Nan da? nama-iki na koto wo iu na! Omae no yô na chiisaki mushi ga, nan oku man issho ni katamatte kita kara tote, ore ga ichi do chikara wo dashita hi ni wa, koto-gotoku fumi-koroshite shimau wa, zôsa nai koto da'' to ibarimashita. Suru to, ari wa, kono kôgen (2) wo kiite: ''Sore de wa migoto! Fumi-koroshite miyo!'' to, nan man to mo kazu no shirenu hodo no ari ga, ichi do ni dete kite, tora no te ashi de mo, me kuchi hana de mo, yôsha naku (3) tori-tsuite, kasanari kasanari; o no saki de mo, sukima

---

(1) *Senjô*, mille couches ou épaisseurs.
(2) *Kôgen*, vanterie.
(3) *Yôsha naku*, sans distinction,

naku, ke-ana ye kui-irimasu to, tora wa kurushiku natte : "Aa! ore ga warukatta. Yurushite kure! yurushite kure!" to ayamatta (1) to iu hanashi ga gozaimasu.

(Extrait de Kyôiku dai enzetsu, page 34.)

2

EN VISITE.

O Sada. — Oya! Endô san de gozaimasu ka? Sâ! o agari nas'tte ....

Endô. — Arigatô gozaimasu. Sô shite, reikei (2) wa o uchi desu ka?

O Sada. — Ie! konnichi wa sôbetsukwai da to môshite, dekakemashita ga, yûkoku ni wa kaeru to môshimashita kara, to mo kaku mo o agari nas'tte ....

Endô. — Sôbetsukwai de wa osoku nari wa shimasen ka?

O Sada. — Ie! kanete anata ga o ide ni naru to môshite orimashita kara, ima ni kaerimashô.

Endô. — Sô desu ka? Sore de wa, shibaraku o machi môshimashô (*Il entre, et après avoir fait les salutations d'usage. s'adresse à la mère de Sada*). O-bâsan! iyo-iyo Kwan-ichi kun mo shuppatsu-ni-chigen ga kimatte, nani ka to o isogashû gozaimashô. Mata, nan de mo waga-hai no dekiru koto wa, go enryo nashi ni, osshatte kudasai.

Haha. — Arigatô gozaimasu. Banji Kwan-ichi kara anata ni mo go sôdan wo o negai môshite,

---

(1) *Ayamatta*, fit ses excuses.
(2) *Reikei*, votre honorable frère.

sore-zore yôi mo itashimashita kara, taigai kata-
zukimashita ga, iyo-iyo shuttatsu no hi ga kimatte
miru to, nan da ka ki-zewashinai yô de, tadaima
mo o Sada to iro-iro sôdan shite otta tokoro de
gozaimasu. Dôzo, kono ue, tomo ni o kokoro-zoe
wo o negai môshimasu.

Endô. — Roku-roku go yô ni mo tachimasen ga,
dekiru koto wa, nan de mo, osshatte kudasai.

Haha. — Arigatô gozaimasu. Go shinsetsu ni os-
shatte kudasaru no de, Kwan-ichi mo makoto ni
yorokonde orimasu ga, iyo-iyo rusui ni naru to,
ato wa onna bakari de gozaimasu kara, banji o
sewa wo o negai môshimasu.

Endô. — Naka-naka o sewa wo itasu no nan no
to môsu koto wa dekimasen ga, sei-zei kokoro-gake-
te, o rusu chû wa, dôka, go sôdan wo itashimashô.

Haha. — Nanibun o negai môshimasu. (*A ce mo-
ment, O Sada apporte le thé et les gâteaux.*)

O Sada. — Konna oishiku mo nai mono de go-
zaimasu ga, — hitotsu o tsumami nas'tte ....

Endô. — Arigatô gozaimasu. Dôzo, o kamai naku...

Haha. — Toki ni, Endô san, anata wa mada o
yûhan (1) mae de gozaimashô. Nanni mo arimasen
ga, — ichi zen ....

Endô. — Ie! ima tochû de yatte kimashita kara ...

Haha. — Sô desu ka? Go enryo de wa ikemasen yo !

Endô. — Dô shimashite ! O uchi ye maitte wa,
kesshite go enryo wa shimasen.

Haha. — Sô de gozaimasu ka? Sore de wa ima
ni Kwan-ichi mo kaerimashô kara, go meiwaku de
mo, sukoshi o machi nas'tte kudasai.

---

(1) *Yûhan,* repas du soir.

Endô.—Iya! Waga-hai wa, zehi o me ni ka-karitai koto mo arimasu kara, o machi môshi-mashô. Sore kara nani ka to go yô mo gozai-mashô. Waga-hai ni o kamai naku ....

Haha.—Ie! mô betsudan kore to iu hodo no koto mo gozaimasen kara, go enryo ni wa oyobimasen.

(Extrait de *Rakkwa ryûsui*, page 14.)

3
TRAVAILLEZ, PRENEZ DE LA PEINE.

Oyoso yo-no-naka no monogoto wa, yukari naku, hyokkuri to shite dete kuru mono de wa arimasen. Sono moto ga arimasureba, kitto sono sue ga ari-masu; sono moto ga naku shite, sono sue no aru mono wa, kesshite arimasen. Sayô desu kara, hajime botamochi wo agenai tana yori wa, ikura kuchi wo aite matte mo, kesshite botamochi wa o-chite wa kimasen (1). Moshi, un yoku aita kuchi ye botamochi no ochite kimasuru koto no aru no wa, sono izen botamochi wo tana ye agete atta kara de arimasu.

Sokode, watakushi wa hitotsu mina san ni o tazune môshitai no wa, hoka de mo arimasen ga, — mina san wa, seken dai ittô no jimbutsu ni naritai to omou de arimashô ka? Moshi, kaku omoima-shitara, ikani itashite, sono seken dai ittô no jimbutsu ni narimashô ka? Tada ni kono omoi bakari arimashite, sono shikata ga nakereba, kore wa chôdo hajime age mo senu tana ni mukatte:

---

(1) *Botamochi wa ochite wa kimasen*, c.-à-d., pour emprunter une formule du langage populaire, les alouettes ne tombent pas toutes rôties du ciel.

"Botamochi ochiyo!" to iu ni ippan de, tsumari kuchi-aki-zon de, mata machi-zon de arimasu (1 . Kara no Min no yo ni ,2 , Kokeisai to iu hito ga arimashite, sono hito no arawasareta Kyogyôroku to môshimasuru shomotsu ni shô suru (3) koto ga arimashita ga, watakushi wa hanahada kanshin shimashita. Sono kotoba ni: "Tenka dai ittô no hito to naran to hosseba, masa ni tenka dai ittô no koto wo nasu beshi" to môsaremashita ga, jitsu ni sono kotoba no gotoku nareba, sore wa kitto tenka dai ittô no hito to naru ni sôi gozaimasen. Saru wo, seken no hito wa, ôku wa, dai sentô ka dai mantô gurai naru, mottomo katô no koto wo shika nasazu ni, so shite, tenka dai ittô no hito to narô to omou no wa, chitto muri na chûmon de arimasu. Mashite ya, hitotsu no koto wo mo nasanu de, tada tenka dai ittô no hito to narô to o-mou no wa, jitsu ni ada-nozomi de, hanahada bakarashii hanashi de gozaimasu.

Mina san wa izure mo, otoko no ko ni umarete kita kai ni wa (4 , hito no shita ni kagamu tsumori de wa naku, kitto tenka dai ittô no hito to narô to omou de arimashô. Sayô nareba, Kokeisai no oshie ni shitagatte, yoroshiku masa ni tenka dai ittô no koto wo nasaremase. Sa sureba, kitto tenka dai ittô no hito to narimasu.

(Extrait de *Kodomo enzetsu*, page 32.)

---

(1) *Kuchi-aki-zon de, mata machi-zon de arimasu*, on en est pour sa peine *d'ouvrir la bouche*, et pour son temps.

(2) —*Min no yo ni*, sous la dynastie chinoise des Min, de J.-C. 1368-1644.

(3) *Shô suru*, pour *iimasuru*.

(4) *Otoko no ko ni umarete kita kai ni wa*, vous êtes nés hommes pour....

LEÇON VIII.

I

NE FORÇONS POINT NOTRE TALENT.

Neko to inu wo kurabereba, neko wa, karada ga chiisaku, inu wa, ôkiku; neko no seishitsu wa, nyûwa ni shite, inu no seishitsu wa, araku; neko wa, tsune ni tatami no ue ni oki-fushi wo shi, inu wa, tsuchi no ue ni oki-fushi wo suru no chigai wa arimasu keredomo, — ryôhô tomo ni onajiku chikushô ni shite, neko ga, nezumi wo toru no ga yakume nara, inu ni mo, tôzoku wo fusegu no yakume ga arimasu kara, shujin no me kara mireba, dochira ga nikui kaai to iu eko hiiki no kokoro wa nai hazu de gozaimasu keredomo, — neko wa, tsune ni shujin no soba chikaku ni ori-masu tokoro kara, shizen to shujin ni ai serare; inu wa, shujin no soba wo hanarete orimasu tokoro kara, shizen to shujin no ai mo usui no wa, makoto ni yondokoro nai koto de gozaimasu. Sore ni tsui-te, hitotsu no o hanashi ga gozaimasu ga. —

Mukashi, aru ie ni, neko to inu to wo katte orimashita ga, — sono neko ga tsune ni sakana ya sono hoka no umai mono wo tabetari, mata, toki to shite wa, shujin no hiza ye agerate, ai serareru wo mite, aru hi, inu no (1) omou ni wa: "Neko wa

---

(1).... *inu no,* pour *ai serarete orimashita. Aru hi, inu wa kore wo mite, omou ni wa.* — L'étudiant doit, dans les commence-ments, s'appliquer à parler correctement, ou plutôt gramma-ticalement, mettant en leur place respective le sujet, le verbe, et les compléments direct et indirect. Peu à peu cependant, il devra s'habituer à ces tournures de phrase qui lui parais-saient d'abord insolites : son discours y gagnera en élégance, et en énergie; et reflétera mieux le génie de la langue japonaise.

mainichi umai mono wo kui, asobi-tawamurete shujin ni kaaigarareru to wa, jitsu ni urayamashii koto da ga, — ore mo anna ni jare-tsuitara, sadameshi umai mono wa tabete, asonde orareru darô'' to omoi, dashi-nuke ni zashiki ye agatte, dare kare no shabetsu naku, wan-wan hoete, jare-tsuita tokoro ga, kanai no mono wa mina ôi ni odoroite, inu ga kichigai ni natta to omoi, tenden ni bô wo motte, hidoi me ni sono inu wo uchi-taoshita to iu hanashi ga gozaimasu.

— Mata kotowaza ni : *U no mane suru karasu wa, mizu ni oboreru''* to iu koto ga gozaimasu. Sore wo hito kuchi ni kôshaku shite miru to : u ga, mizu no naka ni tobi-konde, jiyû ni uwo wo toru koto wo mireba, onaji chôrui (1) de, mata sono sugata mo nite iru kara, karasu ni mo uwo ga toresô na mono de gozaimasu ga, soko ga seishitsu ni yoru mono de, u wa, mizu ni sumu tori nari ; karasu wa, ki ni sumu tori de, gwanrai seishitsu no kotonaru tori desu kara, karasu ga, mizu no naka ni tobi-konde mo, dame de gozaimasu. Shikaru wo, muri ni sono mane wo shite, uwo torô to shimasu kara, tsui yari-sokonatte, mizu ni obore, dozaemon to naru no de gozaimasu. — Mata, ''karasu no mane wo suru u'' to iu koto ga gozaimasu. Kore wa dô shita wake ka? to iimasu to : Shinshû no Suwa-ko (2) nado de, kanchû (3) ni kôri ga hatte iru wo, karasu wa kuchibashi de sono kôri ni ana wo ake, sono soba ni matte ite, uwo no tôru tokoro wo

---

(1) *Onaji chôrui,* oiseau de la même espèce.
(2) *Shinshû no Suwa-ko,* le lac Suwa, dans la province de Shinshû ou Shinano.
(3) *Kanchû,* pendant la période du froid.

chotto kuwaete toru no wo, u ga kore wo mima-
shite : "Kyatsu-me, naka-naka umai koto wo shite
kaseide oru! Ore mo, kyatsu no mane wo shite,
uwo wo totte miyô" to omoi, kôri wo kudaite,
matte oru tokoro ye uwo ga tôru to, waga sei mizu
wo osorenai tachi (1) da kara, sono ana kara do-
bun to (2) tobi-komi, shubi yoku (3) uwo wo totta
wa yokeredo, izu-kata mo kôri ga hari-tsumete ite,
sono de-guchi wo ushinai, sore ga tame, mizu ni
oborete, dozaemon to naru koto ga mama aru to iu
koto de gozaimasu. Sareba, karasu ga u no mane wo
suru mo, u ga karasu no mane wo suru mo, izure
ni itase, yari-sokonai wa onaji koto to miemasu.

(Extrait de *Kyôiku dai enzetsu*, page 52, et de *Kokkei
hitori enzetsu*, page 93.)

2

REMONTRANCES SALUTAIRES.

*Endô Buntarô, chef de famille depuis la mort de son
père Endô Jûzaemon, vient à Tôkiô pour y compléter ses
études. Entraîné par de mauvais amis il s'adonne bien-
tôt à une vie licencieuse. Son cousin Noguchi Junji vient
alors, au nom de la famille, lui rappeler ses devoirs.*

Junji. — Totsuzen konna koto wo môshitara, sa-
damete go rippuku mo arimashô ga, — kondo wa-
takushi ga jôkyô shita wa, betsu de mo naku,
okkasan no go irai de (4), go ichi-dô (5) no ob-
oshimeshi wo o tsûji môsu tame desu.

---

(1) *Tachi*, nature.
(2) *Dobun to* ou *tobun to*. Onomatopée représentant la
chute d'un corps dans l'eau.
(3) *Shubi yoku*, sans que rien n'y manque ; avec succès.
(4) *Okkasan no go irai de*, sur la demande de votre mère.
(5) *Ichi-dô*, toute la famille.

Buntarô. — d'un air inquiet. — Nani ka atta no desu ka?

Junji. — Iya! achi ni wa, nanni mo kawari wa arimasen ga, — *baissant un peu la voix.* — Jitsu wa, kono geshuku (1) no shujin kara, okkasan ye atete, shomen ga mairimashita kara: "Nani-goto ga atta ka? Moshi, anata no o mi no ue ni, betsujô de mo okotta ka?" to itte, okkasan mo go shimpai nas'tte, fû wo hiraite goran ni naru to, sono shomen no shui (2) to iu wa: "Anata wa, go shukkyô ni naru to, sono yokuban kara, shi go nichi to iu mono wa, taigai waki ni o tomari ni natte, roku-roku (3) o kaeri ni naranai kara, o anji môshite ita tokoro, — sore kara wa, mazu kakuban gurai wa geshuku ni o tomari nasaru no de, kekkô da to omotte iru to, — betsudan gakkô ye o kayoi no go yôsu mo naku: sore ni (4), o tazune ni naru o tomodachi ga, mina izen no asobi no o nakama da kara, komatta mono da to omou uchi, — masumasu o asobi ga hageshiku natte, sakkon de wa, mikka ni hito ban gurai shika o kaeri ga nai kara, kanete o tanomi no ichi jô no aru no de, nai-nai o tsûji môsu wake da ga, — nan to ka, go iken wo nasaraneba, go tônin no o tame ni mo narumai" to shinsetsu no tegami ga kita no de, — okkasan mo taisô go shimpai nas'tte: ototsan no go zommei chû nara, madashimo no koto; tôji wa, ikke no shujin taru mono ga, konna arisama de wa, wazuka

---

(1) *Geshuku,* doit être prononcé *geshiku,* dans le dialecte de *Tôkiô.*

(2) *Shui,* la teneur.

(3) *Roku-roku* ou *metta ni.*

(4) *Sore ni,* ajoutez à cela que....

ni nokotta shindai mo donna koto ni naru ka shi-rezu; sore bakari de wa naku, ototsan no go shikyo ni natte ma mo nai ni, konna kokoromochi de wa, yukusue ga anjirarete: "dô sureba, yoi ka?" to watakushi ye go sôdan ni natta kara, watakushi mo odoroite: "Bun san wa kanete hatsumei na seishitsu de o ide ni naru kara, yoku go iken wo môseba, kanarazu o kiki-ire ni narimashô. Sore ni wa, naka-naka tegami gurai de wa tsûjinai kara, watakushi ga shukkyô shite go iken wo môshi; to mo kaku mo anata no o kokoro no yasumaru yô ni, shibaraku o kuni ye o tsure-môshite mairima-shô" to o hanashi wo suru to, okkasan wa hijô ni o yorokobi nas'tte, namida wo nagashi nagara: "Sore de wa, makoto ni go kurô da ga, sô shite kurero" to kon-kon o tanomi ni natta no de, — watakushi mo shi-kaketa yô mo arimashita keredomo, mina san no go shimpai wo miru ni shinobimasen kara, fushô no mi wo mo kaerimizu, shukkyô shite, go iken wo môsu no desu ga, — dôka, go ichi-dô no oboshimeshi wo o sasshi ni natte, mazu o asobi wa, tôbun o yame nasatte wa, dô desu?

Buntarô. — d'un ton un peu sec. — Makoto ni go shinsetsu no hodo wa, nan to mo o rei no moshi-yô ga arimasen ga, igo wa kesshite asobimasen kara, dôzo, go anshin nas'tte kudasai.

Junji. — avec animation. — Bun san! mâ! yoku watakushi no iu tokoro wo kiite kudasai. Wa-takushi wa, oji san no go yuigon de, rei no zaisan wo (1) o hiki-uke môshita baai mo ari, nanika to

---

(1) *Rei no zaisan.* Les biens que vous connaissez déjà. *Rei* s'emploie souvent dans la conversation, quand on fait allusion à une personne ou à une chose bien connue de celui

anata no o kokoromochi ni wa go fuman mo ari-
mashô ga, — watakushi wa, sakidatte mo môshita
tôri, kesshite kokoroyoku o hiki-uke môshita
wake de wa naku ; kono tame ni wa, kaette kokoro
wo itameru koto bakari de, — dekiru nara, anata
ye o kaeshi môshitai gurai desu keredomo, nani-
bun anata ga go shôchi kudasaranu no de, yondo-
koro naku sono mama ni itashite oru mono no, go
nyûyô to areba, itsu de mo o hiki-watashi môsu
kakugo de arimasu. Sono kurai o uchi no tame ni
wa (1), oyobanu nagara, jinryoku shite oru wata-
kushi no kokoro mo sukoshi wa o kumi-wake
kudasatte, mae ni mo môshita tôri, sukoshi de mo
okkasan no o kokoro no yasumaru yô ni o kangae
nas'tte wa kudasaimasen ka? (*Voyant que Buntarô
continue à garder le silence, il poursuit avec plus d'ani-
mation*). Moshi anata ga watakushi no yô na mono
no môsu koto de mo o kiki kudasareba, to mo
kaku mo, ittan okkasan no o kokoro yasumaru
tame, go kikoku no ue (2), ori wo mite, mata mata
go shukkyô nas'tte, jûbun gakumon wo migaite,
shubi yoku (3) o kaeri ni nareba, sono toki wa, go
meiwaku da to osshatte mo, watakushi ye o hiki-
uke môshita zaisan wa, o te ye agete : "Appare !
Endô Jûzaemon no sôzokusha" to hito ni homera-
reru yô ni nareba, go ichi-dô wa — môsu ni oyobazu
— go shinseki ni tsuranaru watakushi made, donna

à qui l'on parle. — Ici il s'agit des biens légués par Endô Jû-
zaemon à son neveu Junji, au détriment de son fils Buntarô.

(1) *O uchi no tame ni wa*, en faveur de votre maison.
(2) *Go kikoku no ue*, après votre retour au pays.
(3) *Shubi yoku*, c.-à-d. après avoir terminé heureusement
le cours de vos études.

ni ureshû ka shiremasen ga, — dô desu? Sô iu
wake ni wa mairimasen ka? (*Comme à toutes ces
propositions, Buntarô ne répond que par le silence,
Junji cette fois ne peut retenir ses larmes.*) Aa! dômo,
komatta mono da! Kore made môshite mo, o kiki
kudasaranakereba, shikata ga nai kara, kuni ye
kaeru no da ga, kono shimatsu wo o hanashi mô-
shitara, okkasan hajime, go ichi-dô no go shinchû
wa donna darô? Tsue to mo, hashira to mo omo-
wareru go tôshu (1) ga, okkasan no o kokoro wo mo
o kumi-wake nasaranai de, o kokoro wo yasumeru
dake ni o kaeri nai to wa, dô iu o kangae no aru
koto ka? watakushi mo kono mama de kaeru to,
sono o nageki wo miru yô de, ima kara omoi-yara-
rete (2) shimpai no koto da.

A ces paroles, Buntarô vaincu sort enfin de son si-
lence, et adresse ses excuses à Junji :

Iya! dômo! nan to itte yokarô ka? Jitsu ni
jibun nagara aiso mo tsukita yô de, o wabi no
shiyô mo arimasen ga, — kaku made jibun no yô
na mono wo omotte, go shinsetsu ni go iken kuda-
saru wa, shinseki to wa ie (3), tokubetsu no baai
de nakereba, dekinai koto de, — tanin nara, hito
tôri no iken wo itte, kiki-irenakereba, sore made
de owaru mono naru wo, haha no shimpai, kyôdai
no jôai wo yoku yoku o sasshi kudasatte, sono ue,
kamei wo made taisetsu ni kangaerarete, atsui go
iken ni wa, Buntarô (4) hajimete yume ga same-
mashita. Shikkei na kotoba mo arimashitarô shi,

---

(1) *Go tôshu*, l'auguste chef de famille dont il est question,
c.-à-d. Buntarô.

(2) .... *omoi-yararete*, je m'afflige à la seule pensée de ce
que sera leur chagrin.

(3) *Shinseki to wa ie*, quoique vous soyez mon parent.

(4) *Buntarô*, moi Buntarô.

o kokoro ni kanawanu koto mo arimashitarô ga,
dôka, sono hen wa, hira ni o yurushi wo negai-
masu.

(Extrait de *Rakkwa ryûsui*, page 50.)

3

QU EST-CE QUE L'ÉCONOMIE?

Watakushi wa, ima itatte muzukashii keizai no
hongi (1) wo goku wakari-yasuku tokimashô to
omoimasu.

Sate, kono keizai to môshimasuru mono wa, kore
wo hito kuchi ni iimasureba : kane wo uchi ye iru
koto no ôku shite, soto ye izuru koto no sukunaku
itasô to tsutomeru mono wo iu mono de arimasu.
Kotoba wo kaete môshimasureba : waga futokoro
ye môke no kane ga, naru beku ôku irite, waga
futokoro yori idashite tsukai-harau kane ga, naru
beku sukunaku naru yô ni to itasu mono de ari-
masu. Shikashi nagara, dasu kane wa, naru beku
sukunaki ga yoroshii to wa môshimashite mo, tsu-
kawaneba naranu kane wo mo, nigiri-tsumete da-
sanu koto de arimashitara, kore wa iwayuru kane
no bannin to iu mono de, jitsu ni yo-no-naka no
nozoki-mono de arimasu. Sô desu kara, tsukau
beki hazu no kane wa, tsukau ga yoroshii koto de
arimasu : kore ga makoto no keizai to môsu mono
de arimasu. Sari nagara, rampi (2) to môshite,
midari ni tsuiyashite wa, mata naranu koto de
arimasu. Kore wo tsuzumete môshimasureba, kei-

---

(1) *Hongi*, vrai sens.
(2) *Rampi*, prodigalités.

zai no ue ni oite wa, yoku sekken wo mamoru yô ni ki wo tsukenakereba narimasen. Shikashi nagara, rinshoku shite wa narimasen. Kono sekken to iu koto to, rinshoku to iu koto wa. chotto sono katachi ga nite orimasu keredomo, yoku yoku kokoro wo sosoide mimasureba, sore wa! sore wa! taihen na sôi de, chôdo ôgon to shinchû to wa, sono iro no ki naru tokoro ga nite ite mo, sono jitsu wa, ô-chigai na mono de arimasu. Mata kono gin to namari to mo, chotto wa nite orimashite mo, sono jitsu wa ôi ni kotonatte oru mono de arimasu. Sô desu kara, sekken to rinshoku to wa, chotto nite orimashite mo, sono jitsu wa ôi naru tagai ga aru mono de, kondô ni shite (1) wa narimasen. Ima, sono sekken to rinshoku to no kubetsu wo shimeshimasureba: michi-bata ni gomi-darake ni natta ame ya kwashi nado wo yatara ni katte kuimashitari shimasuru no ga, rampi to môshite, midari ni tsuiyasu mono de arimasureba, kono yô na muda-zukai wo senu no ga, tori mo naosazu, sekken to iu mono de arimasu. Sari nagara, giri ninjô no tsuie (2) ya, matawa kami, fude, suzuri, moshikuwa shomotsu nado kyôiku no dôgu wa, kawanakute naranu mono de arimasureba, korera no mono wo mo, oshinde kawanu no ga, tori mo naosazu, rinshoku to iu mono de arimasu. Kore wa, enryo naku jûbun ni môshimasureba, kechimbô (3) to iûte yoroshii mono de arimasu.

Sore desu kara, dôzo, mina san wa, sekken no

---

(1) *Kondô ni suru*, confondre.
(2) *Giri ninjô no tsuie*, dépenses imposées par les convenances.
(3) *Kechimbô*, pingre.

hito to natte, rinshoku no hito to naranu yô ni negaimasu.

(Extrait de *Kodomo enzetsu*, page 62.)

LEÇON IX.

I

DISPUTE DE LA TÊTE ET DE LA QUEUE.

Mukashi, ippiki no hebi ga arimashite, sono hebi no shippo ga, atama ni mukatte, iu ni wa: "Omae wa, atama; ore wa, o to namae koso chigatte, omae mo, ore mo, hitotsu karada ni kuttsuite ite, hitotsu karada no yô wo suru no da kara, moto dôkaku no mi no ue de, nanni mo omae ga, atama da kara, tattoi no; ore ga, shippo da kara, iyashii no to iu wake wa nai hazu da no ni,— omae wa tokaku ni ibari-kusatte (1): "Ore wa, atama da kara, saki ye yuku; omae wa, shippo da kara, ato ye tsuite koi" to itte, ore wo itsudemo ato ni suru ga, kore wa, dô shita wake da? Ore wa, ima made kamben shite damatte ita keredomo, kamben shite oru to, omae wa, dandan zôchô shite, ore wo baka ni suru kara, mô kamben ga dekinai. Kyô kara wa, ore ga saki ye yuku kara, omae wa ato kara tsuite koi" to iu to, — atama no iu ni wa: "Sore wa, omae ga ryôken chigai to iu mono da. Nanni mo ore ga atama da kara, saki ni tatte ibaru to iu wake de mo nan de mo nai. Motoyori atama wa saki ni tatte yuku beki ga, ore no ya-

---

(1) *Ibari-kusatte*, s'en faisant accroire. *Kusai* et *kusaru* placés après un substantif, un adjectif ou un verbe, y ajoutent toujours un sens de mépris, ex : *shûkyô-kusai*, un bigot ; *furukusai*, une vieillerie.

kume; mata omae wa ato ni tsuite kuru no ga, o
no yakume da kara, mâ! sonna koto wo iwanai de,
itsumo no tôri ni, yuku to shiyô'' to itte mo, o wa
naka-naka kiki-irezu: ''Iya, iya, sonna dôri wa
nai. Dô shite mo, ore wo saki ye yatte kurenai
nara, ore wa mô kesshite doko ye mo yukanai'' to,
mukappara wo tatete, shippo wo kuru-kuru to
tachi-ki ye maki-tsukete, ugokimasen kara, atama
mo komari-kitte (1): ''Sore hodo omae ga saki ye
yukitakereba, saki ye yuku ga ii: ore wa ato kara
tsuite yuku kara'' to iu to, shippo wa, ô-yorokobi
de, atama wo shippo ni shite, de-kakemashita ga,—
kanashii koto ni wa, kentô wo tsukeru me ga nai
no de, mukô-mizu ni notakutte oru uchi ni, hi no
naka ye moguri-konde, tôtô inochi wo ushinôta to
iu hanashi ga gozaimasu ga, — ningen de mo, kono
tôri de, amari unubore ga tsuyoi to, shimai ni wa,
mi wo sokonau mono de gozaimasu.

(Extrait de *Kyôiku dai enzetsu*, page 62.)

2

UN ÉTRANGE MARCHAND.

*Ôzawa Hirokichi architecte, revient le soir fort tard
d'un banquet. Chemin faisant, il engage conversation
avec le coolie.*

Ôzawa. — Konya wa, naka-naka samui, na!

Shafu. — Sayô de gozaimasu. Nan da ka kaze no
moyô wa yukirashû gozaimasu (2) ga, — furana-
kereba, yoroshû gozaimasu.

---

(1) *Komari-kitte*, décidément ennuyée.
(2) ....*yukirashû gozaimasu*, je ne sais pas pourquoi, mais

Ôzawa. — Sô sa ! Dômo ! kono samusa de wa, yo-mise wo dashite oru mono nado wa, zuibun nangi darô.

Shafu. — Sayô de gozaimashô. Mada, kore de mo, komban nado wa, hayai kara, yoroshû gozaimasu ga, — jû ni ji goro ni de mo natte, Kane-no-hashi giwa atari ni dashite iru yo-mise-akindo nado wa, zuibun tsurô gozaimashô. Sore wa, sô to (1), danna, o samû gozaimasu kara, meshite (2) irasshaimasen ka ?

Ôzawa : — Iya ! sukoshi sake wo sugoshita kara, chitto aruite samashita hô ga yoi kokoro-mochi da. (*A ce moment, Ôzawa arrive près de Kane-no-hashi, et s'arrête à regarder l'enseigne d'un marchand ambulant.*)

Shafu. — Danna ! dô ka nasaimashita (3) ka ?

Ôzawa. — Iya ! betsu ni dô mo shita no de wa nai ga (4), — ano sobaya no andô no hashi ni, nan da ka myô na koto ga kaite aru kara.

Shafu. — Ha-ha ! Naruhodo ! are ga, kono hodo, o hanashi môshita hyôban no kyûtatsu-soba to iu no desu.

Ôzawa. — Sô ka ? Naruhodo ! andô ni " *kyûtatsu mei ari* " to aru wa .....

---

ce vent-là m'a tout l'air de nous annoncer de la neige. (Sur l'affixe *rashii*, voyez *Hand-book, etc.*, p. 119, n° 194.)

(1) *Sô to*, abbréviation pour *sô to shite oite*. Ceci dit, ceci posé. *Sore wa, sô to* est une transition fréquemment employée dans la conversation.

(2) *Meshite*, mot honorifique pour *notte*.

(3) *Nasaimashita*, pour *nasaimasu*. La langue japonaise, quelque étrange que cela puisse paraître, admet souvent l'emploi du présent pour le passé, et du passé pour le présent.

(4) *...nai ga*. Oh ! rien de bien particulier, si ce n'est que.....

Shafu. — Danna, sore wa, nan no koto de gozaimasu ka?

Ôzawa. — Sô sa! Mazu hito kuchi ni ieba, hito no un to iu mono wa, shizen no mono da to iu koto, sa!

Shafu. — Taisô mendô na koto wo kaita mono de gozaimasu, ne!

Ôzawa. — Sô sa! Myô na koto wo kaita mono da ga, — ano sobaya wa, sukoshi wa, hon ga yomeru to mieru, na!

Shafu. — Yomemasu to mo! Watakushi ga, go yô de, ori-ori kono hashi wo tôru ni, o kyaku no nai toki wa, itsumo yokomoji no hon wo yonde orimasu.

Ôzawa. — Sô ka? Sore wa naka-naka kanshin na mono da! — Ha-ha! Naruhodo! konya mo nani ka yonde iru yô da. (*Tirant de sa poche un billet le banque.*) Nan da ka omoshirosô na otoko da kara, sukoshi hanashite miyô to omou ga, — kono kane de mise wo shimawasete, ore wa, kore kara Isezaki chô no Kankô tei ye itte iru kara, tsurete kite kure.

Shafu. — Danna, nani wo nasaimasu ka?

Ôzawa. — Mâ! ii kara, hayaku itte danjite koi.

3

L'ÉDUCATION.

" *Ko ni oshiezaru wa, oya no ayamachi; oshiete, narawazaru wa, ko no ayamari*" to wa, kojin no kingen de gozaimasu.

Sate: " Kono oya ga oshie, ko ga narau to iu

no wa, nanigoto wo oshietari, narôtari suru no ka?"
to ieba, kesshite hoka no koto de mo nai, — tada,
ningen to umarete, konnichi nasu beki atarimae
no koto wo, oya ga oshie, ko ga narau no de gozai-
masu. Oyoso kono yo-no- naka ni aru to arayuru
mono wa, tori kemono de mo, kusa ki no rui de mo,
mina nasu beki koto no aru mono de, — tatoeba,
hana no saku beki jisetsu ga kureba, shizen ni
hana ga saki; mi no naru jisetsu ni nareba, uchi-
sutete oite mo, mi ga juku shimasu. Kore ga,
sunawachi sômoku wa, mujô (1) de mo, shizen to
nasu beki michi wo mamotte oru shôko; mata
kinjû de mo, yakeno no kiji, yoru no tsuru, ko no
daiji ni suru koto mo shitte oreba, mata niwatori
nado de mo, osu wa toki wo tsukuri (2), mesu wa
tamago wo unde, hito no karada no yashinai wo
tasukeru: kore wa dare ga oshieta wake de mo nai,
tada shizen to nasu beki no michi wo mamotte
oru shôko; sono hoka, neko no, nezumi wo tori;
inu no, momban wo shite, dorobô no fusegi wo
suru nado mo, jûrui (3) ga shizen to nasu beki
no michi wo mamotte oru tashika na shôko de
gozaimasu. Kayô ni kinjû sômoku ni sae, nasu
beki no michi ga gozaimasu kara, bambutsu no
no rei taru ningen ni, nasu beki michi no aru wa,
ima sara iu made no koto wa gozaimasen.

Sokode: "Sono ningen no nasu beki michi to
wa, donna koto ka?" to ieba, sunawachi oya ni
kô wo tsukushi; shu ni chû wo tsukushi; ani ni,
tei no michi wo motte, tsukae; otto ni, fu no michi

---

(1) *Mujô*, inanimés.
(2) *Toki wo tsukuri*, chanter.
(3) *Jûrui*, pour *kemono no rui*.

wo motte, tsukae; sono hoka, seken no hito to
tsuki-au ni mo, fugiri funinjô no koto wo shinai
yô ni suru no ga, hite no nasu beki atarimae no
michi de gozaimasu. Saredomo, hito wa, umare
nagara ni shite, kore wo shiru mono ni arazu:
oshiete, nochi ni shiru to itte, donna seijin de mo,
donna kunshi de mo, oshie mo ukezu, narai mo
sezu ni, hitori-de ni seijin to nari, kunshi to na-
reru mono de wa nai; kanarazu, fubo ni oshierare,
shishô ni narôte, shikaru nochi ni, seijin to mo
nari, kunshi to mo naru no de gozaimasu kara,—
hito no fubo taru mono wa, sono ko ni nasu beki
no michi wo oshieru no ga, oya no nasu beki michi;
mata hito no ko taru mono wa, oya no oshieru
michi wo narôte, somukanu ga, ko no nasu beki
michi de gozaimasu. Shikaru ni, ôku no hito no
naka ni wa, oya to shite, ko wo oshienai oya mo
ari; ko to shite, oya no oshie ni shitagawanai ko
mo ari; iya! ko to shite, oya no oshie ni shitagawa-
nai to iu hazu ga nai ga,—sono shitagawanai no wa,
yahari oya no oshie ga warui to iwaneba narimasen.
Naze nareba: hito wa, umareta toki wa, nani wo,
dô shiyô to iu nenryo mo nakereba, kore wo kô
shiyô to iu yoku mo nashi; tada, kû na (1) mono
da kara, sono kû na toki kara, oya taru mono ga,
yoku oshiete zen ni michibikeba, seichô shite
nochi mo, oya no oshie ni shitagawanai nado to
iu koto wa, kesshite gozaimasen. ‘‘Shôni no koko-
ro wa, mizu no hôen ni shitagau ga gotoshi’’ to
itte, utsuwa ga marukereba, katachi mo maruku
nari; utsuwa ga shikaku nareba, katachi mo shi-

---

(1) *Kû na*, vide, c.-à-d. sans volonté propre.

kaku ni naru : sono maruku naru no mo, shikaku
ni naru no mo, oya no utsuwa shidai (1). Nao
kore wo wakari-yasuku itte mireba, koko ni hi-
totsu no tokuri aru. Kono tokuri wa, mada ata-
rashii, nanni mo irenai tokuri to shita tokoro de, —
kore ye sake wo ireyô to mo, shôyû wo ireyô to
mo, ireru mono no ryôken hitotsu de, dô de mo
naru; sunawachi sake wo irereba, sake no tokuri
to nari; shôyû wo irereba, shôyû no tokuri to nari;
su wo irereba, su no tokuri; abura wo irereba,
abura no tokuri to narimasu.

Sokode, kono tokuri ye hajime ni abura wo irete,
abura-dokuri ni shite oki nagara, kondo jibun no
tsugô ni yotte, sake wo ireyô to omoedo, abura no
nioi ga shite, dô shite mo sake wa ireraremasen.
Hito mo yahari, kono tokuri no tôri de, hajime
kara oya ga yoku kyôiku shite, sake no tokuri ni
shite sae okeba, nan no shisai mo nai, — iya! sake
no tokuri ni shite oite sae, toki wo heru hodo,
tokaku ni abura no tokuri ni naritagaru. Sore wo
mashite, hajime kara, abura-dokuri ni sodatete oki
nagara, jibun no katte ga waruku natta toki ni :
"Kono yarô wa, naze abura-gusai no da? Kono
yarô wa, naze oya no iu koto wo kikanai no da?
Aa! dômo! konna dôraku de wa komaru! Kô,
dômo! oya fukô de wa shikata ga nai!" to, guchi
wo koboshi, kogoto wo naraberu no wa, sore wa
muri to iu mono de, — sono dôraku wo shitari,

---

(1) *Oya no utsuwa shidai*, c.-à-d. l'enfant se modèle sur
son père. — Le morceau que nous donnons ici appartient à ce
genre d'écrits appelés *kokkei* ou pièces comiques. On ne doit
donc pas s'étonner s'il s'y trouve quelques passages d'un goût
douteux.

fukô wo shitari suru yô ni natta no wa, gwanrai
dare ga shita no de gozaimasu ka? Mazu, toku to
kangaete goran nasai! Anagachi sono ko ni bakari
tsumi wo showaseru wake ni mo mairimasumai.
To wa ie, naka ni wa, oya wa itsu made mo sake
no tokuri ni shite oku yô ni sodatete mo, kanjin na
honnin (1) ga, abura wo uru norakura renchû to
tsuki-ai wo hajime, iwayuru *"shu ni' majiwareba,
akaku naru"* to yara de, sekkaku shôjô na kara-
da wo abura-dokuri ni shite shimau hito mo
gozaimasu.

Sokode, tokuri no abura-gusaku natta no wa,
kowashite shimau koto mo deki; mata atarashiku
kai-kaeru koto mo dekimasu keredomo, ningen ga
norakura to yoso ye itte wa, abura wo uri; uchi ye
kaette wa, abura wo torare, jibun no karada ni mo
abura-ase wo nagasu yô ni natta no wa, masaka ni
uchi-koroshite shimau wake ni mo yukazu, atara-
shiku kake-gaeru koto mo dekimasen.

Sate, kayô ni o hanashi môseba, oya taru mono
wa, ko ni nasu beki no michi wo oshienakereba,
naranu; ko wa, nasu beki no michi wo naróte,
kore wo mamoranakereba naranu to iu ri-ai wo
taigai o wakari ni narimashita de gozaimashô. O
wakari ni narimashitara, dôka, kyôiku wo okota-
ranu yô ni nasarimase. Mukashi, Tokugawa no
jidai ni wa, kuni-guni no kokuhô to iu mono ga
atte, naka ni wa: samurai yori hoka no mono wa,
nô-kô-shô (2) tomo ni, omote-datte gakumon wo
suru koto wa naranai; moshi, chônin ya hyakushô

---

(1) *Honnin*, l'enfant qu'on élève.
(2) *Nô-kô-shô*, paysans, artisans et marchands.

no mibun de, Shi-sho Go-kyô (1) nado wo yonde
oru koto ga o kami (2) ye shireru to, o shikari wo
ukeru to iu yô na makoto ni kyûkutsu na okite no
aru tokoro mo gozaimashita kara, sono koro ni wa,
zuibun muhitsu no hito mo ari, baka na hito mo
takusan gozaimashita ga, — sono koro no koto de,
o warai-banashi ga hitotsu gozaimasu. Aru tokoro
no jû ichi ni sai ni naru kodomo ga, yane ye agatte,
isshô-kemmei ni take-bôki (3) wo furi-mawashite
oru no wo, sono ani ga mite: "Oi! temae wa, soko
ye agatte, nani wo shite oru no da?" to kiitara,
kodomo wa, nukaranu kao de: "Ore wa, o tentô
sama wo tsutsuki-otoshite yarô to omou no da" to
iimashita. Ani wa, kore wo kiite: "Kono baka
yarô-me, tatta take-bôki ippon gurai de, o tentô
sama wo tsutsuki-otoseru mono ka?" to iu kara,
otôto wa, ani no chie wo kariru tsumori de: "Sore
ja, dô sureba, ii no da?" to iu to, ani no iu ni wa:
"Dô sureba, ii no datte! beram-me! o tentô sama
wo tsutsuki-otosu ni wa, mono-hoshi-zao no go
roppon mo tsuide, chanto shitaku wo shite kaka-
ranakucha, dame da" to sashizu wo shite oru no
wo, sono oyaji ga, kage de kiite: "Naruhodo! ani
wa, ani dake no chie ga aru (4)" to itte hometa to
iu hanashi ga gozaimasu ga, — nan to! yoku sorotta
baka na mono de wa gozaimasen ka? Kore to iu
mo, sono oya ga oya yori kyôiku wo ukezu, sono

---

(1) *Shi-sho Go-kyô*, les quatre livres classiques, et les cinq
livres canoniques.

(2) *O kami*, l'autorité.

(3) *Take-bôki*, un balai fait de branches de bambou.

(4) *Ani wa, ani dake no chie ga aru*, l'aîné a bien la sagesse
qui convient à un aîné.

kyôiku wo ukenai oya ga, sono ko wo sodatete yuku kara, kayô na o warai-gusa ga dekiru no de gozaimasu.

Mu kashi, Môshi to iu dai kenjin ga, mada ko. domo no toki ni, machi-zumai wo shite orimasu to, mainichi yaoya ya sakanaya ga iro-iro no shina-mono wo utte aruku no wo mite, yaoya ga kureba, yaoya; sakanaya ga tôreba, sakanaya to, nan de mo kuru mono goto no mane wo seraremasu tokoro kara, okkasan no omowareru ni wa: "Konna to-koro de, kodomo wo sodateru to, ii koto wo oboe-nai kara, isso no koto ni, shizuka na tokoro ye hikkoshitara, yokarô" to, aru o tera no nagaya ye hikkosaremashita. Suru to. kondo wa, mainichi mainichi, sôshiki no kuru no wo mite, mata sôshiki no mane bakari wo itashimasu kara: "Kore mo, kodomo wo sodateru ni wa, shigoku yoku nai to-koro da" to omoi, kondo wa, aru gakkô no tonari ye hikkoshite mairaremashita. Suru to, kondo wa, mainichi mainichi, hon wo yomu no wo kiki-oboete, shikiri ni sono mane wo itashimasu kara: "Kore wa, yoi mane da. Koko ni koso kodomo wo sodateru beki tokoro da" to, yorokonde soko ye ie wo kimete shimawaremashita ga, — waga ko wo sodateru ga tame ni, mi tabi tokoro wo kaeta to iu tokoro kara, yo ni kore wo "_san sen_ (1) _no oshie_" to tonaete, iku sen nen wo heta konnichi made, kyôiku jô no bidan to natte ori; mata okkasan ga, kono kurai tansei wo komete, kyôiku wo serare-mashita kara, Môshi mo dai kenjin to made iwareru

---

(1) _San sen_ pour _mi utsuri_.

hito ni nararemashita (1) no de gozaimasu.

Sono Môshi no dai kenjin ga: "Hôshoku, dan-i, ikkyo shite, oshienakereba, kinjû ni chikashi" to iwaremashita. Kore wo wakari-yasuku itte miru to, tada tsune-zune karada ni atatakaku kimono wo ki, kuchi ni takusan umai mono wo kutte, sô shite, nanni mo sezu ni, hitotsu tokoro ni jitto shite ite, gakumon wo shinai mono wa, maru de chikushô mo onaji koto da to iu imi de gozaimasu. Naruhodo! hito wa gakumon wo sureba koso, monogoto no dôri ga wakari, chie mo dekiru. Sore wo, oya to shite, oshieru koto mo sezu; ko to shite, narau koto mo sezu; tada mainichi san do no kû meshi wo kui sae sureba, sore de ningen no yaku ga sumu (2) to omotte ite, mono-hoshi-zao wo go roppon tsuide, o tentô sama wo tsutsukeba, o tentô sama ga koro-koro to korogete ochiru to omotte iru yô na ryôken de wa, tada ningen no katachi wo shite oru to iu made no koto de, sono jitsu wa, tori ya komono to onaji koto de gozaimasu.

Sore mo, Tokugawa jidai no yô ni, chônin ya hyakushô wa gakumon wo suru koto wa dekinai kisoku nara, shikata mo nai ga, — tôji wa, sonna kyûkutsu na kisoku ga aru de wa nashi; hayaku ieba, chie kurabe, gakumon sae sureba, kinô made wa, kuruma wo hiita mibun de mo, kyô wa, kuruma ni notte, danna sama to iwareru koto mo deki; chie sae areba, kinô made, momban wo shite ita mono ga, kyô wa, jibun no uchi ye momban wo

---

(1) ....*nararemashita.* Passif honorifique du verbe *naru,* devenir. (Sur l'emploi du passif honorifique, voyez *Handbook, etc.* page 224, n° 403.)

(2) *Yaku ga sumu,* le devoir est rempli.

oku yô na rippa na mibun to mo nareru : jitsu ni
kekkô na go jisetsu de gozaimasu !

LEÇON X.

I

L'obéissance à Dieu.

Aru kanemochi no ie ga arimashita. Aru hi no
koto, mono-oki de, nani ka gata-gata ayashiki oto
ga kikoemashita kara, kanai no hito-bito wa, ôi ni
odoroki : "Dorobô de mo hairi wa senu ka? Ne-
zumi ni shite wa, amari oto ga hido-sugiru" to ii
nagara, sassoku akete mireba, an ni chigawazu,
hitori no kodomo ga, makkuroge na kao wo shite,
kakurete imashita : —

"Omae wa, nan da? Dare da? Koko ye nani
shi ni haitta? Dorobô ni haitta, na! warui yatsu
da" to shikari-tsukereba, — kodomo wa, horori-
horori to namida wo nagashi nagara, te wo awase :
"Watakushi wa, dorobô nan ka de wa arimasen.
Dôzo, shibaraku koko ni kakushite oite kudasai.
Dôzo, dôzo...." to, shakuri-naki tsutsu, tanomi-
mashita. Hito-bito wa, fushigi ni taezu, yoku
yoku mireba, kimono wa sakare ; te ashi wa yabu-
rete, ake ni somi (1 ; nan to naku, kanashiki sama
no arawarete, onozu to awaremu kokoro ga ide-
mashita : " Mâ ! omae wa, dô shita n'da? Tcmoda-
chi to kenkwa de mo shita no ka?" to toeba, —"Otot-
san desu. Ototsan ga...." — " Ototsan ga, dô shita
n'da?" to, — kodomo wa, me wo kosuri nagara: "Dô-

____

(1) *Ake ni somi*, ensanglantés.

zo, kiite kudasai. Watakushi no ototsan wa, goku sake-nomi (1) da kara, kaseida o zeni wa mina sakadai....'' to, — sukoshiku kotoba wa kuchi-gomori: ''Sore ni, watakushi no uchi wa, bimbô chû no bimbô desu kara, ano, ne! toki-doki sakadai no nai toki wa, ototsan wa: ''Dorobô wo shite koi! O ashi wo nusunde koi!'' to ii-tsukemasu ga, watakushi wa, dorobô wa iya desu. Kyô mo, mata dorobô no koto de, konna ni uchi-tatakare setsu naku tamarimasen kara, dôzo, kono ba (2) dake wa mi-nogashite, tasukete kudasai'' to, furue-goe de susuri-nakimasu to, — uchi no shujin wa:

''Omae, dô shite dorobô wa iya da? Naze dorobô wa warui to omou no da hanashite kikase, yo! kokoro wo uchi-akete....'' — ''Kyô wa, ne! shikarareru setsunaki ni, nani ka nusunde, hidoi kashaku wo nogareyô to, michi-bata ni bonyari to tatte orimasu to, mukô kara hitori no okusan ga mairimashite: ''Omae wa nichiyô-gakkô ye itta koto ga aru ka? Nakereba, issho ni yukimashô'' to susumerare, umarete ichi do mo kyôkwai ye haitta koto no nai watakushi mo, sono okusan no ato ni tsuite yukimashita. Kwaidô ye hairimasu to, itsukushii kodomo ya rippa na kodomo ga takusan nan ka utatte orimashita. Watakushi mo, issho ni natte orimasu to, shimai ni wa, bokushi ga tashika ka, jikkai to ka iu mono wo oshiete kuremashita. Wakete mo, watakushi no hô ye muki: ''Nusumu

----

(1) *Sake-nomi*, ivrogne. — Je crois devoir faire remarquer ici que ce récit choquerait certainement une oreille japonaise. La piété filiale n'admet pas qu'un fils puisse parler de son père en ces termes. Aussi ne donné-je ce récit qu'à titre de traduction de langue européenne en langue japonaise.

(2) *Kono ba*, pour *kondo*.

nakare" to iku tabi mo kuri-gaeshite iimashita. Watakushi wa: "Ano bokushi wa, watakushi no kokoro wo shitte oru kara, iku do mo dorobô no koto wo imashimeta no da" to omoimashita. Sore kara, nichiyô-gakkô mo sumimashite, uchi ni kaerimasu to, ototsan wa, matte otta to iu fû de: "Nani wo nusunde kita?" to, hairu ka hairanu ni, togari-goe de tazunemashita. Watakushi ga: "Nan ni mo nusunde konanda" to kotaemashitara, kono tôri muhô ni watakushi wo tatakimashita."

Kore wo kiite, hito-bito wa ôi ni kanji; shujin wa, kodomo no shôjiki naru wo homemashite: "Yoshi, watakushi no uchi ni kakurete o ide: kitto tasukete yaru kara. Watakushi ga, gakkô ni mo ire, kyôkwai ni mo yuku yô ni shite, omae wo makoto no jimbutsu ni shi-tatemasu. Seisho ni: "Hito ni shitagau yori, kami ni shitagau wa, nasu beki nari" to aru wa, genzai omae no mi no ue da (1). Anshin shite o ide yo!" to, — kore yori, kono kanemochi wa, kodomo wo waga ie ni tome-oite, kimono kara, —tabemono wa mochiron, —kozukai nado no sewa made shite, gakkô ye agemashita. Kô iu kodomo desu kara, gakkô ni de mo, gyôgi ga yoku ; gakumon no jôtatsu mo, hijô ni hayaku ; nochi ni, nadakai hito to narimashita.

(Extrait de *Yônen no shinro*, page 25.)

---

(1)....*omae no mi no ue da.* Ces paroles s'appliquent maintenant à toi.

2

Un étrange marchand (Suite *).

Le marchand ambulant arrive, conduit par le coolie, à l'hôtel où loge Ôzawa Hirokichi. Une servante vient, qui l'introduit dans l'appartement de ce dernier.

Ôzawa. — Sâ! samui kara, zutto oku ye haitte, hibachi no soba ye....(*s'adressant alors à la servante.*) Mô hitotsu hibachi wo kashite kudasai.

Le marchand. — Danna, o soba wa, dô itashima-shô? Chitto fusoku de, ichi yen gurai shika gozai-masen ga ....

Ôzawa. — Iya! sore wa yoroshii. Are wa, tada mise wo shimatte morau dake da kara, soba wa betsu ni iru no de wa nai.

Le marchand. — Sayô de gozaimasu ka? Sô itasu to, nani ka betsu ni go yô de mo gozaimasu ka?

Ôzawa. — Sayô. Sukoshi omae san ni kikitai koto ga aru kara, mâ! to mo kaku mo, ippai yatte kudasai.

Le marchand. — Dômo! hakarazu go yakkai ni narimashite, osore-irimasu. (*Après avoir vidé la tasse de vin.*) Toki ni, danna, go yô to osshaimasu no wa, nan de gozaimasu ka?

Ôzawa. — Ima oi-oi o kiki môsu ga, — mazu wa-takushi no namae kara, saki ni o tsûji môshimashô. Watakushi wa, Noge machi ni sunde, kenchiku no uke-oi wo shite oru Ôzawa Hirokichi to môsu mono desu ga, — kono nochi to mo, o kokoro-yasû negaimasu.

Le marchand. — Sayô de gozaimasu ka? Kanete go kômei wa, o shitai môshite orimashita ga, — o

---

me ni kakarimasu wa, tadaima hajimete. Watakushi wa, Endô Buntarô to môsu fushô-mono de gozaimasu. Dôka, o mi-shiri okarete, kono nochi to mo o hiki-tate wo negaimasu . 1)

Ôzawa. — Go teinei na go aisatsu de, itami-irimasu. — Sore kara, waza-waza o yobi môshita wa, betsu de mo naku : jitsu wa, senkoku hashi no tamoto made kuru to, soba no andô ni mezurashii koto ga kaite atta kara, shafu ni uketamawaru to : "Are wa, hyôban no kyûtatsu-soba to iu no da" to môsu no de, — kono koto wa, anata ni taishite wa, shitsurei na kôjô desu ga, — "Ittai ano sobaya san wa, sukoshi wa shomotsu ga lyomeru no ka?" to kikimasu to, — shafu no môsu ni wa : "Shijû yôsho (2) wo yonde o ide ni naru" to iimasu kara, — watakushi mo kanshin itashite : "Kono hito wa, kanarazu sôtô no kokorozashi wo motte orareru ni sôi arumai. Yôsu ni yottara, go sôdan aite ni mo narô" to kangae ; sore de, waza-waza o ide wo negatta no desu. — Sadamete, nani ka o mokuteki no aru koto de gozaimashô.

Endô. — Iya ! dômo ! tonda mono ga … o me ni furete, hanahada haji-irimasu. Ôse no tôri, sukoshi wa mokuteki wo motte orimasu mono no, — nani wo môshite mo, shikin no nai tame ni, yamu wo ezu, sakunen no kure kara, kayô na shôbai wo itashite orimasu. Mata "kyûtatsu mei ari" no koto wa, myô na jijô ga gozaimashite, — jitsu wa, kono shôbai wo hajimete, shi go nichi sugimasu to, —

---

(1) ….*o hiki-tate wo negaimasu.* Je vous prie de m'accorder vos faveurs. — Les formules de politesse employées ici sont celles d'inférieur à supérieur.

(2) *Yôsho,* livres européens.

ittai kono shôbai wa, yabun dake de, hiru-ma wa, kyûgyô itashimasu tokoro yori, — aru hi, hon wo yomi nagara, iro-iro mi no ue no koto wo kangaete, satan no amari (1), soba ni okimashita andô ye migi no yotsu no ji wo shitatamemashita wo, sono mama ni shite, yabun motte demashita tokoro, amari myô na andô de gozaimasu kara, ôrai no hito ga mezurashigatte, me wo tsukemashite, sore ga kaette go aikyô no tane ni narimashita ka (2), sono yo wa zongwai shôbai ga gozaimashita kara, yokuban mo sono mama de-kakemasu to, zenya dôyô ure ga yoi no de; tsui, sorenari ni, migi no yo ji wo shôhyô dôyô ni mochiite, sono nochi wa, andô no hari-kae wo itasu ni mo, waza-waza kondo wa kaki-irete de-kakemasu to, kore ga hyôban to natte, "kyûtatsu soba! kyûtatsu soba!" to seken no hito ga shiru yô ni narimashita no de gozaimasu.

Ôzawa. — Sô desu ka? Sore wa myô na koto kara hyôban ni narimashita, na! Shikashi, ima o kiki môsu tokoro de wa, sono go shôbai de, gakushi (3) wo o koshirae ni naru yô desu ga, sô yabun hone wo ottara, hiru no aida mo, gakumon wo zombun ni nasaru koto ga dekimai. O kokorozashi wo kanjimashita kara, gakushi dake wa, go yô-datte mo yoi ga, — ittai anata no go shusshô kara konnichi made no go keireki wo, o kiki môsu wake ni wa mairimasumai ka?

Endô. — Sô go shinsetsu ni ôse kudasaimasu nara,

---

(1) *Satan no amari,* n'en pouvant plus de tristesse.

(2) ....*narimashita ka,* sous-entendu : *shiremasen ga.* Est-ce là la source de leur faveur, je n'en sais rien, toujours est-il que ....

(3) *Gakushi,* l'argent nécessaire aux études.

môshi-agemasu ga,—nagaku to mo, hito tôri o kiki-
kudasai.

(Extrait de *Rakkwa ryûsui*, page 96.)

3

L'ÉDUCATION (Suite [*]).

Sokode, hito no kashira ni narô to iu ni wa, dô
shite mo, gakumon to chie ga moto; sore mata ga-
kumon to chie to wo koshiraeru moto wa to ieba,
oya no kyôiku, jibun no benkyô, kono futatsu de
gozaimasu. Sô shite, sono kyôiku to wa, donna
muzukashii koto wo suru no ka? to iu ni, nanni
mo betsudan muzukashii koto wo suru no de wa
nai. Hito ni yoru to: "Kyôiku to wa, hon wo
yomu koto wo, kyôiku to iu no da" to omotte oru
hito mo arimasu keredomo, kyôiku to iu koto wa,
kesshite hon wo yomu koto bakari de wa gozai-
masen. Kyôiku to wa, oshie-sodateru to iu koto
de, — tatoeba, gyôgi, sahô, kuchi no kiki-yô, hito
to tsuki-ai-kata, kyaku no mote-nashi-buri; sono
hoka, onna no ko nara, kimono no tachi-nui kara
meshi no taki-yô made, nani kure to naku, oshieru
no ga, sunawachi kyôiku de gozaimasu. Mottomo
kayô ni môseba, makoto ni te-biroi koto de, chotto
kentô ga tsuki-kaneru tokoro kara, tadaima de wa,
chi-iku, toku-iku, tai-iku to wakete, kore wo san
iku (1) to tonaemasu, Chi-iku to wa, chie no
susumu yô ni oshie-sodateru koto; toku-iku to wa,
hito ni taishite, fugiri funinjô wo shinai yô ni

[*] Voir ci-dessus, page 71.
(1) *San iku*, ou *mitsu no sodate*.

oshie-sodateru koto; tai-iku to wa, karada ni byôki
no denai yô ni, yoku shokumotsu nado ni ki wo
tsuke, yoku karada ni undô wo suru yô ni oshie-
sodateru koto; sono hoka, kodomo ga, mada yôshô
de, gakkô ye mo yukazu, oya no soba ni oru toki
ni, oya ga banji ni ki wo tsukete oshieru no wo,
kore wo katei kyôiku (1) to môshimasu. Yôshô no
toki wa, nannyo ni kakawarazu, kono katei kyôiku
ga goku kanjin na mono de, — tatoeba, yoso no
hito ga kite mo, jigi wo hitotsu suru koto mo
shirazu; aruiwa kyôdai de kenkwa wo shite, otôto
wa, ani no atama wo utsu; ani wa, haha-oya ni
utte kakaru nado wa, sunawachi katei kyôiku ga
fuyuki-todoki kara okoru koto de, — kodomo no
toki kara, kayô na rambô de wa, seichô shite nochi
mo, yahari sono kuse ga tsuite mawatte: oya wa,
oya to mo omowazu; ani wo, ani to mo omowanu
yô na nim-men jû-shin no mono ga dekimasu kara,
hito wa kyôiku ga makoto ni taisetsu na mono de
gozaimasu. Mata oya no nasu koto wa mina, sono
ko no tehon to naru mono de, tatoi warui koto de
mo oya ga sureba, yoi koto to omoi: kodomo wa,
soba ni ite, yoku oboe, yoku kioku shimasu. Yue
ni, seichô shite nochi mo: "Chichi-oya ga, kô iu
koto wo itta; haha-oya ga, kô iu koto wo shita"
to, sono fubo no kuchi yori ide, te de shita koto
wo, nan de mo, yoi koto to shinji; ato jibun no
ko ni kore wo tsutaemasu kara, yoi koto nara,
mochiron yoroshii ga, — warui koto wa, te ashi de
suru waza mo, kuchi de iu koto mo, yoku chûi
shinakereba narimasen.

---

(1) *Katei kyôiku*, c.-à-d. *ie-niwa no oshie-sodate*, l'éducation
à la maison.

Mukashi, mada daimyô no sakan na koro ni, daimyô no ko ga futari yotte (1), nani yara shikiri ni sôron wo shite oru. Sono yôsu wo kiite miru to, hitori wa : "Karei wa, kuroi uwo da" to ii ; hitori wa : "Karei wa, shiroi uwo da" to iu. Itsu made ronjite mo, hateshi no tsukanai tokoro kara, sôhô tomo ni karei (2) wo yonde, — mottomo karei no arasoi da kara, karei wo yonde saiban wo saseru to iu wake de mo arimasumai ga, — migi no karei no shiroi kuroi to iu sôron no saiban wo sasemashita. Suru to : "Karei wa, kuroi sakana da" to iu daimyô no karei wa : "Gyo-i no tôri, karei wa, kuroi sakana da" to ii ; — mata : "Karei wa, shiroi sakana da" to iu daimyô no karei wa : "Gyo-i no tôri, karei wa, shiroi sakana de gozaru" to iu no de, sôhô ga ron ni katta to iu hanashi ga gozaimasu. — Kore wa dô iu wake ka? to iu ni, mukashi no daimyô nado ni wa, myô na kahô no atta mono de, — hitori no hô wa, karei wo sara ni tsukeru no ni, itsu de mo senaka wo ue ni shite tsukete aru kara : "Karei wa, kuroi sakana da" to itte ori ; mata hitori no hô wa, karei wo sara ni tsukeru ni, itsu de mo hara no hô wo ue ni shite tsukete aru kara : "Karei wa, shiroi sakana da" to omotte oru no wa, mottomo na koto de gozaimasu. Sore mo, watakushi-domo no yô ni, niku wo kutte, hone wo shabutte, sono ue ni mada kotsuyu (3) wo shite, nonde shimau yô na gesubatta ningen nara, moto-yori sonna koto wa nakeredomo, — sasuga wa dai-

---

(1) *Yotte*, se trouvant ensemble.
(2) *Karei*, majordome. — L'auteur joue ici sur les mots.
(3) *Kotsuyu*, littéralement : une soupe d'os.

myô dake ni (1), tada ue ni miete oru niku no aru tokoro wo hito hashi ka futa hashi (2) kû bakari de, betsu ni ura-gaeshite kû yô na koto wa nai kara, karei no senaka wo mireba : "Kuroi sakana da" to omoi; hara bakari wo mite oreba : "Karei wa, shiroi sakana da" to omotte oru wa, muri mo nai koto de gozaimasu.

Sate, kore wa, daimyô no hanashi yue, koto ga kirei de yoroshikeredo, koto no tsuide ni, mô hitotsu o hanashi wo itashimashô. —— Watakushi wa, — chitto môsu mo o hazukashi nagara, — aru tokoro no ura-dana ni sunde orimasu kara, toki ni yoru to, zuibun omoshiroi koto ga mimi ni hairimasu. Konaida mo, san yo nin no onna no ko ga, watakushi no ie no mae ye atsumatte, mamagoto wo shite asobu toki ni : "Hitori ga, kamisan; hitori ga, o kyaku; hitori ga, osan-don" to, sore-zore ni yaku-wari (3 ga kimatte, iro-iro no koto wo bechakucha to shabekuri; — osan-don no yaku-wari no ko ga : "Kome wo kai ni yuku" to iu ichi dan (4) ni itatte, hitotsu no kôron ga hajimarimashita. Sono moto wo kiite miru to, hitori wa : "Kome wo kai ni yuku ni wa, furoshiki wo motte yuku mono da" to ii; mata hitori wa : "Ie! sô ja nai. Oke wo motte yuku mono da" to gôjô wo hari; mata hitori wa : "Nani! furoshiki ya oke wo motte, kome wo kai ni yuku mono ja nai. Chotto mae-kake ye irete kuru mono da" to ii; tenden ni kuchi wo

---

(1) *Sasuga wa daimyô dake ni,* par cela même qu'il s'agit d'un seigneur.

(2) *Hito hashi ka futa hashi,* une bouchée ou deux.

(3) *Yaku-wari,* le partage des rôles.

(4) *Ichi dan,* pour *hitotsu no koto.*

togarakashite ii-arasoedo, — itsu made shabette mo, hateshi no tsukanai tokoro kora: "Sore ja, uchi ye kaette, okkasan ni kiite miyô" to, tenden ni isogi-kaette, sono arasoi no wake wo itte, o fukuro ni kiku to, mina shikarareta kiri de (1), dare ga katsu to mo shôbu ga tsukanakatta. Sore wa, shôbu ga tsukanai hazu wa, o fukuro saiban no shiyô ga nai kara de gozaimasu.

Sokode, nani yue ni san nin no ko ga konna arasoi wo hajimeta ka? to iu ni, tenden no o fukuro ga, fudan ni kome wo kai ni yuku no ni, furoshiki wo motte itte, ni san shô katte kuru mono mo areba, oke wo motte itte, isshô ka ni shô katte kuru no mo ari; aruiwa sono hi ni kû dake no kome wo go gô ya isshô katte, mae-kake ni tsutsunde kuru no wo, kodomo-gokoro ni kore wo mite: "Naruhodo! kome wo kai ni yuku ni wa, furoshiki wo motte, yuku mono ja sô na; — oke wo motte, yuku mono ja sô na; — mae-kake ni tsutsunde, kuru mono ja sô na" to, tenden ni, oya no suru koto wo mite, oboeta no de gozaimasu. Nan to! kawaisô na mono de wa gozaimasen ka?

Watakushi ga, mae ni, sono fubo no kuchi yori ide, te de shita koto wa, nan de mo, yoi koto to shinzuru to itta wa, sunawachi koko no koto. Mottomo sono hi-gurashi no hito ni: "Ippyô zutsu kome wa katte o oki nasare. Komeya kara, kayoichô de, o tori nasare" to iu wake de wa nai; futokoro no tsugô ni yotte (2) wa, go gô zutsu kawô

<hr>

(1) *Shikarareta kiri de,* tout ce qu'elles gagnèrent fut d'être grondées.

(2) *Futokoro no tsugô ni yotte,* au hasard de la bourse. — Le Japonais met sa bourse, non dans sa poche (ou plutôt, sa manche), mais dans le replis formé par le vêtement sur la poitrine.

to mo, isshô zutsu kawô to mo; aruiwa furoshiki wo
motte yukô to mo, oke wo motte yukô to mo, soko
wa, rinki-ôhen go katte shidai da ga, —sonna uchi-
maku shigoto wa, naru dake kodomo ni misete,
sono mane wo shinai yô ni, ki wo o tsuke nasare-
mase (1). Kayô ni môseba, hito ni yoru to: "Bim-
bônin ga, sonna kwazoku no ko wo sodateru yô na
mendô-gusai koto wa, dekinai" to iu hito mo aru
ka mo shiremasen ga, —iya! kesshite sô de nai,
ko wo sodateru no ni, kwazoku mo, heimin mo
shabetsu no aru beki hazu no mono de wa gozai-
masen. Kogo ni mo "*Kuni midarete, chûshin araware;
ie mazushû shite, kôko izu* (2)" to itte aru tôri, kane-
mochi no uchi yori wa, kaette bimbô no uchi no
hô ni, kôkô na mono ga ôi mono de gozaimasu.
Yoshimba kôkô na mono de nai ni itase, oya ga,
bimbô da kara to itte, sono oya no bimbô wo ko
ni oshiete, mada oi-saki no nagai kodomo, oya no
oshie-yô hitotsu de, dono yô ni mo shusse no de-
kiru mono wo, waza-waza bimbô ni shite shimau
to iu dôri wa gozaimasumai. Kore wa sasai na
koto de mo, banji kono fû de oshite yuku to,
kesshite sasai na koto de wa nai: kayô na koto ga,
mae ni môshita chi-iku, sunawachi chie wo susu-
meru koto ni dai kwankei wo oyobosu no de gozai-
masu. Kono chi-iku no susunda mono to susu-
manai mono to wa, taisô na chigai na mono de, —
chie no aru mono wa, nanigoto wo shite mo, hito

---

(1) *....o tsuke nasaremase.* Prenez donc bien garde qu'en
révélant ainsi à vos enfants les secrets de votre intérieur, vous
ne les portiez à les reproduire au dehors.

(2) *....kôko izu.* "La rébellion éprouve les sujets fidèles,
et de la pauvreté naissent les fils pieux."

ni kanshin saseru ga, chie no nai mono wa, chie
no aru hito no mane wo shite mo, sono suru koto
ga, makoto ni tomma de, hito ni warawaremasu.
Sore ni tsuite, hitotsu o hanashi ga gozaimasu.
Akubi wo tomeru o kusuri to omotte, o kiki na-
saremase! — Mada chikagoro no koto da ga, — aru
inaka-oyaji ga, sonchô san no uchi ye itte, iro-iro
na seken-banashi ni toki wo utsushite oru ori kara,
tsui hibachi no hi ga tonde, sonchò san no hiza ni
hanemashita. Sokode, oyaji wa awatete, kore wo
tsumami-torô to suru uchi ni, sonchô san ochi-
tsuite, te wo hakama no aida ye irete, ura kara
pon to hitotsu hajiku to, hi wa tachimachi hi-
bachi no naka ye haitta. Oyaji wa kore wo mite:
''Nâ....ruhodo!'' to kanshin shite oru to, — kondo
wa oyaji no atama ye hi ga tonda kara, sonchô
san ga kore wo haratte yarô to suru to, oyaji wa
sumashi-konde: ''Nani! kamawa-shan na! (1)'' to
ii nagara, yubi no saki de, ago no shita wo kotsun
to hajikimashita. — Nan to! okashii hanashi de wa
gozaimasen ka? Hakama ye hi no haneta no wa,
shita kara hajikeba, toremashô ga, atama ye hi no
haneta no wo, ago no shita wo hajiita kara tote,
hi no toreyô hazu ga nai. Sore wo hakama no ue
mo, atama no ue mo, onaji koto to omotte oru to
wa, jitsu ni ki-no-doku na mono de, — chie no nai
hito ga, chie no aru hito no mane wo shite mo,
nani sama baka de, umaku yukimasen. Sore kara,
tsuide ni mô hitotsu. Kondo wa, chie no nai mo-
no dôshi no o hanashi wo itashimashô. Kore

---

(1) *Kamawa-shan na*, probablement pour *kamai wa suru na-
kare*.

mo aru inaka no koto da ga, — kô to otsu to ga, de-ai-gashira no hanashi ni: "Yâ! omae wa eraku rippa na uma wo katta to iu koto wo kiita ga, — gôki da, na!" to iu to, — otsu no otoko no iu ni wa: Nani! uma wa kau koto wa, katta da ga, — dô de mo, asa kara ban made abarete iru kara, isso buchi-koroshite, kuma no i de mo totte yarô to omotte iru no da" to iimashita. Suru to, kô no otoko ga: "Are wa, kikanai: ushi de nakucha, totemo ii kuma no i wa torenai kara" to iimashita. Nan to! kore mo okashii hanashi de wa gozaimasen ka? Ikani yo-no-naka ga hirakete, eta to tono sama ga go-kaku (1) no tsuki-ai wo suru jisetsu de mo, masaka ni ushi ya uma kara, kuma no i wa toremasumai. Saru wo, nan de mo, jûrui de ari sae sureba, kuma no i ga toreru mono da to omotte oru de wa, yahari chie ga nai no de, kore hito kuchi ni ieba, baka de gozaimasu.

Sokode shokun wa, ware-ware ga kayô na baka ni natte mo yoroshii ka? mata rikô de, hito no me ue ni tatsu yô ni natta hô ga yoroshii ka? to ieba, tare shi mo, waga ko wa, rikô ni shitai, baka ni shitaku nai ni chigai nai: kore wa ki-sen jô-ge wo towazu, oya no kokoro wa, mina onaji koto de gozaimashô. Oya no kokoro wa, mina onaji koto de, waga ko wo rikô ni shitai to oboshimesu naraba, — urusai yô da ga, — kyôiku wo jûbun ni nasaimase: waga ko no rikô ni naru no mo, baka ni naru no mo, tada oya no kyôiku hitotsu ni aru no de gozaimasu.

(Extrait de *Kokkei shingaku michi no hanashi*, page 26.)

---

(1) *Go-kaku,* pour *tagai ni.*

DEUXIEME PARTIE

BENKYÔKA NO TOMO

LEÇON I.

I

Histoire de Mankichi.

Mukashi, Temmei no koro (1), Ise no kuni,
Suzuka gôri, Sakamoto eki ni, Mankichi to iu nôfu
ga arimashite, chichi wo, Ichiyuemon to ii; haha
wo, Kume to môshimasu. Ichiyuemon wa, Man-
kichi ga go sai no toki, yamai ni kakatte, naku
narimashita. Motoyori mazushiki ue ni (2), naga
no aida no yamai ni, iro-iro no iri-me mo kasamite,
naki mono made mo uri-tsukushi; nokoru wa,
furuki nabe, kama to, usuki yagu nomi de arimasu.
Fûfu no mono ga, tomo kasegi shita koro de sae
mo, taranu gachi naru shindai de arimashita ni,
Ichiyuemon wa naku narimashite kara wa, onna
no te hitotsu de, jibun mo kui, kodomo wo mo
sodateneba narimasen kara, haha Kume no kurô
wa, yôi de arimasen. Momen wo ori, matawa ito
wo tsumugi nado shite, yôyô ni tsuki-hi wo okutte
orimashita ga, — sono kurô ga yamai no tane to
narimashite, Mankichi no roku sai no koro yori,
shaku to iu yamai wo urei; toki-doki fuku-tsû wo
hasshite, modae-kurushimasu yue, Mankichi wa
osana kokoro ni mo, ôi ni urei-kanashimimashite,
tsune ni haha no soba wo hanarezu, aruiwa yu wo

---

(1) *Temmei no koro*, l'ère de Temmei, de J.-C. 1781 en-
viron.

(2) *Mazushiki ue ni*, en outre de leur pauvreté.

susume, matawa se wo sasuri; itami no sukoshi osamatta aida ni wa, kaidô ye idete, yuki-ki suru tabi-bito no te-nimotsu, kôri nado no jibun no chikara de mochi-eraru beki mono wo mite wa, hashiri-yotte: "Dôzo, sono nimotsu wo motashite kudasaremase" to tanomimashite, Suzuka tôge no kewashiki wo mo itowazu, mainichi iku tabi to naku, nobori-kudari itashimashite, wazuka no zeni wo ereba, sugu ni kusuri wo kai-motomete, haha ni ataemasu. Nao nokori no zeni wa aru toki ni, haha no konomu tokoro wo toi; umaki shokumotsu wo kai-motomete, kore wo susume; sono amari de nakereba, jibun wa tabemasen. Kaku ro gotoku, Mankichi ga, toshi ha mo ikanu mi de (1), kôshin fukaku, haha ni tsukaemasu yue, kinjo kimpen no hito-bito wa, tare mo kare mo, sono kôshin wo kanjimashite, tabi-bito ni katari-tsutaete: "Mankichi ni zeni wo megumi-ataete kudasare" to tanomimashita.

Aru toki, Bakufu no Shin-ishi-kawa Tadafusa to iu hito ga, Ôsaka kara Edo ye kaerimasuru tochû, Suzuka tôge wo kachi de noborimasuru ni, roku sai no kodomo ga, aka tsuita somatsu no ifuku wo kite, koyori ni zeni go roku jû mon wo sashite, te ni tazusaete orimashita ga, Tadafusa wo mite, michi no katawara ye sakemashita no wo, — Tadafusa no shimobe ga jôdan ni: "Omae wa, sono zeni wo, dô shite etaru ka?" to toimashitara, — sono kodomo wa: "Hai! kore wa, tôge no nishi no kudari made, kyaku no nimotsu wo motte itte, moraimashita" to môshimashita yue, — shimobe wa

---

(1) *Toshi ha mo ikanu mi de,* quoique à un âge où l'on n'a pas encore ses dents.

mata: "So shite, sono zeni de, ame wo kau no ka?
to tazunemasu to, — kodomo wa: "Ie! ie! kore
wa, uchi ye kaette, haha sama ni agemasu" to
kotaemashita ni yori, — Tadafusa wa: "Mezurashii
kodomo kana!" to omoimashite: "Soko no kodomo,
yo! sukoshi tazunetai koto ga aru kara, ware ni
shitagatte koi!" to tsure-tatemashita. I-no-hana
to iu tokoro no cha-mise ni itarimashite, shibaraku
kyûsoku shimasu to, — cha-mise no onna ga, Man-
kichi wo mite, Tadafusa ni môsu ni wa: "Kono
kodomo wa, Sakamoto eki no Kume to iu goke no
kodomo de, Mankichi to môsu mono de arimasu
ga, kodomo ni wa, mare naru kôkô na mono de,
kayô kayô na shidai de arimasu" to oya ko no koto
wo katarimashita yue, sono soba ni ori-atta kago-
kaki ninsoku-domo mo, kono hanashi wo kiite,
mina sono kôshin wo homemashita. Wakete Tada-
fusa wa, fukaku kanshin itashimashite: "Saraba,
sono ie ye itte, Kume to yara ni mo ikken (1) su
beshi" to, Mankichi wo saki ni tatete mairimasu
to, — mine wo orite, yama-kage no tokoro ni, noki
mo hashira mo katamuite, makoto ni aware na
abara-ya ga arimashita. Uchi ni wa, toshi no koro
san jû shi go to mo omowareru fujin ga, kao-iro
wa otoroete, midare-gami wo wara de musubi,
yabureta kimono wo kite, imo no kuki wo watte
orimashita. Mankichi wa, kono ya no uchi ye
hashiri-kitatte: "Haha sama! doko ka no tono
sama ga irasshatta, yo!" to môshimashita no de,
sono fujin ga, nanigoto ka to odorokimashite,
osoru-osoru de-mukae itashimashita yue, Tadafusa
wa, mazu uchi ye haitte mimasuru to, shihô no

---

(1) *Ikken*, un coup d'œil.

7

kabe wa, hambun hodo ochite, ame to kaze wo fusegu koto ga dekinu to mie; ichi-men ni ama-ato (1) ga tsuite ite, tatami wa hanahadashiku yaburete, neda-ita ga araware; jitsu ni me mo aterarenu arisama de arimasu.

Kakute Tadafusa wa, sono fujin ni mukatte: "Warera, konnichi tochû ni oite, Mankichi no kôkô to, hinku no naka ni mo, sono hô ga teisô wo tadashiku mamotte oru to iu koto wo kiki-oyobi, waza-waza mimai ni maitta. Shikashi, sono hô wa, kaku no gotoki yoki kôkô na ko wo motte oreba, mi no hinkyû wa, ureyoru ni oyobumai" to iu kotoba wo kikimashite, Kume wa, ryôgan yori namida wo hara-hara to nagashi nagara: "Tono sama gata no o tazune ni azukari; koto ni, ari-gataki o kotoba wo uketamawarimashite, nan to! o rei no môshi-age beki yô mo gozaimasen. Goran no gotoku, mazushiki ue ni, otto ni wa toku wakare (2), koto ni byôshin de kikwatsu ni sematte orimasu ga, Mankichi no hataraki de, wazuka ni inochi wo tsunagi, kokoro naranu konnichi no arisama, go suisatsu nasarete kudasaremase" to katarimashita yue, Tadafusa wa hajime, jûboku ni itaru made, mina namida wo otosanu wa ari-masenanda. Tadafusa wa, futokoro yori hakugin sokobaku wo dashite: " Kore wa, sashô nagara, Mankichi no kôshin wo shô suru (3) no sunshi de aru. Kore wo motte, kusuri wo motome, haya-ku yamai wo naoshite, atsuku kôshi wo ai-iku se-

---

(1) *Ama-ato*, pour *ame no ato*, des traces de pluie.
(2) *Otto ni wa toku wakare*, privée prématurément de mon époux.
(3) *Shô suru*, récompenser.

yo (1); mata, Mankichi mo, nao okotari naku, kô-
kô wo tsukuse yo!" to, tezukara kore wo ataema-
shita kara, dôgyo no hito-bito (2) mo, ono-ono
ginsu wo dashite, megumimashita yue, oya ko wa,
kubi wo chi ni tsukete, yorokobi-nakimashita ga,
— Tadafusa wa :

> " Kami no masu
>   Kuni no hikari wo
> Arawashite —
>   Masago ni mashiru (3)
> Tama mo koso are !"

to iu isshu no uta (4) wo yonde, Mankichi ni atae ;
nao nengoro ni nagusame-satoshite, ide-yukima-
shita.

Sono nochi wa, Ôsaka ni ôrai suru tabi goto
ni, kanarazu Mankichi oya ko wo tazunete, taezu
mono wo megumimashita. Kakute Mankichi ga
itatte kôkôsha to iu ga shohô ni nadakaku natte,
tsui ni Bakufu ni kikoe ; Edo ni o yobi-ide ni
narimashite, hakugin ni jû mai wo tamai ; Kume
ni wa, shûshin ichi nin fuchi (5) wo kudasaruru
koto to narimashita ga, — sono toki Mankichi wa
wazuka ni jû ni sai de de arimashita.

(Extrait de *Go jû ya mono-gatari*, page 16.)

2

LA GLOIRE ET L'INTÉRÊT.

Hito ni, na to iu mono ga atte, sore kara rikô

---

(1) *Atsuku kôshi wo ai-iku seyo*, élevez avec tendresse ce
fils qui observe si bien la piété filiale.

(2) *Dôgyo no hito-bito*, les gens de sa suite.

(3) *Mashiru*, pour *majiru*.

(4) *Isshu no uta*, une stance.

(5) *Shûshin ichi nin fuchi*, une pension viagère consistant
en une certaine quantité de mesures de riz.

to baka to ga wakari; yo ni, ri to iu mono ga atte,
sore kara tattoki mono to iyashiki mono no betsu
ga tatsu mono de aru. Sore da kara, na to ri to wa,
kono yo-no-naka de, dai ichi no yûyô (1) monji de,
jinsei ni wa, ichi nichi mo kaku bekarazaru mono
de aru. Moshi, hito to umarete, na wo musaboru no
onroi mo naku; yo ni tatte, ri wo arasô to iu kokoro
mo naku: "Kano hito no eiyô wa, kano hito no ji-
zen ni etaru eiyô de aru. Kono hito no fûki (2) wa,
kono hito ga ten yori sazukatta fûki de aru: kes-
shite waga kuwadate oyobu tokoro de nai. Ware
wa, tada waga bun wo mamotte ori sae sureba,
sore de ii" to itte, Shina denrai no gwanko wo
hara no naka no dodai to shite, sukoshi mo fum-
patsu shinki (3) suru ryôken mo naku, muki (4)
muryoku wo motte, mizukara amanzuru mono wa,
iwayuru jibô-jiki, sunawachi jibun de jibun no mi
wo ki ga kikanaku shite shimau mono de aru.
Mukashi, kayô na hito wo seiren no kunshi da
to ka, muyoku no hito da to ka itta ka shiranu
ga, — ima dori de wa, kore wo o kokoro-yoshi to
ka, o kekkô-jin to ka iu yori wa, hoka ni ii-yô ga
nai. Sono shôko ni wa: konnichi, moshi hito ga
atte, sukoshi mo na wo hoshigarazu, ri wo arasou
kokoro mo naku; yabure-kimono wo kite, yabure-
ie ni sunde; kami mo kushi kezurazu, kao mo
arawazu; hara ga hette mo, kû koto mo shirazu;
kuchi ga kawaite mo, nomu koto mo shirazu; kû-
kû jaku-jaku ankerakan (5) to shite, seken no koto

---

(1) *Yûyô*, pour *yô no aru*, utile.
(2) *Fûki*, c.-à-d. *tomi to tattoki*.
(3) *Shinki*, ou *furui-okosu*.
(4) *Muki*, sans énergie.
(5) *Ankerakan*, ou *akkerakan*.

ni chitto mo tonjaku shinai to iu yô na hito ga atta naraba, seken no hito wa, kore wo mite, tawake-mono to iu de arô, aruiwa kichigai to yobu de arô. Ikasama! yo-no-naka ni, mottomo kinyô naru meiri ni tonjaku shinai mono wa, o seji de (1) ieba, o kokoro-yoshi, o kekkô-jin da keredomo, atama-gonashi ni (2) waru-kuchi wo ieba, tawake-mono ka, kichigai ka, izure ni shite mo, rippa na ningen ni wa, uketori-nikui.

Hotaru wo fukuro ni morite, sho wo yomi; yuki wo mado ni tsunde, shi wo kemi shi; aruiwa atama wo hari ni kake; aruiwa kiri wo momo ni sashi (3); kokoro wo hisome, omoi wo kiwame, chû-ya rô-rô (4) dokusho no koe wo tatazu, yôgaku no kani-moji (5) wo manabi, kangaku no tori no ashi-ato (6) wo narau wa, shônen nanshi no gaku wo tsutomeru de aru. — Shun-u (7), sôtei ni, ji wo narai; rantô

---

(1) *O seji de*, poliment.

(2) *Atama-gonashi ni*, rudement.

(3)....*momo ni sashi*. Ce passage se rapporte à divers exemples célèbres de patience et de travail, que l'on pourra trouver racontés tout au long dans les: "*Shûshin tokuhon*" livres de morale.

(4) *Rô-rô*, la manière de lire à haute voix des Japonais.

(5) *Kani-moji*. Les caractères de nos livres se disposant de gauche à droite, les Japonais disent, en plaisantant, qu'ils courent de travers comme les crabes.

(6) *Kangaku no tori no ashi-ato*. Allusion à la fable, qui donne, comme origine de l'invention des caractères chinois, la vue des empreintes laissées sur le sol par les oiseaux.

(7) *Shun-u, sôtei*, quand tombe la pluie du printemps, sous la fenêtre. — Les Japonais placent ordinairement leur petite table à écrire près d'une fenêtre donnant sur le jardin. *Ran-tô eika ni, hari wo rô shi*, littéralement: sous la clarté de la lampe, faire travailler l'aiguille.

Désormais, quand il se présentera un grand nombre de mots à expliquer, on donnera, pour éviter dans le texte des coupures trop nombreuses, plusieurs explications sous une même note.

eika ni, hari wo rô shi; ashita (1) ni jûjun no michi
wo kôji; yûbe ni, shûshin no ku wo osamuru wa,
myôrei nyoshi no gyô wo hagemu no de aru. —
Dan-u (2) shô-en, shiseki wo benzezu; michi naki
no yama ni nobori, hashi naki no kawa wo watari;
sô-tô setsu-bô ai-kiri ai-uchi; mae ni araware, u-
shiro ni kakure; sono mei wo kaerimizaru wa,
gunshi no tatakai wo kessuru no de aru. — Koe-
tago wo katsugi, suki kuwa wo tazusae; bôfu no
hi, ta wo kusa-giri, ô-ame no ten, ho wo tagayashi;
ji-ji to shite, seishin wo hagemashi; kyû-kyû to
shite, eisei (3) wo hakari; sambyaku roku jû go
nichi, ichi nichi mo, sono te wo okotarazaru wa,
nôfu no koto ni shitagau no de aru. — Ashita ni,
kwanga ni nobori, yûbe ni, seichô ni choku shi;
sono fuku wo, Bei ni shite, sono bô wo, Ei ni
shite; sono hige wo, *Napoléon* ni shi, sono katachi
wo, *Washington* ni suru wa, kwanri no shoku ni
shitagau no de aru. — Oyoso yo wo wataru no jutsu
wa, tada kono ni san no mono ni wa kagiranai
keredomo, kyû-kyû to shite, onore ga shoku wo
tsukushi; ben-ben to shite, onore ga gyô wo ha-

---

(1) *Ashita* et *yûbe*, ne doivent pas être pris dans le sens
strict de matin et soir, mais plutôt comme équivalant à : tan-
tôt .... tantôt.

(2) *Dan-u shô-en, shiseki wo benzezu*, ne pouvant distinguer
à deux pas devant soi, à cause de la pluie de balles et de la
fumée de la poudre. *Sô-tô, etc.*, littéralement : coupé par la
gelée comme par un sabre, frappé par les flocons de neige
comme par des pointes de lances.

(3) *Eisei*, c.-à-d. *inochi wo itonami*. — Les caractères em-
ployés ici diffèrent de ceux qui signifient : hygiène. *Koto ni
shitagau.* Voir *jûji* dans le dictionnaire. *Kwanga ni nobori*, aller
à son emploi. *Seichô ni choku shi*, être d'office aux bureaux
du gouvernement. *Bei ni shite*, à l'américaine ; *Ei ni shite*, à
l'anglaise.

gemi; hi wo motte, yo ni tsugi; aete rô to nasazu, aete ku to nasazaru wa, shakwai no tsûrei de aru, ningen no jôji (1) de aru. Sono gen-in wa, hatashite nan de arô ka? — Kore kara, sono wake wo kôsha-ku shiyô.

Kano shônen nanshi wa, nan no tame ni gaku wo tsutomuru de arô ka? Myôrei nyoshi (2) wa, nan no tame ni gyô wo hagemu no de arô ka? Gunshi wa, nan no tame ni tatakai wo kessuru no de arô ka? Nôfu wa, nan no tame ni koto ni shitagau no de arô ka? to tôta naraba, — sejin wa, kanarazu kotaete iu ni : "Sono gaku wo tsutome, gyô wo hagemu no wa, seikô wo shôrai ni ki suru (3) no de arô. Sono tatakai wo kessuru wa, ikun wo seizen ni (4) nozomu no de aru. Sono koto ni shitagai, sono shoku ni shitagau wa, no-zomi wo tajitsu ni zoku suru no de aru" to iu de arô. Sejin no kotauru tokoro ga, hatashite migi no gotoku naraba, meiri wa, sunawachi kono yo-no-naka ni oite, mottomo kinyô naru yûyô no monji de aru. Moshi, na no i mo naku, ri no kokoro mo nakereba, gaku mo tsutomuru ni oyo-bazu, gyô mo hagemu ni oyobazu, tatakai mo kes-suru ni oyobazu, koto mo shoku mo shitagau ni oyobanai. Shikaru ni, korera wo motte shakwai no tsûrei to nashi, ningen no jôji to nashi, aete kore wo ayashimanai to iu wa, hito ni, na to iu mono ari; yo ni, ri to iu mono ga aru kara yue de aru. Yue ni, na wo musaboru ni, takumi naru mono wa, kore wo rikô to shi; na wo toru ni, utoki

---

(1) *Jôji*, ou *tsune no koto.*
(2) *Myôrei nyoshi*, jeune fille nubile.
(3) *Seikô wo shôrai ni ki suru*, assurer le succès dans l'avenir.
(4) *Seizen ni*, ou *shinu mae ni.*

mono wa, kore wo baka to shi; ri wo haku suru
ni, subayai mono, kore wo tattoshi to shi; ri wo
sei suru ni, nibui mono, kore wo iyashiki to suru
no de aru. Aa! jinji seji (1) wo yoku yoku satotte
mireba, tada *mei-ri* no ni ji bakari de aru.

(Extrait de *Hitori-goto*, page 36.)

3

LES MAÎTRES.

Korai Nihon no shûkwan to shite, hôkônin wo
tori-atsukau koto, adakamo ushi uma wo oi-tsukau
to, ippan no heifû ga arimashite, shujin wa, mai-
nichi mainichi, umai mono no kui-aki (2) wo shi
nagara, hôkônin ni wa, tada wazuka bakari no
miso-shiru ka, — sa mo nai toki wa, — furu takuan
no kô no mono gurai de (3), san do no meshi wo
kuwashi; mata tama ni wa, ko-zakana no rui wo
kuwaseru koto ga arimashite mo, ôku wa, nokori-
mono no niku hitotsu, hone kokonotsu, sunawachi
niku ga ichi bu de, hone ga ku bu to iu ito mo
aware hakanai sakana de, kotsuyu wo shite sono
shiru wo sû yori wa, hoka ni kui-kata mo, tedate
mo nai shiromono de gozaimasuredo, — kore wo
chôdai suru osandon ya detchi kozô wa, hôkô no
hajime kara, kono heifû ga mi ni shimi-watatte
orimasu kara, aete fuhei mo tonaezu, guchi mo
kobosazu, kano niku hitotsu, hone kokonotsu no
nokori-mono wo, kono ue mo nai gochisô to omoi;
konki no tsuzuku kagiri wa, niku wo hojikuri,

---

(1) *Jinji*, ou *hito no koto ; seji*, ou *yo no koto*.
(2) *Kui-aki suru*, manger jusqu'à satiété.
(3) *Kô no mono gurai de*, juste gros comme un grain
d'encens.

hone wo shabutte, shioke no mattaku ato wo tatsu ni itatte, yôyaku mi-hanasu (1) yô na fubin naru ryôken wo yôsei shi. (*hya! hya!*) (2) Koto ni mata, shuka no mono wa (3), yoru wa, hayaku nete; asa wa, osoku okiru no jiyû naru ni mo kakawarazu, hôkônin ni wa, kore to abe-kobe no kisoku ga koshiraete atte, yoru wa, tatoi hima de mo, taitei jû ni ji goro made wa nekasazu; asa wa, roku ji mae ni tsutsuki-okosu nado no gensoku (4) desu kara, yoru ni naru to, kozô wa, hibachi ni mukatte, teinei ni o jigi wo suru yara, osandon wa, andô ni taishite, sendô no mi-buri wo keiko shite, ichi mai no zôkin mo, isshû kan tatanakereba, naka-naka rakusei shinai to iu arisama de gozaimasu (5). (*Hya! hya!*) Yue ni, kojin mo kore wo kawaisô ni omoimashita kara:

> " Hatsu-yuki ya,
> Are mo, hito no ko
> Taru hiroi!" (6)

---

(1)....*mi-hanasu*, ce n'est que lorsqu'il n'y reste absolument plus aucun goût du sel, avec lequel on l'a cuit, qu'ils se résignent enfin à le laisser.

(2) *Hya* est une formule d'approbation, qui n'est peut-être qu'une corruption du mot français : bien.

(3) *Shuka no mono wa*, ceux qui composent la famille du maître.

(4) *Gensoku*, ou *kibishiki nori*.

(5)...*de gozaimasu*. L'apprenti et la fille de service sont tous deux si fatigués, que, tombant de sommeil, l'un fait humblement la révérence au *hibachi*, et l'autre courbe le corps vers la lampe, comme un batelier qui rame; aussi lui faut-il au moins une semaine pour achever d'ourler une serviette.

(6)...*taru hiroi!* "Voici la première neige, et quoi! malgré cela, l'enfant va recueillir les barils." — Il est probable que le poète, s'arrêtant à la porte d'un *sakaya*, vit revenir, les pieds nus dans la neige, un enfant que son maître avait chargé d'aller chez les pratiques, recueillir les petits barils vides. Ému de pitié, le poète improvisa alors les vers qui précèdent.

to kuchi-zusamimashita. Ikanimo yoku jitsujô wo ugachimashita mono de gozaimasu! (*Hya! hya!*)

Saredomo, kore wa mukashi no koto de, tôbun wa, kaku no gotoki heifû wo sari, hôkônin mo sukoshi wa kiraku-ken — myô na juku-go, — wo emashita yô de wa gozarimasuredo, naka-naka dô shite jikken (1) ga jikken kotogotoku mina kairyô shugi ni omomuita to wa, mi-ukeraremasen (*Hya! hya!*) Yotte, Dôjin wa, hôkônin kara bengo wo itaku serareta wake de mo naku; sôdai no inin wo uketa suji de mo gozaimasen keredomo,—migi no hôkônin no tsukai-kata ni tsuki, shôshô bakari hiken wo môshi-nobeyô to zonjimasu. (*Kïnchô! kinchô!*)

Kaku shabette mairimasuru to, dô shite mo nen-ki kozô no kyûkutsu-banashi kara, kano kozô ga, sono kyûkutsu wo shubi yoku sotsugyô shite, shu-jin yori noren wo wakete morai, hajimete ningen no nakama-iri wo suru made no shûkwan mo, zehi kono tokoro ni benjimasu no ga, junjo no yô ni omowaremasuredo, — korera no koto wa, sude ni shimbunshi jô nado ni mo toki-shimesareta hito mo aru yô ni omowaremasu kara, Dôjin wa, sono sentaku to yaki-naoshi (2) to wo nuki ni shite, issoku tobi ni (3) hôkônin tsukai-kata no kairyô setsu wo katsugi-dasô to omoimasu. (*Kïnchô! kinchô!*)

Sate, sono kairyô setsu to wa, donna ko-yaka-mashii koto wo katsugi-dasu ka? to môsu ni, kes-shite gakusha rikutsu wo narabe-tateru wakegara

---

(1) *Jikken*, dix maisons.
(2) *Yaki-naoshi*, du réchauffé.
(3) *Issoku tobi ni*, d'un bond.

de wa naku, tada chotto hitotsu no o hanashi wo
itasu bakari de gozaimasu.

Dôjin wa, aru shôka no shujin to kon-i ni shite
orimashite, fudan ni yuki-ki shite orimasu ga, —
kono shujin wa, keiken ni mo tomi, jitsureki (1)
mo aru hito de gozaimasu. Ichi nichi, itsumo no
gotoku, danwa no migiri, hôkônin no koto wo
katari-aimashita tokoro, shujin wa kayô na mei-
setsu wo hakimashita (2). Sono hanashi ni iwaku:

"Mukashi kara, hôkônin wo tsukau ni, jihi no
fukai no wo kaette kirai; yo ni iwayuru ma-
mako tori-atsukai ni suru wo ippan no shûkwan
to shite orimasu ga, — kore wa taihen na machigai
no koto de gozaimasu. Naze nareba, hôkônin wa,
shujin no hane to nari, mata te ashi to mo natte,
hataraku mono desu kara, waga kenzoku yori mo
ittô mo ni tô mo ue ni oku kurai no kokoromochi
de tsukau ga, kanyô de gozaimashô. Tatoeba, kano
tokei wo goran nasai! kano tokei wa, toki wo
hôzuru (3) no kikai to wa ie, moshi sono kikaisha
no choki-choki (4) mawari-kata ga fujûbun de atta
hi ni wa, chin-chin toki wo hôzu beki toki mo,
hôzuru koto ga dekimasen. Kore mi-yasuki dôri
ni shite, shujin to hôkônin no kwankei mo nao
kaku no tôri de gozaimasu. Ima, kono dôri wo
motte osu toki wa, shujin no shakwai ni mukatte,
tashô no gimu wo tsukusu koto no dekiru wa,

---

(1) *Jitsureki*, vraie expérience. *Keiken* me semble signi-
fier : expérience active, c. à.-d. acquise par ses propres efforts,
tameshite ; tandis que *jitsureki* a le sens d'expérience passive,
ou due aux diverses positions par où l'on s'est trouvé passer.

(2) ....*hakimashita*, émit cette opinion remarquable.

(3) *Toki wo hôzuru*, annoncer l'heure.

(4) *Choki-choki*, tic tac.

tori mo naosazu, hôkônin no hataraki ni yoru to
iu mo, anagachi koji-tsuke rikutsu de wa arima-
sumai. Mazu, kayô ni kangaete miru to, sono
hataraki ni mukuyuru ni, sôtô no gimu wo mot-
te shinakereba, kare mo mata shujin ni muku-
yuru ni, sono gimu wo tsukushimasen koto, nao a-
bura wo sosoganakereba, kikaisha ga jûbun ni ma-
waranu to onaji koto de gozaimasu. Yue ni, kore
wo keizai jô ni toru mo, dôri jô ni oyobosu mo,
hôkônin wo ushi uma to dôtô no tori-atsukai suru
wa, taihen na machigai ka to kangaemasu. Yotte,
watakushi wa, kyûrai yori hôkônin wo tori-atsu-
kau ni, kono kokoromochi wo motte itashimasu.
Koto ni shokumotsu nado wa, betsudan ni chisô
suru wake ni wa mairanedo, — waga kenzoku to
chigai, karada wo hatarakaseru mono de gozaimasu
kara, naru beku dake wa kenkô wo tasukeru yô
ni, ki wo tsukete yarimasu, shika-jika …… (1)''

Dôjin, kono hanashi wo kikimashite, o seji to
tsuishô to no en wo hanarete (2): ''Naruhodo!
dôri de, o mise ga hanjô suru'' to no kotoba wo
hasshimashita. (*Hya! hya!*)

Sore, gwaikoku de wa, nichiyôbi, sono hoka no
kyûka mo aru yôsu de gozaimasu ga, — Nihon de
wa, mada kayô na hone-yasumi no hi tote wa naku,
tada ichi nen sambyaku roku jû go nichi, yoru mo
hiru mo, mucha-kucha ni, shijû hatarakashite; so
shite, sukoshiku yasumu no wa, wazuka ni ikka-
nen no uchi ni, ni do, sunawachi ichi getsu jû
roku nichi (3) to, shichi gwatsu jû roku nichi ba-

---

(1) *Shika-jika*, et cætera.
(2) ….*hanarete*, sans aucune intention de flatter.
(3) *Ichi getsu jû roku nichi*, c.-à.-d. à la fin des réjouissan

kari de gozaimasu kara, hôkônin no mi ni totte
wa, shûkwan to wa ii nagara, zuibun heikô no itari
de gozaimasu (1). (*Hya! hya!*) Yue ni, sono hen
wa shujin ni oite sukoshiku shinshaku shite (2),
tatoi mae no hanashi no yô ni yukazu to mo,
Tempô jidai no kahô wo hai shi, chitto seiyô-fû
ni kairyô wo negaitai mono de gozaru to, isshôka
no kahô wo mihon to shite, hôkônin wo meshi-
tsukawaruru shokun ni chitto go sôdan itashimasu.
(*Dai kassai.*)

(Extrait de *Kokkei hitori enzetsu*, page 43.)

LEÇON II.

I

HISTOIRE DE CHÔKICHI.

Mutsu no kuni, Shibata gôri, Adachi mura ni,
Chôkichi to iu mono wa arimashita. Sono chichi
no na wo Chôgoro to môshimasu. Ie ga itatte
mazushiku arimasu kara, oyako san nin no kuchi
wa sugosu koto ga dekimasen no de, Chôkichi wa,
yamu wo ezu, shi sai no toki yori, ta no ie ni
yashinawarete orimashita ga, haha no byôki ni

---

ces du nouvel an. Ce jour est appelé : *Hôkônin no Yado-iri.*—
Shichi gwatsu jû roku nichi, c'est-à-dire, le dernier jour du
Bom-matsuri, ou "Fête des Lanternes".

(1)...*de gozaimashô.* Vraiment c'est le comble; après cela,
il n'y a plus qu'à se taire.

(2) *Shinshaku shite* ou *kumi-toru, kumi-wake.* Que le maître
considère donc ce point avec attention; et quand bien même
il n'en arriverait point à agir de la manière que j'ai exposée
plus haut, que du moins, abolissant ces vieux règlements de
l'ère de Tempô, il réforme un peu sa maison à l'instar des
Européens. — L'ère de Tempô (1830-1844) est ici dans le
sens de "vieux système", par opposition au nouveau inauguré
avec l'ère de Meiji.

yotte, ie ni kaerimashita tokoro, iku nichi mo
henu uchi ni (1), chichi mo, mata senki wo yami-
dashi, koshi ga itande, tatsu koto ga dekimasen. Sa
naki dani (2), kurau ya kurawanu no bimbô setai
de arimasuru ni, kaku chichi haha tomo, makura
wo narabete, yami-fushite orimasu koto yue, ima
wa hotondo ue-jini wo nasan bakari de arimasu.

Sono toki, Chôkichi wa hassai de arimashita ga,
yama-zaka no kenso mo itowazu, hibi ni yama-
oku ye wake-irimashite, matsu no ki wo kiri; mata
wa kareta eda nado wo hiroi-atsume, kore wo machi
ye mochi-yukite uri-harai; sono daika de, kome
mugi ya o karana nado wo katte kite, fubo ni nin
wo yashinaimashita.

Sono uchi, haha no byôki wa hombuku itashi-
mashita ga, wake atte ri-en to natte, sato-kata ye
kaerimashita. Kakute sono toshi mo haya kure
chikaku narimashita ga, chichi no yamai wa, masu-
masu hageshiku; bimbôsa wa, iyo-iyo hanahada-
shiku narimashita ni yori: "Kakute wa, totemo
toshi wo mukauru koto ga dekinai de arô" to
chichi ga kokoro wo itamemasuru wo mite,—Chô-
kichi wa: "Ie! ie! watakushi ga, yama ye yuki-
mashite, shôgwatsu ni tateru kado-matsu wo kitte
orimashita naraba, toshi wo kosu koto wa kokoro-
yasui de arimashô kara, kanarazu o ki wo o yame
nasarete, byôki wo mashite kudasaru na!" to na-
gusamete, yôyô sono toshi wo koshimashita ga,—
haru ni natte mo, nao chichi no byôki wa, hibi

---

(1) *Iku nichi mo henu uchi ni*, peu de jours s'étaient écoulés,
que ....

(2) *Sa naki dani*, quand bien même il n'en eût pas été
ainsi.

ni yase-otoroeru keshiki nomi de, Chôkichi no shintsû wa, yôi de arimasen.

Zentai Ôshû chihô wa, ta no kuni-guni to koto-natte, samusa ga, koto ni kibishiku; yuki wa, jû gwatsu koro yori furi-hajimete, ni gwatsu koro made kiezu ni arimasu. Kayô na shidai de, byô-nin no tame ni wa, makoto ni yoroshikaranu yue, Chôkichi wa, dôka shite atatakaku shite agetai to zonjimasuredomo, kû koto sae mo muzukashikį hodo nareba, dô shite mo kokoro ni makasemasen yue, kamado no katawara ni kusa-mushiro wo shi-ite, sono ue ni fusase; yo to naku, hiru to naku, shiba wo taite, hi no taenu yô ni shite samusa wo shinogashimashita. Kakute jikô mo yaya atataka-ku natte, yama no yuki mo tokemashita yue, Chô-kichi wa, hibi ni yama-oku ye wake-irite, takigi wo kiri; matawa udo ya warabi nado wo totte, kore wo uri; wazuka ni kome no dai wo totonoete, chichi wo yashinaimashita.

Ichi nichi, kawa ni oite, kome wo arôte orima-shita tokoro ye, Sugafu mura to iu tokoro ni aru Ryû-un-ji to iu tera no oshô ga tôri-kakari; kore wo mite ayashimi tsutsu, sono wake wo tazune-mashita yue, Chôkichi wa ari no mama wo katari-mashita no de, oshô wa fukaku sono kôshin wo kanji; Chôkichi wo tsurete, tera ni kaeri; kome go shô wo ataemashita. Chôkichi wa, ôi ni yoro-kobimashite, tonde uchi ye mochi-kaeri; chichi ni misete, yorokobashi; sono rei to shite, udo to warabi to wo oshô ye okurimashita. Oshô wa ko-domo ni nigenaki Chôkichi no kokoro wo iyo-iyo kanshin itashimashite, mata kome ni shô ni ko-azuki soete ataemashita.

Kakute, sono toshi mo mata kurete, Chôkichi wa jissai no haru wo mukaemashita ga,—sono kôshin wa masumasu kataku; hito ni yatowarete, matsu-ita nado wo san shi mai se ni oi, ichi nichi ni, ni do zutsu, ichi ye yuki-kaeri shite imashita, Natsu wa, beni-hana wo koshiraeru ie ni yatoware nado shite, sukoshi mo hima naku hataraki; dôka yami-fushite oru chichi ni kurô no omoi wo sasezu, an-raku ni yôjô wo saseyô to tsutomemashita.

Kayô ni Chôkichi ga osanaki mi de, kurô wo itowazu, yoku kôshin wo itashimasu no de, tare mo kare mo ôi ni kanshin itashimashite, Chôkichi no uru mono wa, atae wo takaku kai; Chôkichi no kau mono wa, atae wo yasuku urimashita.

Sate, chichi no byôki mo, hito toki wa makoto ni omoki yôdai de arimashita ga, kôshin naru Chôkichi no kaihô ni yotte, oi-oi kokoro-yoku natte, ima wa mattaku hombuku itashimashita. Kaku no gotoku, Chôkichi ga yoku kôshin wo itashimashita yue, Chôgoro no ta no sozei wa, Chôkichi no tame ni, mura chû no mono ga, kokoro wo awasete, kore wo tsugunai; sono hoka, nanigoto yorazu, Chôkichi ni chikara wo soete tasukemashita.

Sono koto ga tsui ni koku-shu no mimi ni iri, hôbi to shite, kane sokobaku wo tamawarimashita. Sono toki, Chôkichi wa wazuka jû issai de, koro wa, Hôreki (1) ni nen de arimashita.

(Extrait de *Go jû ya mono-gatari*, page 21.)

---

(1) *Hôreki*, l'ère de Hôreki, de J.-C. 1751.

2

LES DÉSIRS DE L'HOMME.

Hito umarete ogiya-ogiya to koe wo hassureba, sude ni chichi wo motomeru no yoku ga aru ; sore kara, seichô suru ni tsurete, yoku mo seichô shi ; yoku no naka ni isshô wo okuru kara, yoku no dôchû wa, taihen ni nagai mono de aru.

Kodomo no yoku wa, mazu gakumon wo hajime, gyô wo narau toki ni oyonde wa, haya sude ni na wo age, kane wo mokeyô to omou yoku wo hassuru no ga, tsûjô no yoku da. Kore ga tsûjô no yoku da kara, kono tsûyô dake no koto wo mamotte ori sae sureba, taishita ayamachi wa nai keredomo, —chishiki wo migaku ni shitagatte, yokushin mo mata zôchô shi ; shitagatte ichi yoku wo ereba, shitagatte ichi yoku wo shôzuru kara, yoku ni wa saigen no nai mono de aru. Tatoeba, ima no jin-ketsu (1) to iwarete oru hito wa, ômune tôba-kuron (2) wo shuchô shita kanshi shosei (3) de aru. Sono tôji wa, tada wazuka ni Bakufu wo taosu no yoku ni todomatte ite, konnichi no gotoku, baku-dai no hôroku wo ukete, taika (4) ni sumi, basha ni nori, pika-pika taru kunshô wo kagayasô to iu dai yoku wa nakatta de arô. Rôkô (5) no kanshi, yôyaku yo ni dete, na wo age, kô wo tatsureba, shitagatte yokushin wo hasshi ; kwan-oke (6) ni

---

(1) *Jinketsu*, un homme supérieur.

(2) *Tôbakuron*, c.-à.-d. *Bakufu wo taosu no setsu*.

(3) *Kanshi shosei*, un pauvre diable d'étudiant noble, tout gelé, faute d'avoir de quoi se chauffer.

(4) *Taika*, une grande villa.

(5) *Rôkô*, une bourgade.

(6) *Kwan-oke*, le baquet officiel. — Cette expression est employée ici dans un sens comique.

moguri-komu made, yoku no dôchû ni mago-tsuku
wa, dôtokuka kara (1) kore wo mitara, sadameshi
fuketsu da, hiretsu da to azakeru darô keredomo, —
yoku wa gyosha de aru, chishiki wa uma de aru;
yoku okotte, chishiki kore ni shitagau mono de
aru.   Moshi yoku mo nakatta naraba, chishiki wa
kesshite shimpo shinai; chishiki ga shimpo shi-
nakereba, jimbun (2) mo kesshite kaikwa shinai.
Yue ni yoku wa ningen ni kaku bekarazaru kinyô
no mono da keredomo, — shibaraku mi wo ningen-
gwai ni oite, kore wo mireba, sono akuseku shite,
yoku ni kake-zuri-mawaru no arisama wa, jitsu ni
ki-ki myô-myô de aru.   Ima no arisama wo itte
mireba, — tatoeba, koko ni hitori no shosei ari:
ichi mai no nunoko ni hito suji no heko-obi (3)
wo shimete, burari to kokyô wo tobi-dashite, hana
no miyako no Tôkiô ni yûgaku shi; yamashi sensei
no juku ni haitte, hajimete gekkyû tada tori no
gaku wo narawô to suru.   Sono toki no shoji-hin
wa, tsukue ikkyaku ni shomotsu ga ni san satsu
de, kanya (4) ni buru-buru furue nagara, usu-
gurai *rampu* to niramik-kura wo shite (5) ita.
Sore kara, sukoshi tôseiryû no kowa-iro gakumon
ni juku suru to (6), haya sude ni jiyû kenri da to
ka, gyôsei rippô da to ka no ko-rikutsu wo haite,
soro-soro gekkyû ni ari-tsuku no tezuru wo moto-
meru.   Sono toki omou ni wa: "Tsuki-zuki jû

---

(1) *Dôtokuka kara*, avec l'œil d'un moraliste.
(2) *Jimbun* ou *jimmon*, c.-à.-d. *hito no gakumon*.
(3) *Heko-obi*, ceinture de dernière qualité, ressemblant à
un drap roulé.
(4) *Kanya*, nuit froide.
(5) *Niramik-kura wo suru*, ou *nirami-kisoi*, se fixer à l'envi.
(6) ....*juku suru to*, ensuite, dès qu'on a acquis quelque ha-
bileté à imiter le genre de littérature à la mode.

yen ka, naishi jû go yen mo totta nara, san yen wo
geshuku-ryô ni harai; ni yen de, memmeisen ka
mennambu no kimono wo kau ka, matama yôfuku
ni shita tokoro ga, Hikage chô de kaeba, san yen
mo attara, takusan darô. Sore kara, ichi yen wo,
yusen; sono hoka no ko-zukai ni shite mo, mada
ato ni ikura ikura aru kara, jûbun ni yôkyûten (1)
ni fuzakeru koto mo dekiru darô" to omotte ita.
Sokode, sono omoi-dôri ni naru to, tachimachi yo-
ku wo mashite, kondo wa hannin (2) ni naritai to
omoi. Kore mo nozomi-dôri de, yôyaku ni san jû
yen no mi to naru to : "Momen kimono wa hada ni
awanai kara, uwagi wa, ito-ori ka, nambu; shitagi
wa, chirimen ka hachijô ni kagiru" to, tachimachi
zeitakushin (3) wo okosu. Mata susunde sô-jiru-
shi to nareba (4), haimei no tôjitsu ni, shokkaku
wo shite, kuro-nuri-guruma wo chûmon seshime;
mon wo izureba, kanarazu kuruma ni nori; kuru-
ma ni noreba, kanarazu asobu. Mata susunde jin-
jô no yoku wo tassureba, tsuide shintaku (5) wo
kizuki; tsuide dôgu wo atsume, sô shite kane wo
dossari tameyô to omou. Kane ga sukoshi tameru
to, shitagatte dai yoku wo hasshi, chôkwan wo
ôte, ore kore ni kawarô to suru; ore kore ni ka-

---

(1) *Yôkyûten.* Maison avec un terrain où les amateurs
s'exercent au tir de l'arc. — Ces maisons ordinairement ne
jouissent pas d'une bonne réputation, au point de vue des
mœurs.

(2) *Hannin.* Le monde officiel est divisé en quatre clas-
ses : viennent en premier lieu les *shinnin,* puis les *chokunin,*
les *sônin* et les *hannin.*

(3) *Zeitakushin,* ou *ogori no kokoro.*

(4) *Sô-jirushi to nareba,* s'il parvient à la dignité de *sô-
nin.*

(5) *Shintaku,* ou *atarashi-ie.*

wareba, tenka no seiken wo nigirô to suru nado,
kore yoku no dôchû no tairyaku de aru.

(Extrait de *Hitori-goto*, page 79.)

3

LES SERVITEURS.

Dôjin wa, zendan ni oite, hôkônin no tsukai-kata
to dai suru isseki wo shaberimashita ga, — hôkô
seraruru shokun ga, moshi kore wo o kiki ni nari-
mashita naraba : "Koppi Dôjin (1) wa, sasuga ni
umai koto wo iu. Naruhodo! mottomo no ii-gusa
da. Hayaku kono kairyô setsu ga ippan ni oko-
nawarereba ii" to, me no kuri-dama wo sara ni
shite (2), seken wo mi-watasaruru ni sôi nai. Sô
naru to, Koppi Dôjin mo, niko-niko kao de, hikui
shishi-bana ni tsugi-dashi wo shite, tengu no mago
ni nari sô da ga, — dokkoi! sô umaku bakari wa
tonya de oroshimasen (3). (*Hya! hya!*) Naze na-
reba, tada shujin no hô bakari mekata wo karuku
shita tokoro de, hôkônin-shû no hô de mekata ni
kawari ga nakereba, yappari nan no yaku ni mo
tachimasen kara, — sokode kono hôkônin no koko-

---

(1) *Koppi Dôjin*. Nom de guerre de l'auteur.

(2) .....*sara ni shite*, ouvrant des yeux grands comme des
assiettes.

(3) ....*oroshimasen*, on ne vend pas en gros. Voici la tra-
duction libre de la phrase qui précède : Sur ce, voilà que
Koppi Dôjin, tout rayonnant de joie, s'apprête à se donner des
airs ; mais, halte-là ! les choses ne s'arrangent pas si vite que
cela. — Le *tengu* est un être imaginaire, représenté avec un
nez énorme ; d'autre part, un homme orgueilleux se dit en
japonais *hana takai hito*. Allonger donc son nez de façon
à le rendre, de plat comme celui du lion, long comme un nez
de *tengu*, c'est le comble de l'arrogance.

ro-e to dai suru isseki wo o shaberi shite, tsuri-ai wo suru tsumori de gozaimasu. (*Kinchô! kinchô!*)

Sate, hôkô to iu kotoba wa, kano hôken jidai no myômoku de gozaimashite, iwayuru kimi ni tsukaureba, taisetsu no inochi made sashi-ageru to iu suji-ai kara okotta mono de gozaimasu kara, mukashi wa, akindo no uchi ni tsutome suru mono mo, hôkô to ieba, yahari shizoku san ga kimi ni tsukaeru to dôyô de, taisetsu no inochi made hôridashita kokoromochi de atta desu kara, — ittan hôkô shita kara wa, sono shujin ga donna mujihi de arô to, mata ika yô na muri na atsukai-kata wo shiyô to mo, tada: "Hei! hei!" to, sunao ni atama wo sagete, waga mi no shusse bakari wo dai ichi ni kokoro-gakemashita kara, zuibun rippa na ningen mo dekimashita ga, — tôkon wa, sude ni hôkô to iu myômoku sae naku nari, ippan ni yatoi-nin to tonaeru yô ni narimashita kara, shizen to hôkô suru hito no kokoromochi mo mukashi to chigatte, kenri da to ka, gimu da to ka, nan da to ka, kan da to ka, subetta to ka, koronda to ka, tagai ni ko-muzukashii rikutsu wo narabe-tateru arisama de gozaimasu kara, tsukau hito mo, tsukawareru hito mo naka-naka muzukashii koto de gozaimasu. (*Hya! hya!*)

Saredomo, sono kenri to wa, kô iu mono da, gimu to wa, kô iu mono da to hontô no dôri wo wakimaete oru hito wa, motoyori futsugô nai keredomo, — kano jiyû to waga-mama to wo tori-chigae, kenri gimu to, ete katte to no hiki-dashi chigai wo shiranai de, tada kuchi no saki bakari shimpo shita mono, tô no uchi manatsu yatsu de gozaimashite; mata kono hiki-dashi chigai wo shite iru hito-tachi wa, nanigoto wo kokoro-zasu mo, ômune chûto hampa de kujikete shimaimasu kara, sekkaku umaku oboe-kaketa gyôtei mo *"Abu hachi torazu* (1)" ni itaru mono mo, mata takusan gozaimasu. (*Hya! hya!*) Shikashite, kono abu hachi torazu ni itaru wa, nani yori okoru ka? to môshimasu to, tada nintairyoku ga toboshikute, shimbô ga dekinai to iu ni gen-in suru de gozaimashô. Naze ka to iu ni, danshi taru mono ga, ittan nani shôbai ni narô, nan no gyô wo oboeyô to mokuteki wo tsuketa ijô wa, tatoi kui-mono ga shôshô ki ni irumai ga, shujin ga sukoshi gurai kogoto wo iwô ga, sonna sasai na kotogara ni wa tonjaku naku, nani ga nan de mo ii kara, waga kokoro-zasu tokoro no gyôtei sae oboereba, sore de ii to kesshin shi; ku no tane wo maite, raku no hana wo sakaseru tokoro ni me wo tsukete ori sae sureba, tsumari rippa na akindo ni de mo, shokkô ni de mo nareru ni sôi arimasen. (*Hya! hya!*)

Shikaru ni, yo ni iwayuru hôkônin konjô to iu mono ga, tetsudaimashite, sasai no koto ni kuttaku shi: "Yâ! ore no shujin wa, mainichi, kô (2) no mono bakari meshi wo kuwase-yagaru; konna tokoro ni naga i shite wa, kenkô ni gai ga aru kara, hayaku kiryû-gae wo suru ni kagiru" to ka,— aruiwa: "Kyatsu wa, ore to dôtô no sekinin wo obite i nagara, namakete bakari i-yagaru kara, ore mo namakete yarô" to, myô na tokoro ni rikutsu wo tsukete, gure-hajime; sore kara, achira kochira

---

(1) *"Abu hachi torazu"*, c.-à.-d. de deux choses auxquelles on prétend, n'en obtenir aucune.

(2) *Kô*, encens. Ici *kô* est mis pour signifier: en petite quantité.

ni magotsuki, taisetsu na mi wo ayamaru nado wa, mina kore, nintairyoku ni toboshiku, shimbô ga tsuzukanai kara okoru no de gozaimashô. (*Hya! hya!*)

Sareba, shujin no kasei (1) nomi wo kairyô shita kara tote, kore ni tsukawareru mono mo, sono kokoro wo kairyô shinakereba, dai ichi waga mi no son bakari de naku, shujin mo mata meiwaku suru tokoro mo gozaimasu. Katsu mata, oya ga waga ko wo tanin ni azukeru to iu wa, kotowaza ni iu *"Kawai ko ni tabi wo saseru"* shugi de: "Tanin no naka ye hôri-daseba, seken no tsuki-ai-kata mo oboe; mata gyôtei wo oboereba, tônin wa mochiron, ore mo mata toshi totte, kiraku ni kurasu koto ga dekiru" to iu jihi jiai no tokoro kara hôkô saseru no de gozaimasu kara, — tada nama-iki to ko-rikutsu wo oboete bakari de wa, oya ni taishi, seken ye taishite mo, makoto ni ai-sumanu koto de gozaimashô.

Yue ni hôkô seraruru hito-bito wa, mazu tae-gataki wo tae; shinobi-gataki wo shinobi; shinsei no gimu wo tsukushi; shinsei no kenri wo yôsei shite, oya to shujin ni, shimpai, kurô wo kakenu yô ni shimbô suru no ga, kanyô de gozaimashô. (*Dai kassai.*)

(Extrait de *Kokkei hitori enzetsu*, page 49.)

---

(1) *Kasei*, ou *ie no totonoe.*

LEÇON III.

I

HISTOIRE DE HACHIROZAEMON.

Komban wa, zenya ni tsuzuite, mô hitotsu kô-shi (1) no o hanashi wo itashimasu.

Kore mo ito furuki mukashi no koto de, Awa no kuni de, Hachirozaemon to iu hyakushô ga arimashite, jû hassai ni naru Shichibei to, jû ni sai ni naru Gombei to iu kyôdai no ko ga arimashita. Aru toki, Hachirozaemon wa, kurashi no michi wo motomeyô to zonjimashite, Tôkoku (2) ye makari-koshi; Izu no kuni ni, Kawatsu to iu tokoro ni ashi wo todomete, ni san nen no aida wa, toki-doki tegami wo okuri-koshite, sono ampi wo shi-rasemashita ga, — sono nochi wa, taete tayori wo sezu, haya jû nen amari to narimasu keredomo, ikite oru koto yara, shinda koto yara, sara ni yôsu ga shiremasen no de, kyôdai no mono wa, ôi ni shintsû itashimashite, Tôkoku yori kaetta hito-goto ni sono yôsu wo tazunemashita ga, — aruiwa : ''Edo — ima no Tôkiô — de, kojiki wo shite otta no wo mita'' to iu hito ga areba,—mata : ''Hito ni korosareta'' to iu hito mo arimashite, kyôdai no mono ya, haha-oya to tomo ni, asa ban naite bakari, hi wo okurimashita. Naka ni mo, otôto Gombei wa, itaku nageki-kanashimimashite : ''O-yoso hito no ko to nareba, oya ni kôshin suru ga, dai ichi de aru. Shikaru ni, ware-ware no kyôdai

---

(1) *Kôshi*, fils rempli de piété envers ses parents.
(2) *Tôkoku* ou *higashi no kuni*, les provinces qui forment ce qu'on appelle le *Tôkaidô*.

wa, imada chichi ue wo sei-shi (1) wo shirazu ni
oru koto, kôshin no michi ni arazu; tada hibi ni
naite ottareba tote, nan no yaku ni mo tatanu.
Sore yori wa, mizukara Tôkoku ye yukite, chichi
ue wo ampi wo tazuneru ni, ue kosu fumbetsu
wa aranu" to, kokoro ni shi - an wo sadamema-
shite, hisoka ni tabi-shitaku wo totonoe; haha to
ani to ni wakare wo tsugete, shuttatsu itashima-
shita.

Kono toki, Gombei wa, wazuka jû ni sai no
kodomo de arimasu keredomo, hayaku chichi-oya
no ampi wo oboetai to omoimasu no de, — yo wa,
osoku made, arukimashite; asa wa, yo no akenu
mae ni, hatagoya wo ide; shikiri ni michi wo isoide,
Ômi no kuni no Minaguchi to iu shuku ni kima-
shita toki, hitori no tabi-bito ni de-aimashita. Sono
tabi-bito wa, Gombei ga, kodomo no mi de, hitori
tabi wo suru wo mite, fushin ni omoimashite: "Dô
iu wake ka?" to tazuneru ni yori, — Gombei wa
kuwashiku sono wake wo hanashite itashimasuru
to,—sono tabi-bito wa, namida wo nagashite: "To-
shi no yukanu ni, yoku kôkô wo nasaru hito de,
jitsu ni kanshin no o kata ja!" to homemashite,
Izu no kuni no Mishima to iu tokoro made tsurete
yukimashite, wakareru toki, zeni wo dashimashite,
Gombei wa iranu to iûte kotowaru wo, muri ni
ataete, tabi-bito wa sarimashita. Yadoya no teishu
mo mata, Gombei no kôshin wo kanshin itashi-
mashite, kono Mishima kara Kawatsu ye mairu
michi ni wa, Maki-yama to iu nansho (2) ga aru

---

(1) *Sei-shi* c.-à.-d. *ikiru ka shinda ka.*
(2) *Nansho*, un endroit difficile.

no de, waza-waza hito wo yatôte, Gombei wo oku-rashimashita.

Kakute Gombei wa, yôyaku Kawatsu ye itari-mashite, chichi ga hôkô shite ita to iu Fudô-in ye maitte, jûji no oshô ni ai: "Watakushi wa, kono o tera ni go hôkô shite imashita Hachiro-zaemon no jinan de, Gombei to iu mono de go-zaimasu ga, — hisashiku chichi kara inshin ga gozaimasen no de, ikaga itashita koto ka to anji, mimai ni mairimashita. Mada o tera ni go hôkô shite orimasu koto naraba, dôzo, o awase nasatte kudasarimase" to tanomimashita. Shikaru ni, Gom-bei no chichi Hachirozaemon wa, san nen made wa, ikanimo kono Fudô-in ni hôkô shite imashita ga, sono nochi, Mutsu no Ishinomaki to iu tokoro ye yukimashite, ima wa kono tera ni imasen no de, — jûji no oshô wa, Gombei ga, kodomo no mi nagara, chichi ni aitai bakari ni, umi yama koete, haru-baru to kannan shinku wo shi-tsukushi; yôyô kono tokoro made kimashita ni, tazuneru chichi no orimasen yue, sono kokoro wo sasshi-yatte, tomo ni namida ni kuremashita. Gombei wa sekkaku tazunete kita ni, sono chichi ga mada shirazu ni oru to iu koto ga shiremashita no de, sukoshi anshin itashimashite, koko kara mata Ishinomaki ye tazunete yukô to zonjimashita. Shikaru ni: "Koko kara, Ishinomaki made wa, yohodo no michi-nori ga arimashite, sono aida ni wa, mata kewashiki yama-zaka ga tanto arimasu yue, kodo-mo hitori de wa, naka-naka yukaremasen. Sore yori wa, Kawatsu no kokyô ye kaerimashite, haha-oya ye kôshin suru hô ga yoroshû", to oshô ga susumemashita.

2

LE MOYEN D'ÊTRE HEUREUX.

(Première séance.)

> Anraku no
> Denju to iu mo
> Hoka narazu, —
> Tada taru koto wo
> Shiru made no koto.

Yo ni wa, zuibun myô na hito mo aru mono de, aru tokoro ni kô iu kamban wo katsugi-dashita hito ga atta.

NINGEN NO ANRAKU DENJUSHO.

(Shagi zui-i.)

CHOKUGEN DÔ.

Fude-buto ni (1) kore wo kaite, omote ye kaketa kara, dare ni de mo kore wo miru. Mekura wa sumashi-konde tôru keredomo, yabu-nirami kingan (2) no sensei-tachi ni de mo mieru. Atarimae no me-dama aru mono wa, naosara me ni tsuku kara, dare de mo: "Hate na!" to, kubi wo kashige, — "Yo ga hirakete kuru to, myô na shôbai wo hajimeru hito no atta mono da. Some-mono no denju to ka, rimbyô wo naosu denju to ka iu no wa, shimbun no kôkoku de, yoku mieta koto mo aru ga, — anraku no denju-dokoro to wa, shigoku mezurashii. Koto ni shagi wa, zui-i to kaite aru kara, tatoi Bunkyû ichi mon (3) no rei de mo, kore ja sukunai to wa, masaka ni iumai. Nani ni

---

(1) *Fude-buto ni,* en gros caractères.

(2) *Kingan* ou *chika-me,* myope.

(3) *Bunkyû ichi mon,* une sapèque de l'ère de *Bunkyû,* de J.-C. 1861.

itase, hanashi no tane da. Donna koto wo iu ka haitte miyô'' to hiyakashi hambun de (1), ôzei doka-doka iri-komu, — naka ni, dai ichiban ni tobi-konda no wa, abôdara-bôzu de aru. Abôdara-bôzu (2) wa, kata-pashori ni shiri wo hashotte (3), kata-te ni hagechoro (4) no mokugyo wo motta mama, denju sensei no mae ni itari:

Abôdara-bôzu. — He! Kochira sama de wa, ningen ga anraku ni naru denju wo nasaru to iu koto desu ga, — dôka, watchi ni mo sono anraku ni naru go denju wo negaitô gozaimasu. Watchi wa zentai, o mi-kake no tôri, shômei shôjiki, genkin kakene mo, uso mo, yama-kan mo, nan ni mo nai shôfuda-tsuki no abôdara-bôzu deshite (5), mainichi mai-nichi, ame furi wa nuki ni shite, o tenki no hi wa, asa hayaku kara tobi-dashite: "Hê-hê! Osore naga-ra, mottai nagara, môshi-agemasu. O kyô no monku ga nani ga nani yo'' to tazunete mitara, poku-poku to kuchi kara de-makase no de-hôdai wo itte, kado ni tattari; toki to suru to, junsa san ni shikarare-nai yô ni, michi haba no hiroi daidô ye mo dete, shabettari suru no desu ga, — dômo! jisetsu ga warui mo'n desu kara, ikura koe wo karashite shabette mo, watchi ni zeni wo kureru yatsu ga nai no de, mokugyo wa, atama wo harare-zonkite

---

(1) *Hiyakashi hambun de,* moitié par plaisanterie.

(2) *Abôdara-bôzu,* terme de mépris employé à l'égard des bonzes mendiants, qui s'en vont de porte en porte chanter leurs prières.

(3) ....*wo hashotte,* la robe retroussée d'un côté.

(4) *Hagechoro,* dénudé, c.-à.-d. tout usé à force de le frap-per.

(5) ....*abôdara-bôzu deshite.* Je suis bien tel que je parais un vrai *abôdara-bôzu* de la tête aux pieds. — Tel est à peu près l'équivalent de toutes les expressions accumulées dans le texte,

oru (1 ; kimono wa, yabure-hôdai. Sokode, watchi
mo yabure-kabure to dokyô wa suete ite mo (2)
yasu-domari no hatagoya-dai mo oi-oi kari ga fue-
masu kara, yasu-domari no kakâ wa, tokaku fu-
kure-tsura wo shite, cha ippai mo kigen yoku wa
nomasete kurezu to itte; dorobô wo shite, chô-eki
ni yuku no wa, iya da shi, — mâ! mâ! shikata ga
nai. "*Kasegu ni oi-tsuku bimbô-gami wa nai*" to o-
motte, mainichi kô shite mokugyo wo tataite aruite
orimasu keredomo, tatta hitotsu no kuchi sae hi-
agari gachi (3) to wa, sate! sate! dora-nyorai ni
made mi-hanasareta ka to kuyashikutte narimasen.
Watchi-ra no yô ni motode irazu ni, tada moratte
sae hiki-awanai to wa, goku warui sekai ni natta
to miemasu. Konna warui sekai ni umarete de-
mashite mo, anraku ni tsuki-hi wo okuru go denju
ga arimashô ka? Moshi arimasu nara, oshiete ku-
dasai" to iimasu to, — denju sensei wa, amari myô
na koto wo iu kara, kutsu-kutsu waratte:

Denju sensei. — Naruhodo! tada morôte mo hiki-
awanu jisetsu to wa, yoppodo muzukashii jisetsu
to mieru ga, — zentai omae ga kokoro ni nozomi
no tôri no kekkô na sekai to iu no wa, donna sekai
ja? Sukoshi mo tsutsumi-kakusazu, aritei ni itte
miru ga yoi.

Abôdara-bôzu. -- He! watchi no nozomu tôri no
sekai to iu no wa, kô desu: mazu, abôdara-kyô wo
hito kusari (4) shabekuru to, achira kara mo, ko-

---

(1) .... *harare-zonkite oru*, est tout bosselé.
(2) .... *suete ite mo*, quoique je me résigne à cette misérable
position.
(3) .... *hi-agari gachi*, le seul profit que j'en retire, est de
me dessécher la bouche.
(4) .... *hito kusari*, une enfilade de prières.

chira kara mo, bara-bara to ame ka arare no yô ni
zeni wo hôri-nagete kurete, sono naka ni wa, go
jissen ginkwa mo attari, ichi yen no ginkwa mo
majitte attari; mata, Emma sama kara o shisha ni
kita yô na shikami-zura no oyaji de mo: "Sake
wo nomanai ka? Mochi wo kuwanai ka?" to su-
sumete kurete; sono ue de, watchi no ki ni kuwanai
yatsu-bara wa (1), koroshite shimatte mo, o kamai
no nai yô na sekai ni nareba, kore ni koshita
arigatai yo wa arimasen no sa!" to iu to, — denju
sensei wa unazuite:

Denju sensei. — Hm! naruhodo! sore de wa, o-
mae mô sukoshi washi no mae ye koi: omae ga iu
nozomi no tôri no sekai to shite yaru kara" to
ieba, — abôdara-bôzu wa taisô yorokobi, sensei no
mae ye susumi-yoreba, sensei wa te-bayaku abô-
dara-bôzu no eri-kubi totte, kyû ni shime-age;
sude ni shime-korosan to suru kara, abôdara-bôzu
wa, awate-sakende:

Abôdara-bôzu. — Hoho! kurushii, kurushii! A-
nata nani wo suru'n desu? — Hoho! kurushii, ku-
rushii! Sensei watchi wo shime-korosu ki desu
ka? Mâ! matte kudasai. Mâ! matte kudasai" to
iu to, — denju sensei wa, ôi ni ikatte:

Denju sensei. — Iya! washi wa omae wo kuru-
shimeru no ja nai: ima omae ga iûta nozomi no tôri
no sekai ni shite yaru ja. Naze kô suru ka? to iu
ni, — ima omae ga iu no wo kikeba, watchi no ki
ni kuwanai yatsu-bara wa, katte shidai ni koro-
shite mo, o kamai no nai sekai nara, kekkô na
sekai ja to nozonda ja nai ka? Shikaraba, omae no

---

(1) ....*yatsu-bara wa*, les drôles qui ne me reviennent pas.

yô na chikushô dôyô no yatsu wa, washi no ki ni
iranu. Washi no ki ni iranu kara, katte shidai ni
omae wo korosu no ja. Kô sureba, omae ga, no-
zomu tôri no sekai ni naru to iu mono ja kara,
yorokonde kokoro-yoku ôjô suru yoi to iu to, —

Abôdara-bôzu wa, oni no yô na tsura wo shite i
nagara, tsumande hôri-dasu yô na ô-namida (1) wo
horori-horori to koboshite: "Naruhodo! wakari-
mashita. Dôzo, inochi dake wa tasukete kudasai!"

3

RÉFORMEZ, MAIS AVEC SAGESSE.

"Kono eda ga konna ni deshabatte ite, mi-zura
ga yoku nai (2) kara, koko wo ichiban kairyô
shinakereba, yukanu to, hasami wo motte, chok-
kiri to eda wo kiri-sute; — mata: "Kono eda ga
konna ni magatte ite wa, shikata ga nai kara, kore
mo kairyô shugi de, chokkiri to hito kasami yara
nakereba, dame da" to, jibun no ki ni iranai eda
de mo, miki de mo, kokoro-makase ni chokkiri
chokkiri to kotogotoku hane-noke; aruiwa jama-
mono wo saru nado ni han-nichi no jibun wo tsu-
bushi; sô shite: "Sâ! kore de dekita. Kore de,
mâ! anshin da" to, te-ire no sunda tokoro wo mi-
watasu to, iya! haya! tonde mo nai ô-shikujiri de,
taisetsu na ue-ki wo maru de kuri-kuri bôzu dôyô
ni shite, kaette gwaiken no yoku nai bakari de
naku, tôtô sono jûmoku wo karashite shimatta.
Nochi ni: "Aa! baka na koto wo shita! Aa!

---

(1).... *ô-namida*, des larmes à prendre entre le pouce et
l'index, tant elles étaient grosses.

(2)....*yoku nai*, n'a pas bonne apparence.

yoseba, yokatta ni !" to, gakkari shite kuyuru wa,
shirôto-zaiku no yari-sokonai to iu wa, mama aru
koto de gozaimashite, kore wo, kore "*Eda wo tawa-
mete, miki wo karasu*" to iimasu; kedashi "*Tsuno wo
tamen to shite, ushi wo korosu*" to iu mo, onaji koto
de gozaimasu. (*Hya! hya!*)

Sate, itsumo nagara, kimyô na wake no wakara-
nai mae-oki de, o shaberi wo hajimemashita no wa,
betsugi de mo gozaimasen, — hôkon wa, shin-shin
to shite, kaimei ni omomuku ni tsurete, kyûrai
no jibutsu wa, nan to naku, mi-zura ga yoku nai
yô ni omoi; aruiwa fuben da to ka, futsugô da to
ka kangaeru nado no tokoro kara, kairyô no setsu
ga taihen ni hayatte mairimashite, i-shoku-jû (1)
no koto kara, nichiyô bampan no jibutsu ni itaru
made: "Are mo, kairyô seneba, dame da. Kore
mo, kairyô seneba, yaku ni tatanu" to, nan de mo
ka de mo, kairyô kairyô de shakwai wo uzume;
zehi-zehi kairyô setsu wo shuchô shite orimasu.
Kore wo jikkô suru yo-no-naka to narimashita wa,
makoto ni kekkô semban, shigoku yoroshii koto
to Dôjin mo sansei itashimasu. (*Hya! hya!—Nô!nô!*)

To wa môsu mono no, koko ni hitotsu komatta
koto no deki wa senu ka? to mochimae no kurô-
shô (2) desu kara, shikiri ni ki ni kakaru koto
ga gozaimasu. (*Kinchô! kinchô!*)

Ima sono kurô no tane wo enryo naku môshi-
nobemashô naraba: gwanrai kairyô to iu koto wa,
warui tokoro wo naoshite, yoku suru; magatta
tokoro wo massugu ni suru to iu koto de gozai-

---

(1) *I-shoku-jû*, les habits, le vivre et le couvert.
(2) *Kurô-shô*, tempérament porté à s'inquiéter.

masu kara, furui mono no fuben wo benri ni kairyô
shi; gwaiken no so-aku (1) wo zembi ni kairyô
suru wa, motoyori kairyô no monji ni mo, shui ni
mo somukimasen keredomo, — chikagoro no yô ni,
muyami yatara to: "Are mo kairyô; kore mo kai-
ryô" to kairyô setsu no netsu ni ukasareru yô ni
narimashite wa, ippan ni: " Naruhodo " to kanshin
suru koto no dekinai mono mo gozaimasu. (*Hya!
hya!*) Koto ni, kairyô to iu koto wa, donna koto
yara roku-roku ni go shôchi mo naku, tada kairyô
to sae tonaereba, sore de hito-nami no tsuki-ai ga
dekiru to kokoro-e orareru hito mo aru yô ni omo-
ware; mata hito ga kairyô suru nara, nan de mo
kan de mo, kairyô seneba naranu to, sude ni zen
tsukushi, bi tsukuseshi manzoku no shiro-mono wo
muyami ni ijikuri-mawashite (2), mae môsu " tsu-
no wo tamen to shite, ushi wo koroshite shimau "
yô ni narimashite wa, sekkaku no kairyô mo, nan
no koto yara, sappari mecha-kucha de, isso kai-
ryô shinai hô ga yokatta to no nageki wo hassuru
de gozaimashô. (*Hya! hya!*)

Iya, iya, kono kaimei no yo-no-naka ni sonna
ukwatsu na hito wa hitori mo nai, shikkai noko-
razu shinsei no kairyô shugi wo motte, marui tama-
go wo shikaku ni shi; fuben na shina-mono wo
benri ni serareru ni sôi nakeredomo, — moshi, mo-
shi, man-ichi ryûkô no kairyô netsu ni ukasareru
hito ga arimashite wa, Dôjin no kurô wa zuboshi-
atari to naru yô na koto ga arimashite wa (3), kono

---

(1) *So-aku*, ou *arai to warui*.
(2) *Ijikuri-mawashite*, ou *ijiri-mawashite*.
(3) ... *arimashite wa*, et si mes inquiétudes se trouvent jus-
tifiées.

kairyô to iu koto wo mô ichido furui-naosanakere-
ba naranu ka to omoimasu ga, — kore mo yahari
kurô no shi-zon deshô ka (1 ? shokun! (*Dai kas-
sai.*)

(Extrait de *Kokkei hitori enzetsu*, page 66.)

LEÇON IV.

I

Histoire de Hachirozaemon (Suite *).

Gombei wa, oyoso ni jû nichi babari, kono tera
ni tôryû shite imashita ga, — nete mo, samete mo :
"Mutsu ye itte, chichi ni aitai, aitai" to môshite
orimasu yue, oshô mo makoto ni fubin ni omoi-
mashite, itsuka Edo ye yuku hito ga aru no de,
sono hito ni tanonde, Gombei wo Edo ye Teppôzu
no Kawazuya Hisagoro to iu funa-yado ni okutte,
Mutsu ye binsen no aru toki ni, Ishinomaki made
tomonawarete itte kureru yô ni tanonde yarima-
shita.

Sate mo, Gombei wa, hi narazu, Kawazuya Hisa-
goro no taku ni tôchaku itashimasuru to, ie-nushi
Hisagoro mo, sono kôshin no kokoro ni kanshin
itashimashite, sassoku binsen wo kiki-awashima-
shita. Nao mo : " Ishinomaki no nan to iu ie ni,
Hachirozaemon ga oru ka ? " to iu koto made sen-
saku shite kuremashite : " Sono Hachirozaemon ni
toshi kakkô ni-yori no mono ga, Yamaguchi Jum-
bei to iu mono no ie ni hôkô shite oru" to iu koto
ga shiremashita.

____

(1)...*shizon deshô ka?* ne sera-ce pas encore perdre sa
peine?
* Voir ci-dessus, page 120.

Kakute, go roku nichi no ato, Mutsu ye binsen ga arimasuru yue, Gombei wa: "Kondo koso, wakarete hisashiki chichi ue no o me ni kakaru koto ga dekiru" to omoi, ôi ni yorokobimashite, iso-iso fune ni nori-komimashita.

Yagate fune wa ikari wo agete, jûbun ni ho wo hari; Mutsu wo sashite, ikioi yoku shuppan itashimashita ga, — Hitachi no kuni, Chôshi minato no oki-ai ni itarimasuru to, ima made kaze mo naku, nami mo naku, makoto ni odayaka naru hare-bare to shite yoi tenki de arimashita no ga, — niwaka ni sora ga kawari, nan to naku, kimi waruku narimashita no de, sendô hajime, ni san jû nin no kako wa isogi; fune no muki wo kaete, minato no uchi ye kogi-irô to itashimasuru uchi, haya sora wa makkuro to natte, susamashii ô-arashi to narimashita. Kako wa, ôi ni odorokimashite, isshô-kemmei ni hatarakimasuredomo, kaze wa masu-masu tsuyoku nari; nami wa ko-yama no yô ni takaku agarimashite, miru-miru uchi ni, ho-ba-shira mo ore; kaji mo kudakemashite, ikan to mo suru koto ga dekinaku narimashita. Gombei wa, isshin ni kami-hotoke ni negai wo kakemashite: "Ishinomaki ye itarite, chichi ni ai; sono ampi wo shireru made wa, nanitozo inochi wo o tasuke kudasaremase" to inorimashita.

Kakute fune wa shûya ô-nami ni yurarete, nori-komi no hito-bito wa, sara ni ikita kokochi mo arimasenanda ga, — yo-ake chikaku narimashite, yôyaku kaze mo osamari, nami mo shizuka ni nari-mashita no de, shi-hô wo mi-mawashimasuru to, itsuka Mutsu kuni no oki ni kite imashite, haruka ni Kinkwasan no itadaki ga miemasuru yue, hito-bito wa ôi ni yorokonde, tagai ni sono tsutsuga naki wo iwai; sore kara Koromo-gawa minato no oki wo mo sugite, yôyaku Ishinomaki no minato ni hairimashita.

Gombei wa, isoide kishi ni agarimashite, chichi Hachirozaemon ga hôkô shite oru to iu Yamaguchi Jumbei no ie ni tazune-yukimashita ga, — Hachirozaemon wa, kono tokoro ni mo orimasen de, kono tokoro kara mada tôi tokoro ni oru to iu koto de arimasu yue, Gombei wa, kokoro mo, ki mo yowari-hatemashite: "Tada isshin ni chichi ue ni o ai môshitai bakari ni, haha ue ni, ani ue ni o wakare môshite, kokyô wo tachi-ide; asa wa, toku yori, oki-idete; yo wa, osoku yado ni tsuki; kewashii yama-zaka mo itowazu ni, Izu ye itarite tazunereba, "san nen mae ni Mutsu ye" to kiki; mata mo sono chi wo sari, koko ye mairu senchû de, ito mo hageshiki arashi ni ai; karaku inochi wo tasukatte, yôyô tsukimashita tokoro ga, mata mo o ide no nai to iu wa, waga kôshin no tarazu shite, kami mo o tasuke nai koto ka?" to, koe wo agete, nakimashita.

Jumbei wa, Gombei ga kodomo no mi de, umi, yama mo itowazu ni, Kawazu no kuni kara, harubaru to chichi wo tazunete kitarimashita sono kô.shin wo kanshin shite, go roku nichi kono tokoro ni tôryû sasete, tabi no tsukare wo yasume-sashimashita. Sore kara mata, fune wo yatôte, Hachirozaemon no oru tokore ye okurashimashita ga, —Kofuji minato to iu tokoro ni itarimashita toki, ori yoku Hachirozaemon ga ki-atte orimashita no de, yôyaku Gombei no kokoro ga todoki, jû yo nen me de, oya ko wa taimen itashimashita. Sono toki Gombei no ki-etsu wa, donna de arimashi tarô!

Kakute, Gombei, cnichi to ko wa, sono tsugi no asa, Kofuji minato wo tachimashite, hi narazu, Kawazu no kuni ye kaeri; chichi, haha, ani, otôto sorôte, tsutsuga naki kao wo awashimashita. Shikareba, sono mura-bito wa, iu ni oyobazu, Gombei no kôshin wo kiki-tsutaete, shiranu hito made, shuju no shinamono wo okutte shuku shimashita.

Sono nochi, ani Shichibei wa, Tokushima no Sakomachi to iu tokoro ni sumu de, kagyô wo hagemi; Gombei wa, Yajimaya Chûbei to na wo aratamete, kanemochi no mi to narimashita to zo!

(Extrait de *Go jû ya mono-gatari*, page 26.)

2

LE MOYEN D'ÊTRE HEUREUX. *

(*Deuxième séance.*)

> Aritei ni
> Suru ga, kiraku no
> Denju nite,—
> Kakusu ni masaru
> Kurushimi wa nashi.

Saisho wa, mina donna koto wo nukasu ka? ichi ban kiite miyô gurai na koto de, hiyakashi hambun de, hairi-konda no da ga, — mae ni abôdarabôzu wo kyôkun shita arisama wo bôchô shite, mina: "Naruhodo!" to kampuku shita to miete, ichi za ni atta hito-bito wa, honki ni natte (1),

---

* Voir ci-dessus, page 123.
(1) *Honki ni natte*, revenant à de vrais sentiments, c.-à-d. prenant la chose au sérieux.

sôdan suru ki ni natta. Tokoro de, abôdara-bôzu
no tsugi ni, sensei no mae ye hiza wo susumeta
no wa, akindo tei no jimbutsu de aru. Kono hito
wa, enryo mo naku, sensei ni mukatte:

Akindo. — He! watakushi wa, tsui kono go kinjo
ni sumu akindo de gozaimasu ga, — ittai watakushi
wa, wakai toki kara, muda-zeni to ittara, bita-sen
ichi mon mo tsukatta koto mo naku; sho-shôbu-
goto to ittara, tatoi issen no tama, korogashi mo
shita koto wa nashi. Omake ni, itteki no sake
mo nomazu, ippuku no tabako mo suwazu; iro
to ittara, sukoshi mo shita koto wa nai yô na
shi-kaku shi-men, umare no mama no masshôjiki
na katai hito de gozaimasu ga, — sono katai ningen
ga, dô shita mono ka, tokaku ni fushiawase de-
shite, senzo kara yuzuri-uketa sôô na shindai wo,
itsu to mo nashi ni, jiri-jiri to soro-soro bimbô ni
shimashi. Omote-tsuki de wa, mâ! dô ka kô ka
yatte iru yô ni miete orimashite mo, uchi-aketa o
hanashi ga (1), naisho wa jitsu ni kurushii hi-no-
kuruma de gozaimasu.

Desu kara, watakushi mo, iro-iro sama-zama ni
ki wo monde: "Aa! kono shakkin wa, dô shitara
yokarô? Aa! kono saki wa, dô shiyô ka shiranu"
to, watakushi hitori de, hara no naka wo itame-
masu. Kono setsu, seken no hito ni kikeba: "Zui-
bun hito no ue ni tatsu rippa na o kata sama
de mo, sekken to ka, keizai da to ka itte, yoppodo
go kenyaku wo nasaru" to iu hanashi de gozai-
masu kara, watakushi mo, sono tsumori de, naru
beku nanigoto mo shisso ni shite, tsume ni hi wo
tobosu yô ni shite orimasu no ni,—dô iu mono ka,

---

(2)....*o hanashi ga,* à parler franchement.

kurashi-kata wa tokaku hari, gyôtei wa, fukeiki
ni fukeiki no shinnyû wo kake (1); shakuya wo
motte ite mo, manzoku ni kachin wo motte kuru
mono wa, jû nin no hitori (2); omake ni kaoku-zei
wa kakaru, jidai wa harawanakereba, narazu; se-
ken ga fukeiki de, tori-hiki saki wa, ikura saisoku
shite mo, ichi mon mo yokosazu, katta hô wa,
harawanakereba narazu; shakkin no risoku wa
senguri ni torareru, mise no mono wa koso-koso
to shinamono wo mochi-dasu; segare wa, Susaki
ye itte, asobi, musume ni mo, toki-doki wa, ito-ori
no ichi mai mo kisete yaritashi (3); shinrui no
sewa mo ori-ori kakatte kureba, uchatte mo okezu;
yane ga moreba, shufuku mo seneba narazu; ta-
tami mo, sono uchi yaburete kuru; tera kara hô-
gachô wo motte kureba, kore mo shiranu kao mo
shite orezu; ki-gurô suru nyôbô wo wazurawashite
wa naranu kara, tama ni wa, Shintomi-za ka Chi-
tose-za no ichi maku mo mise ni yaru (4)....yô na
shimatsu de,—iya! haya! zeni no iru koto bakari,
mô shosen tsuzukanai shindai to wa omoimasu
keredomo, ima to wo shimeru no mo kuyashii
kara: "Dôka shite, watakushi ichi dai wa kui-

---

(1)... *shinnyû wo kake*, les vivres sont chers, le commerce va
de mal en pis.

(2)....*hitori*, j'ai, il est vrai, des maisons louées; mais, sur
dix locataires, il n'y en a guère qu'un qui me paie son loyer
intégralement.

(3)....*yaritashi*, mon fils va faire la noce au faubourg de
Susaki; quant à ma fille, il faut bien lui payer de temps en
temps un habit de soie.

(4)....*mise ni yaru*, ma femme partage les soucis que
m'inspire l'état de mes affaires. Je ne puis donc lui faire de
la peine, en refusant de l'envoyer voir de temps en temps
une représentation au théâtre de *Shintomi*, ou à celui de
Chitose. — Après *yaru*, sous-entendez *nado no*.

tomete, bimbô wo arawasanai yô ni sureba, sekentei mo mazu yoshi ; mata sono uchi ni wa, naku koto bakari mo arumai, warôte kurasu un mo kuru de arô" to jitto koraete oru kurushisa ni,—shakki ga oi-oi zôchô shite, shinjidai ni mo oi-taosareru yô na kurushimi de gozaimasu ga (1), — konna kurushii watakushi de mo, anraku ni naru go denju ga gozaimasu nara, dôka, hito wo hitori tasukete yaru to oboshimeshite, oshiete kudasarumai ka ?

Sensei—Iya ! omae wa, nan no koto nashi ni, kanshô to iu mono ja (2). Ki wo ira-ira sezu ni, washi no iu hanashi wo yoku kiite kudasai. — Washi no kokoro-yasui akindo ja ga, kono otoko wa, shôjiki de, rikô ja kara, oya no dai yori ka (3) taisô ni hanjô shite otta ga, go roku nen uchi-tsuzuite, iro-iro no sonshitsu de, zatto go roku sen yen no shakkin ga dekita tokoro ga,—kono otoko, sassoku bantô ya bekke no mono wo atsumete, iu ni wa : " Omae-gata mo shitte oru tôri, roku shichi nen mo uchi-tsuzuite no fushiawase de, go roku sen yen mo shakuzai ga dekita kara, kono ba wa, hito-mazu ho wo sagete, shindai wo tori-chijime (4), uru beki mono wa, oshige naku uri-

---

(1).... *de gozaimasu ga,* je suis absolument dans la position d'une personne qui, forcée par des douleurs de plus en plus violentes du *shaku,* de recourir à l'opération répétée de l'acupuncture, se verrait sur le point d'être ruinée par les frais que cette opération nécessite.

(2).... *kanshô to iu mono ja,* allons ! vous vous faites de la peine sans motif.

(3) *Oya no dai yori ka,* depuis à peu près le temps qu'il succéda à son père.

(4) *Shindai wo tori-chijime,* rassembler ses capitaux, c.-à-d. rétrécir son cercle d'action, puis liquider au plus vite, afin de trouver ce qu'il reste au juste d'argent disponible.

harôte, tokaku hito sama ni son wo kakenai yô
ni seneba naranu. Hito sama ni son wo kakenai
no ga, akindo no dai ichi no motode ja kara, mâ !
sô tori-hakarôte, kokoro wo yasuku yashinai ; sore
kara, mata risshin no tedate wo meguraseyô '' to
iu to,—bantô, sono hoka no mono wa, kuchi wo
soroete : '' Moshi ! danna, sonna yowai o kokoro de
wa ikemasen ! Kono shindai de, go sen yen ya
roku sen yen no shakkin ga dekita to iûte, nani
hodo no koto ga arimashô ? Ni man yen to, san
man yen no shakuzai ga dekimashita nara, sono
toki koso go ryôken aru beki koto ! '' to ieba,—
aruji wa, atama wo furite : '' Sareba sono koto
ja (1). Washi ga itsuzo-ya aru hon wo yonda.
Naka ni '' Tokaku bimbô wa, hayaku tori-kosu ni
shiku wa nashi '' to kaite atta ; mata '' Senjô no
katai dote de mo, chotto ari ga aketa hitotsu no ana
kara kuzureru '' to iu mukashi no hito no ima-
shime mo aru. Ima roku sen yen no shakkin ga
dekita no wa, tori mo naosazu, roku sen yen no
bimbô ja kara, ima kono toki ni, ni man yen no
shakkin shita kokoromochi de, kore wa kanawanu
to hissoku shi (2), banji wo tori-shimete arata-
meta nara, haya ichi man shi sen yen wa ikite
nobite oru dôri ja kara, mi mo, ie mo yasuku shite,
mata me wo dasu ikioi wo fukunde oru. Kore
ga sunawachi bimbô wo tori-kosu yue ja. Mata
roku sen yen no bimbô wo koraeru toki wa, ashi-
bumi ga waruku ; tsui ni, ni man yen made ni itaru
no yowami ga atte, kokoro-gurushii ; kokoro-guru-

---

(1) *Sareba sono koto ja*, il en est pourtant ainsi.
(2) *Kanawanu to hissoku shi*, se retirer du commerce, voyant
qu'on ne peut faire face aux difficultés pécuniaires.

shikereba, shintai (1) mo jiyû narazu; shintai
ga jiyû ni naranai to, ri wo mite mo, susumu no
ikioi ga yowai ; mata roku sen yen no shakkin wo
kwakyû ni iri-awasetaku (2) natte, tonde mo nai
son wo suru ka mo shiremasen. Ja kara, washi ga
omou tôri, bimbô wo ima tori-koshite, hissoku
shita hô ga yoi ja nai ka ? Kore wa senzo no ie wo
tsubusu no ja nai : senzo no ie wo iku chôkyû ni
sôzoku sen ga tame ja. Shaku-tori-mushi no mi
wo chijimeru no wa, chijimeru no de wa nai : onore
no mi wo nobiyô to suru tedate ja. Washi ga
hissoku mo, kono shaku-tori-mushi no kokoromo-
chi ja. Kore ni tsuite, te-jikai hanashi ga aru.—
Washi no shiri-bito ni, hitori wa, kakubetsu toshi
wakaku mie; ima hitori wa, itatte fukete mieru
hito ga aru ga,—aru toki, kono futari ga issho ni
saru-kata ye itta tokoro ga, saki no teishu ga, hitori
ni mukatte : " Anata wa, o ikutsu ni o nari na-
saimasu " to kiku to, — soregashi wa : " Tônen
shichi jissai ja " to kotaeta no de,—teishu wa aki-
rete : " He-hê ! dômo ! wakaku mieru o kata ja !
Sadameshi ningyo de mo meshi-agatta (3) no jarô.
Dare ga mite mo, go jû yori ue to wa, iimasumai "
to iûte, mata hitori ni mukai : " Anata wa o iku-
tsu ? " to tazuneru to,—are wa : " Washi wa, tônen
go jû ni sai ja " to kotaeta no de,—teishu wa, mata
mata odoroite : " He-hê ! anata wa o toshi yori
wa, taisô fukete miemasu. Watakushi wa, ariyô
shichi jissai ni mo o nari nasaru ka to omôta " to

---

(1) *Shintai*, ou *susumi-shirizoki*.
(2) *Kwakyû ni iri-awase*, faire face à un cas pressant.
(3) *Ningyo de mo meshi-agatta*, vous avez dû manger de la
sirène. On dirait en français : Boire de l'eau de la fontaine de
Jouvence.

iûte, waratta sô ja ga, — omae-tachi wa, migi no futari wa, dochira ga toku de, dochira ga son ja to omou ka shiranu ga, washi ga omou no ni wa, shichi jissai de, go jissai gurai ni mieru no wa, itatte hito no mie ga yokute, ureshii yô da keredomo, — mô shichi jissai ni mo nattara, ikura tassha ni miete mo, karada ga yowatte, sue no tanoshimi mo naku, kokoro-bosoi ja nai ka? Mata, go jû ni sai ni nari nagara, shichi jissai to mieta no wa, hanahada hito no mie wa warukutte, mei-waku na yô ja keredomo, yoku yoku omoeba, hito no mie yori wa toshi ga wakakutte, mi mo toshi ni sôtô shite tassha de, sue no tanoshimi ga aru de wa nai ka? Sore wo omou to, washi ga shindai mo ima tori-katazuketara, seken kara no hito-me wa waruku : "Haya ! bimbô shita ka?" to shichi jissai no yomei naki rônen no karada to mieru ka mo shiranu ga, sono jitsu wa sahodo no shakkin mo naku, hito no mie yori ka shindai ga jôbu de, ariyô wa go jissai gurai no wakai shindai koso, sue tanomoshii ja nai ka?" to iu to, — bekke no mono mo, bantô mo, mina : "Naruhodo !" to kanshin shi-te, kono hakarai ni shita no ja ga, — kono shujin wa, konna gôketsu ja kara, jibun de jibun no bimbô wo arawashite, ittan hissoku wa shita keredomo, sono nochi, izen yori sû jû bai tomi-sakaete, yûmei no gôka to natta mono ga, genzai me no mae ni aru ja.

Kore wa mina kono otoko no rikô to kiryô bakari ja nai ; jitsu ni kono hito wa, senzo no ie wo daiji to omoi ; mata tanin ni son wo kakenai to iu jisshin (1) no atsui tokoro kara, mie ni mo,

---

(1) *Jisshin*, ou *ma-gokoro*.

myômon ni mo kakawarazu, kô shita no wa, akindo
taru mi no dai jôbu de, jitsu ni kokoro wo wazura-
wasazu, ô-anraku ni itaru no jutsu wo yoku
jukuren shita hito ja. — Ja kara, omae mo raku
wo eyô to omoeba, mazu kono hito wo tehon ni
shita ga yoi. Washi wa, shindai no koto wa, ikkô
ni fuete ja (1) keredomo, — tada anraku ni nari-
takereba, Chû-yô ni iwayuru "Hinsen ni so shite
wa, hinsen wo okonau (2)" to iu dôri wo gaten
shite, bimbô nara, bimbô no yô; iyashikereba,
iyashii-yô; karita mono wa, kaesanakereba naranu;
morôta mono nara, o jigi wo suru to, koko ni
kitto chikara wo irete, mi nasai. Yamai mo hassan
sasete (3), nochi ni ieru no ja, tada osae osaete
tsukeru bakari de wa, sono yamai ga naikô shite,
shimai ni wa, inochi mo naku naru no ja. Omae mo
bimbô wo hassan sasezu, tada osae-tsukete bakari
oru to, sono uchi ni wa bimbô ga naikô shite, ie
mo, shison mo horobiru ja. Yo-no-naka ni mi wo
horoboshi, ie wo horoboshi, shison wo ushinau
hodo, nagekawashiku, hazukashii koto wa nai. Ja
kara, ima no wazuka no haji wo shinobi; ima no
wazuka na tsurasa wo koraete; aritei ni bimbô wo
tsuki-dashite, karita mono wo kaeseba, kore ni
masaru anraku mo, jumyô no kusuri mo, shison
no tame mo, nan ni mo nai ja. Shikashi, shindai
wo kairyô shita yôjô no oginai ni wa, kô iu kusuri
ga aru:

---

(1)...*fuete ja*, pour moi je n'entends rien aux affaires.
(2)....*hinsen wo okonau*: "Etes-vous né dans la pauvreté,
pratiquez la pauvreté," c'est-à-dire, il faut se conformer à sa
position.
(3) *Yamai mo hassan saseru*, expulser la maladie.

Kagyô benkyô, — kenyaku, (tadashi rinshoku to machigaeru bekarazu) — kannin, — mi yôjô.

Migi no shi-mi ni, itsudemo shôjiki wo hanasazu kuwaete, kata toki mo wasurezu, fukuyô sureba, mi mo, ie mo anzen de, shison mo ei-ei anraku ja. Sore kara, kono hoyaku wo mochiiru no ni wa, kimmotsu ga aru. Sono kimmotsu to iu no wa :

Fujitsu, — gôyoku, — sake, — iro, — asa-ne, — kanai no fuwagô.

Migi no mutsu no shina wa, chotto ni mo kui-awasete wa ikanu : ie wo osameru no dai doku-butsu ja kara.

(Extrait de *Mono-shiri-gao*, page 21.)

3

POURQUOI LIT-ON ?

Ima Dôjin ga dashi-nuke ni kayô na myô na endai wo mochi-dashimasureba, shokun wa kana-razu, oku-ba de waratte (1), kô môsaremasu de gozaimashô : "Koppi Dôjin wa, ki de mo chigai wa senu ka? Koitsu, shôki no sata de wa, nasasô da (2)! Naze nareba, ware-ware ga shomotsu wo yomu ni, dare shi mo, baka ni narô to omotte, shomotsu wo yomi, aku-seku benkyô suru mono wa nai. Shomotsu wo yomi, gakumon wo suru wa, nan no tame ni suru ka gurai wa, ikani Koppi Dôjin de mo, kono kurai na rikutsu wo shitte orisô na mono da. Shikaru ni, koko ni rei-reishiku, ha-zukashiku mo nai, majime de, kore wo katsugi-dasu

---

(1) *Oku-ba de waratte*, riant à gorge déployée.

(2) ...*nasasô da*, ce drôle nous a l'air de n'avoir pas son bon sens.

to wa, iya! haya! odoroki, momo no ki sanshô no
ki da" to, — Dôjin iwaku: "Ikasama! sono o warai
wa, go mottomo semban de gozaimasu! Sari na-
gara, Dôjin mo sukoshiku, ina! taihen ni nômiso
no fusoku shite oru nirgen, sunawachi deki-ai
no otoko de gozaimasu kara, totemo hito-nami no
rikutsu no môshi-gataki koto wa, shokun mo mo-
toyori go zonji nari, — kaku môsu tônin mo, shô-
chi itashite orimasuredo, — ikani kikô ga fujun de
arimashite mo, mada fûten-byôin no go yakkai
ni wa, ai-naranu tsumori to, jibun dake de, tori-
kimete oru shidai de gozaimasu kara, — to ni kaku
ni donna netsu wo fuku ka? chotto, mâ! o tekazu
sama nagara, goran no ue de: "Nâruhodo!" to,
go kanshin kudasaru to mo, "Iya! haya!" to, o
warai nasareru to mo, soko wa shokun no go zui-i,
o kokoro-makase to itashimashite, tomare, kaku-
mare (1) sotto futa wo akete mimashô. (*Kinchô!
kinchô!*)

Shomotsu ni mo, shu-ju ari; gakumon ni mo,
iro-iro de gozaimasu kara, ippan ni, "kore ga, kô"
to, hito tsukami ni môshi-ageru wake ni wa mairi-
masezu; mata "kotogoku sho wo shinzureba, sho
naki ni shikazu" to môshimashite, nan de mo,
shomotsu ni wa, uso wa nai, hora wa fuite nai to
kataku shinzuru koto wa dekimasen. Moshi sho-
motsu to sae ieba, uso wa nai mono, hora wa fuite
nai mono to kataku shinjimashita hi ni wa, sore
koso taihen na ô-machigai ga dekiru ni chigai
arimasen. (*Hya! hya!*) Naredomo, mukashi wa
" *Rongo yomi no Rongo shirazu* " nado to iu ima-

---

(1) *Tomare, kakumare,* pour *to mo are, kaku mo are,* quoi
qu'il en soit.

shime mo arimashite, shomotsu ni aru koto wa,
naru beku sono koto wo waga mi ni jikkô suru wo
motte, gakusha da to ka, sensei da to ka agameru
arisama de gozaimashite, — tatoeba, jinrai reppû (1)
no toki ni wa, Tentô sama ni shikarareru to ka,
nan to ka iu no de, kyû ni asa-gami-shimo (2) wo
chakuyô shite, zashiki no mannaka ni osore-iri
tsutsushinde oru to ka; aruiwa "Kunshi wa moto-
yori kyû su" to ka iu ko-yakamashii ikken de,
bimbô de kurasu no wo kaette mie ni shite ite,
ie no uchi de karakasa wo sashite, shomotsu wo
yomu to iu yô na sensei mo atta to no hanashi de
gozaimasu ga, — tôsetsu no kono tsurai yo-no-naka
wo wataru ni wa, sonna te-nurui kiraku na koto
de wa, naka-naka san do no meshi ga kuemasen.
(*Hya! hya!*)

Sari tote: "Shomotsu ni kaki-nosete aru koto
wa, nan de mo, mina uso da kara, ore wa, ore no
ryôken de yatte miseru" to ibatte mita tokoro ga,
hito ga hanashi aite ni shite kuremasen kereba,
kore mo omoshiroku nai dokuritsu de gozaima-
shite, makoto ni tsumaranai wakegara de gozai-
masu, — ina! tada ni tsumaranai bakari de naku,
shomotsu wo yomimasen kereba, chie-bukuro no
mekata ga karui; kore wo suppanuki ni môseba,
baka to nari, manuke to narimasu. (*Hya! hya!*)

Sokode motte, mazu uso to makoto to iu ron wa
shibaraku oki, rekishi wo yonde, kokon no sei-
bai (3) kara jisei no hensen wo shiri; mata *Napoléon*

<hr>

(1) *Jinrai reppû*, ou *hayaki kaminari, hageshiki kaze*.
(2) *Asa-gami-shimo*, un vêtement de cérémonie, en toile
de chanvre.
(3) *Seibai*, équivaut à *kachi-make*, succès ou défaite.

to wa, kayô na eiyû de atta to ka, *Columbus* wa, konna koto wo shita to ka, Shokatsu Kômei wa, kaku no gotoki hito de atta, Hashiba Chikuzen-no Kami Hideyoshi wa, dô iu hito to natta to iu koto made satori; mata kyûrisho (1) wo yonde, kaminari wa, taiko wo tataku no de wa nai; jishin wa, Kashima (2) sama no shiwaza de wa nai; hyô-tan kara koma ga deru to iu no wa, uso da; hai-fuki kara ja ga deru to iu no mo, ate ni naranu to iu suji-michi wo shiri; sono haka, keisho ni mare, hôritsu ni mare, keizai ni mare, tetsugaku ni mare, igaku ni mare, nan de mo kan de mo, sore-zore sono sho wo yonde, sono wakegara wo sa-tori; kore wo nôzui ni shimi-komashite, sore kara nôzui no hataraki de, uso to makoto to wo eri-wake; sono uso no hô wo sutete, sono nokoshitaru makoto no koto wo umaku chôgô shite, hajimete shomotsu wo yonda kônô wa araware; ningen no chishiki to iu mono ga dekiru mono ga gozaimashô. (*Hya! hya!*)

Sore shikari, shikaru ni seken ôku no hito no naka de wa, shomotsu wo yonde, rikô ni narô to omotte, kaette shomotsu ni yomarete shimau hito ga gozaimasu. (*Kinchô! kinchô!*)

Sate, shomotsu ni yomareru to wa, ika naru chô-shi-ai ka? to môshimasureba, — tatoeba, kono sake wo nomazu shite, sake ni nomareru to iu onaji koto de gozaimashite, adakamo budôshu wo yôjô ni

---

(1) *Kyûrisho*, les vieux livres de physique.

(2) *Kashima*, est un petit village sur la côte, à l'est de *Tô-kiô*. On trouve, près du temple dédié au dieu *Take-mika-zuchi*, une pierre appelée *kaname ishi*, qui est supposée reposer sur un énorme poisson nommé *namazu*. C'est ce poisson qui, par ses contorsions, occasionne, dit la fable, les tremblements de terre. (*Murray's Hand-book for travellers in Japan*, page 177.)

inyô (1) sen to shite, kaette budôshu ni yopparai,
guden-guden ni natte, rambô wo hataraku to ippan
no kekkwa wo arawasu hito ga gozaimasu. (*Hva!
hva!*) Shokun yo! kore kara ga, rondai no hone
de gozaimasu kara, yoku kiite kudasai! — Kano
budôshu mo yôjô ni inyô suru naraba, makoto ni
kekkô na sake de gozaimashô keredomo, kore wo
nonde, guden-guden ni nari, rambô wo hataraite
wa, sekkaku no meishu (2) mo kaette gai to nari;
mushiro nomanu hô ga yoroshii de wa gozaimasen
ka? (*Hva! hva!*) Shomotsu wo yomu no mo, kore to
onaji dôri de, shomotsu wa gwanrai chie-bukuro wo
omoku shite, rikô ni naru beki dôgu naru ni, —
shomotsu wo yonda ga tame ni, hampa no nin-
gen (3) ga dekite wa, jitsu ni komatta mono de,
hampa no ningen ni naru gurai naraba, mushiro
shomotsu wo yomanai hô ga yoroshii de wa gozai-
masen ka? (*Nô! nô!*) Shokun yo! shokun wa:
"Nô! nô!" to ossharu ga, — shomotsu ni yomareru
mono wa, seken ni ikura mo gozaimasu. Tatoeba,
waga seika (4) ni wa, ikubun ka no zaisan mo atte,
sono tochi ni jitchoku ni shite oreba, kanari rippa
na mibun de, kinjo kimpen no hito-bito wa, mina:
"Danna sama! danna sama!" to agame-hetsuku-
bari; jibun wa, kono hito-bito no kaza-kami ni
tatte, ago de aisatsu wo shite mo ii, goku jôtô no
mibun naru ni (5), — shomotsu ni yomareta ga

---

(1) *Inyô*, ou *nomi-mochii*.

(2) *Sekkaku no meishu*, ce vin rare et excellent.

(3) *Hampa no ningen*, une moitié d'homme, c.-à-d. un homme manqué.

(4) *Seika*, pour *umare-dokoro*.

(5) ....*mibun naru ni*, quant à lui, il était d'une position à se tenir au vent de ces gens-là, et à ne répondre à leurs courbettes que par une légère inclination de tête.

tame ni, taisetsu na zaisan wo bô ni furi; Senryu-
shi no iwayuru :

> "Uri ie wo
>   Kara yô de kaku
> San dai me!"

to iu ikken wa, tôku ni tôri-sugite (1), konnichi
de wa, shosho hôbô no shirube wo tayotte, isôrô wo
haimei suru gotoki aware hakanaki arisama ni ta-
chi-itaru mono mo gozaimasu. (*Hya! hya!—Nô! nô!*)

Aruiwa, "danshi kokoro-zashi wo taten" to iki-
gomi de, kuni-moto wo notakuri-dashita no wa
yokeredo,—benkyô suru ni wa, gakushi no miyaku
ga kire, gekkyû tori ni wa totemo narezu, sokode
yamu wo ezu, wazuka ni waga kioku seshi sho-
motsu no monku wo, fude no saki wo tanonde,
ko-uri wo hajime,

> "Gei ga mi wo
>   Tasukeru hodo no
> Fushiawase!"

to iu yô na Koppi Dôjin, sono hito no gotoki mono
mo gozaimasu (2). (*Hya! hya!*)

---

(1) .... *tôri-sugite*, dépassant de beaucoup ce que dit le
poète : "La troisième génération écrit en beaux caractères
de Chine: Maison à vendre." C'est-à-dire, quelque riche que
soit un homme, quelque bonne éducation qu'il fasse donner à
ses enfants, si ceux-ci n'ont point un jugement sûr pour se di-
riger, ils en arrivent, par une suite de folies, à ne se servir de
leur talent que pour écrire sur leur porte, en magnifiques
caractères chinois : Maison à vendre.

(2).... *de gozaimasu*. Voici le sens général de cette phrase:
Ou bien, tout plein de cette idée qu'un jeune homme doit
faire de grandes actions, on quitte en trottinant son village,
pour aller étudier à la capitale. Mais, las! au bout de quelque
temps, la bourse est vide; on ne sait pas encore le moyen de
trouver un emploi; finalement, on a la malchance de se trou-
ver réduit, comme le pauvre *Koppi Dôjin*, à vivre de ses
talents, c'est-à-dire, à recourir à sa plume, pour ressasser au
public quelque peu de ce qu'on a retenu des auteurs.

Sore, shomotsu to iu mono wa, mae môshima-shita tôri, ningen wo rikô ni suru dôgu de gozai-masu kara, kaku no gotoki baka-bakashii koto wa môtô nai hazu de gozaimasu ga, — sono nai hazu no mono ga aru no ga, sunawachi shomotsu ni yomareta shôko de gozaimasu. Sono shomotsu ni yomareru gen-in wa, nani yori okoru ka? to kan-gaete miru to, yahari shomotsu ni kaki-nosete aru kotogara wo kotogotoku shinjite, hora mo, uso mo hito tsukami ni shite, haya nomi-komi ni nomi-komu yori hajimaru no de, — chotto sono rei wo agete mimasureba, nani nani no shomotsu ni "Ei-yû iro wo konomu" to aru kara, eiyû ni naru ni wa, dai ichi jorô kai (1) wo shinakereba, ikanu to ka, myô na tokoro ni temae-gatte no chûshaku wo kuwae (2); hito, kore chûkoku sureba, — "*En-jaku nanzo kôkoku no kokoro-zashi wo shiran* (3)" to ka, "*Kunshi wa, saikin wo kaerimizu*" to ka, nan to ka, otsu ni temae-miso wo chôgô shite, eiyû ni a-razaru ni, eiyû wo kidoru koto, adakamo Ekô-in (4) no sumô wo mite, mizukara sekitori wo kidori, kata wo ikarashi, ô-mata ni aruku (5) gotoki no furumai wo nasu: kore sunawachi shomotsu ni yomareta no de wa gozaimasen ka? (*Hya!* *hya!*)

---

(1) *Kai*, acheter.

(2)....*chûshaku wo kuwae*, ajouter des commentaires de sa façon.

(3)....*kokoro-zashi wo shiran*, c.-à-d. les petits esprits peu-vent-ils comprendre les desseins des grands cœurs?

(4) *Ekô-in*, temple à *Tôkiô*, près duquel ont lieu des joutes de lutteurs.

(5) *Ô-mata ni aruku*, marcher les jambes écartées, com-me font les lutteurs, qui d'ordinaire sont d'une corpulence remarquable.

Tokoro de, Dôjin no shokun ni go chû-i wo negaitaki wa, hoka no koto de mo gozaimasen: .shokun ga, shomotsu wo o yomi nasareru wa, makoto ni kono ue mo nai kekkô na koto de gozaimasu ga, — nani shomotsu ni kagirazu, shomotsu wo goran no ue wa, yoku uso to makoto to wo kami-wakete, uso wo sutete, makoto wo nokoshi; kano Ekô-in no sumô wo mite, mizukara ô-seki wo kidoru ga gotoki furumai wo nasazu, shomotsu ni yomarenu yô ni chû-i shite, naru beku chiebukuro wo omoku suru koto wo nomi negai-tatematsurimasu.

(Extrait de *Kokkei hitori enzetsu*, page 13.)

LEÇON V.

I

LE REQUIN.

Afurika shû to môsu dai riku no nishi-kita no hô ni *Tanger* to môsu minato ga arimashite, aru toki, sono oki-ai ni *Igirisu* no fune ga issô teihaku shite (1) orimashita ga, — aru hi no koto de, koto ni yoi tenki de, nishi-kita no kaze ga shizu-shizu to fuete, atsusa mo wasururu bakari de arimashita (2). Shikaru ni yû-kata ni narimasu to, kano sabaku kara neppû ga fuki-mairi; (kono chi ni wa, *Sahara* dai sabaku to môshite, sekai dai ichi no suna-hara ga arimasu. Sôtai (3) sabaku to môsu

---

(1) *Teihaku suru*, être à l'ancre.
(2) ....*bakari de arimashita*, une brise légère, qui soufflait du nord-ouest, faisait oublier la chaleur.
(3) *Sôtai*, ou *zentai*.

mono wa, suiki no aru futsû no tochi to chigai-
mashite, nikkô (1) wo ukeru to, naka-naka same-
masen kara, sono tokoro kara fuite kuru kaze wa,
hijô ni atsui mono de arimasu rei no gotoku (2),
jiri-jiri to atsusa ga mashite, funako-domo wa mina
kurushinde orimashita tokoro ye, — senchô ga mai-
rimashite, mina-mina ni, kaichû ni iru koto wo
yurushimashita. Desu kara, ichi-dô wa ô-yorokobi
de, ono-ono kyû ni kimono wo nugi-sutete, ho-
bashira no keta (3) kara, don-don to tobi-iri; mina
ichi-dô oyogi-dashimashita.

Sono naka ni, futari no shônen ga arimashite,
hitori wa taihô-kata (4) no musuko de arimashita
ga, — ima sono shônen futari ga oyogi-kurabe wo
hajimemashita ni, fune no ue no hito mo, mizu
no naka no hito mo, hijô ni koe takaku, home-
mashita, Sore yue ni, futari wa, ôi ni ikioi wo
tsukerarete, tagai ni hijutsu wo tsukushi; uwo ni
mo otoranu yô ni, hayaku oyogimashita.

Kono futari no shônen ga, ikari ni tsukete oru
uki wo me-ate ni shite, oyogimashita ga, — saisho
wa, taihô-kata no musuko ga, sukoshi katte mie-
mashita ga, ima uki no aru tokoro made wa, san
jikken bakari to natta toki ni wa. hoka no shônen
no hô ga, jûbun kachi ni miemashita. Kore wo
senkoku yori, kampan no ue ni, uchi-mite oru tai-
hô-kata wa, kokoro wo irachi; shikiri ni ô-goe wo
agete, ono ga musuko ni ikioi wo soete orimashita.

---

(1) *Nikkô*, la lumière solaire.

(2) *Rei no gotoku*, signifie le plus souvent : comme à l'ordi-
naire. Ici, il me semble plutôt vouloir dire : d'après l'exem-
ple, c.-à-d. les raisons que je viens d'apporter.

(3) *Ho-bashira no keta*, ou *ho-geta*, les vergues,

(4) *Taihô-kata*, un canonnier.

Kono toki, ushiro no hô ni yakunin ga : "Same ga kita! same ga kita!" to fui ni sakebimashita no de, fune no kinjo ni asonde orimashita funakodomo wa, ôi ni odorokimashite, mina soko-soko ni fune ni kaerimashita. Same wa, chôdo fune kara hyakken amari no tokoro ni, toki-doki kuroki senaka wo dashite, shônen-ra no hô wo sashite, miete orimashita.

Sate, chichi-oya wa, adakamo kichigai no yô ni narimashite, ô-goe de shônen wo yobimashita keredomo, — ikkô kikoezu shite, futari wa, ushiro kara same no kuru mo shirazu, muchû ni natta yô de, oyoide orimashita. Kono toki chichi-oya no shinchû wa, donna de arimashitarô to iu koto, jitsu ni omoi-yararemasu (1). Yue ni, nakama no hito wa mi-kanemashite (2), isoide ko-bune wo dashite, shônen-ra wo tasuke ni de-kakemashita. Shikashi nagara, chichi-oya no kokoro de wa, kono tasuke-bune no ma ni awanu to iu koto wo shitte orimashita. Yue ni, totemo kodomo no inochi wa tasukarumai to omôte orimashita.

Kono toki, shônen-ra wa, yôyaku same no ôte kuru wo mi-tsukemashita no de, ô-goe wo agete, sukui wo koimasuru koe ga kikoemasu kara, chichi-oya wa tamarimasen de, ô-isogi de ichi dan takai kampan no ue ye agarimashita. Soko ni, taihô ga, tama-gome shite, nan doki de mo yô ni tatsu gurai ni shitaku ga shite arimashita no wo, —

---

(1).... *omoi-yararemasu,* on peut s'imaginer quels étaient alors les sentiments, qui se pressaient dans le cœur du pauvre père.

(2).... *mi-kanemashite,* ne pouvant supporter un pareil spectacle, ikioi konde (1), chichi-oya wa, jû-zutsumi (2) wo tori-sari; jibun no tamoto kara, raikwan wo tori-dashimashite, kore wo ire beki tokoro ye oki; jûki no tsuchi (3) wo hiite, utsu koto no yôi wo itashimashita. Mata ô-fumpatsu wo shimashite, kano omoi taihô wo hontô no basho ye kaeshi, jûbun ni mato wo tsukemashite, tsuchi no ito wo te ni tori, nami no ue ni same no uki-agaru wo matte orimashita.

Sate, tasuke-bune wa, mada tôdatsu (4) shimasen ga, — same wa shônen no soba chikaku arawaremashita kara, taihô-kata wa, kono tokoro zo isshôkemmei ni nerai wo shimashite, don to ippatsu hanatsu ya ina ya, ryôte de kao wo ôimashita. Kore wa, moshi shi-sonjita naraba, jibun no kodomo wa kitto same ni kui-korosaruru wo oboete ita yue ni, sono shimatsu wo miru no ga, tsurai kara de arimasu.

Sate, taihô-kata wa uchimashita toki ni, soba no hito ga ko-goe de nani ka sasayaite orimashita ga, dan-dan to ô-goe ni nari; kemuri wa agatte, same no tama ni uchi-korosareta koto wa, akiraka ni narimashita toki ni, hijô no taisei (5) ni narimashite, mina chichi-oya wo iwaimashita. Kono toki hajimete chichi-oya wa ki wo ochi-tsukimashite, kodomo no bunan naru wo miru to, ô-yorokobi no namida ni kuremashita.

Shônen-ra wa, kore ga tame ni, ayauki tainan (6),

---

(1) *Ikioi konde*, y mettant toute sa force.

(2) *Jû-zutsumi*, la bâche qui recouvrait le canon.

(3) *Jûki no tsuchi*, le marteau, ou chien qui retombe sur la capsule.

(4) *Tôdatsu*, ou *tôchaku suru*, arriver.

(5) *Taisei*, c.-à-d. *ô-goe*.

(6) *Ayauki tainan*, délivrés à grand'peine d'un si terrible danger.

wo karaku nogare tasuke-bune ni uchi-norimashi-
te, mazu wa buji de honsen (1) ye kaeru koto wo
emashita.

(Extrait de *Go jû ya mono-gatari*, page 39.)

2

LE MOYEN D'ÊTRE HEUREUX. *

(*Troisième séance.*)

> "Anraku no
>   Gokui to iu wa
>   Kakugo nari, —
>   Tada fukakugo ga
>   Mi wo ba kurushimu!"

"He! sensei ga o sumi ni narimashitara, wata-
kushi wo hitotsu (2) o negai môshimasu. — He!
watakushi wa umare-tsuki tanki-mono deshite, ji-
bun nagara mo makoto ni komarimasu kara (3),
dôka shite naoshitai to zonjimashite, jibun de ji-
bun wo imashimete mitari; matawa, kannin no
oshie no kaite aru hon wo yonde mitari; iro-iro ni
shinku itashimashite mo, umare-tsuki wa shikata
no nai mono to miete, koto ni furete wa (4), hara
ga tachi, kanshaku no okoru toki wa, ato mo saki
mo mecha-mecha ni wasurete shimatte, chotto no
ikari ni sono mi wo wasureru to wa, watakushi no
mi no ue no koto de gozaimashô ga (5), — konna

---

* Voir ci-dessus, pages 123 et 133.

(1) *Honsen*, le bateau principal, c.-à-d. le navire.

(2) ... *hitotsu*, sous-entendez ensuite *oshiete kudasaru koto*.

(3) ... *komarimasu kara*, comme j'en suis moi-même en-
nuyé.

(4) *Koto ni furete wa*, si je viens en contact avec quelque
chose, c.-à-d. si quelque chose m'agace.

(5) ... *de gozaimashô ga*, ou *de gozaimasu ga*, voilà *en peu de
mots* toute mon histoire, malgré cela ...

kanshaku-mochi de mo, kokoro-bikoku, ki ga na-
gaku natte, anraku ni naru yô na go denju ga
gozaimashô ka?

Sensei. — Omae wa, ano natsu no mushi no hi ni
tobi-komu no wo shitte oru ka? Ano natsu no mu-
shi no hi no naka ye tobi-komu to iu no wa, oroka
na mono no tatoe no dai ichiban ni natte oru ga (1),
—kawaisô ni, natsu no mushi wa, hi wo hi to shira-
nu kara, tada: "Akarui tokoro ja! Aa! yoi tokoro
ja!" to omou kara, tsui hi no naka ye tobi-konde,
mi wo ushinau no ja. Sore mata, natsu no mushi yo-
ri ka, zundo ne-uchi no sagatta baka to iu no wa, o-
mae no koto ja. Naze to iu to, tanki wo tanki, kan-
shaku wo kanshaku to shitte ori nagara, arata-
menu to iu no wa, hi wo hi to shiri nagara, hi no
naka ye tonde hairu to onaji koto ja kara, omae
wa, ano natsu no mushi yori, yohodo baka ja. —
Maekata, washi no kon-i na mono ni, Mambei to
iu otoko ga atta (2) ga, kono Mambei wa, omae
yori wa, mada ni san wari mo tsuyoi kanshaku-
mochi de atta no ni, kinnen (3) wa, sono tsuyoi
kanshaku ga mienu kara: "Dô shite kanshaku wo
naoshita zo?" to kiite miru to, — sono Mambei no
iu ni wa: "Watakushi ga, aru toki ni, dozô no
naka ye haitte, yô wo shite oru toki ni, dozô no
soto kara, isogashige ni: "Mambei! Mambei!" to
na wo yobu kara, — "Oi! oi!" to iku do mo henji
suru no ni kikanai de, —yahari: "Mambei! Mam-

---

(1) ... *oru ga*, cet insecte est la plus parfaite figure de
l'homme sans esprit.

(2) ... *otoko ga atta*, je vais te conter un fait arrivé il y a
déjà quelque temps. Il s'agit d'un mien ami, nommé *Mambei*.

(3) *Kinnen*, ces dernières années.

bei!" to yobu no de, —mochimae no kanshaku-bara
wo tatete: "Hei! hei! yuku. Sôzôshii! Kore hodo
"Oi! oi!" to iûte, henji wo shite oru no ni, itsu
made mo "Mambei! Mambei!" to urusaku yobu
no wa, dare de arô? — Hm! wakatta. Meshi-taki
no Gonsuke ni chigai nai. Gonsuke no bunzai to
shite, bantô ye taishi ôhei na koto wo iu to wa,
shitsurei semban ja! — Mate! mate! shiyô ga aru"
to, kondo wa, henji mo, nan ni mo shinai de ut-
chatte oku to, — dozô no soto kara, taihen okotta
koe de: "Hayaku koi! hayaku koi!" to donari-
tsuketa no de, — kochi mo, ima wa, korae-kane:
"Gonsuke no mi wo motte (1), hito wo donari-
tsukeru to iu wa, furachi semban ja! Igo no ko-
rashime, me ni mono misete kureyô (2)" to ari-au
bô wo hissage, dozô no soto ye dete miru to, meshi-
taki no Gonsuke to omoi no hoka, waga ya no
shujin de atta kara, omowazu bô wo ushiro ye
nage-sutete, soko ye heifuku shi; ase-mizu wo
nagashite, iro-iro to wabi-goto wo itta. Koko wo
omou to, kanshaku ya tanki wa, mina ki-zui de,
meshi-taki no Gonsuke da to omoeba, inochi wo
sutete mo, kannin ga dekinai no ni, — omoi no ho-
ka shujin de atta kara, kanshaku mo, tanki mo
usete, shinjitsu atama ga sagatta no ja. Kore kara,
gaten ga itte, kanshaku mo, tanki mo umare-tsuki
ja nai to shinsoko kara kakugo shita kara, sono
nochi wa, futatabi kanshaku mo, tanki mo de-
masen" to itta ga, — ikasama! kono Mambei no

---

(1) *Gonsuke no mi wo motte*, si l'on considère ce qu'est *Gon-
suke*.
(2)... *kureyô*, je m'en vais lui faire voir quelque chose,
pour lui apprendre à être plus poli à l'avenir,

kakugo no yô ni, hito no kokoro wa kawaru mono
de, kanshaku ni kagirazu, nanigoto mo kakugo
sae sureba, kannin no dekinu koto wa nai mono ja.

Yo-no-naka ni, dai ichi korae nikui kyokudo wa,
jibun no karada no ue ni, hi wo noseru hodo, korae
nikui koto wa nai keredomo, — kore mo, mi no
kakugo hitotsu de, koraerarenu koto mo nai ja.
Sono shôko ni wa, dare de mo, kyû wa, sueru wo
koraeru ga, — kono kyû to iu mono wa, karada no
ue ni hi wo oku no ja kara, atsui ni chigai nai ke-
redomo, kore wa kyû ja, karada no tame ja to kaku-
go wo sureba, zuibun koraerareru mono ja. Desu
ga, kore to onaji kyû de mo, hitotsu sue-sokonôte,
hi no tsuita kyû ga korogete ochiru to ɪ , bikkuri
shite: "Ho-ho! atsui, atsui! kore wa tamaranu"
to sawagu ga, — onaji senaka de, onaji mogusa de, o-
naji sue-te (2) ja keredomo, tori-otoshita hitotsu no
hi ga koraerarenu to wa, dô ja? Kore wa, ima koro-
gete ochiru to iu kakugo ga nai bakari de, onaji
kyû naredomo, koraerarenu no ja. Kore mo, haji-
me ni, kakugo wo shite: "Oi! dare san! kono kyû
wa, waza to tori-otoshite, senaka wo (3) koro-koro
to korogashite otosu kara, korae nasai " to annai
sureba: "Sô ka?" to, koraete, zuibun gaman no
dekiru mono ja. Kore wo omou to, nanigoto mo
jibun no kakugo bakari ja. Kore de omae mo gaten
suru ga yoi. Hito wa, kakugo bakari de, banji
kannin no dekinu koto mo, koraerarenu koto mo
nai mono ja. Omae ga, ikura kanshaku-mochi de

---

(1)...*ochiru to*, si une boulette enflammée de *mogusa*, é-
chappant à l'opérateur, vient à rouler sur le dos du patient.

(2) *Sue-te*, l'homme qui applique le moxa.

(3) *Senaka wo*, est mis pour *senaka no ue ni*.

mo, tori ga kuso wo hanachi-kakeru ni, nikui to
iûte, sono tori wo sora ye okkakete yuki mo semai;
mata, atama no ue ye, nani ka dôgu ga ochita no
wo, hara ga tatsu tote, fumi-kudaki mo shi wa
semai. Kore wa, tori ja; kore wa, dôgu ja to ka-
kugo shite oreba koso, hara-tachi mo, kanshaku
mo denai de wa nai ka?

Washi ga, sennen Kwantô ye kuru toki ni, ni-
katsugi ya kago-kaki ga, kake-goe ni: "Kannin,
takara ja! Shôjiki, katoku ja! Shimbô wa, kane
ja! Tanki wa, sonki (1) ja! Kakugo wa, daiji ja!"
to iûta wo, washi wa hitori de kanshin shita. —
Naruhodo! hito wa, kannin to shimbô to shôjiki
to wa, kakugo no koto de (2), — tanki wa sonki de,
mukashi kara mi wo horoboshita mono ga, ikura
mo aru ja. Koto ni, tanki, kanshaku wa, nokorazu
ki-zui ki-mama to iu shôko ni wa, donna kansha-
ku-mochi de mo, dono yô na tanki-mono de mo,
o kami ya waga me-ue ya, sono hoka, sukoshi de
mo kimi no warui, kowai tokoro de wa, tonto kan-
shaku mo, tanki mo dasenu mono ja (3). Dasenu
hazu de wa, o kami ya kowai hito ni atte wa,
tanki mo, kanshaku mo dasenai mono ja to kanete
kakugo wo shite oru kara ja. Mata waga uchi ya
me-shita no mono ya kokoro-yasui mono ni wa,
tanki ya kanshaku wo dashite mo, yoi to jibun ga

---

(1) *Sonki*, ou *ki wo sokonau*.

(2) ... *kakugo no koto de*, tout dépend de la préparation qu'on
y apporte.

(3) ... *dasenu mono ja*, quelque emporté que soit un homme,
s'il se trouve en présence de l'autorité ou de ses supérieurs,
en un mot, en toute circonstance où il éprouve tant soit peu
d'embarras et d'effroi, il se gardera bien de donner cours à
son humeur.

kanete kakugo shite oru kara, chotto no koto ni
mo, hara ga tachi ; mata warui gaten shite, washi ga
kanshaku wa, umare-tsuki ja to kakugo shite oru
kara, itsu made tatte mo, kanshaku ga naoranu no
ja. Umare-tsuki ni kanshaku ga aru to iu hazu ga
nai. Moshi umare-tsuki ni kanshaku ga aru to iu
nara, naze o kami ye dete mo, kanshaku wo dasanu
ka? Hontô no umare-tsuki to iu mono wa, doko de
mo onaji koto, — oshi wa, oshi ga umare-tsuki ja ka-
ra, o kami ye dete mo, kuchi wa kikezu ; tsumbô
wa, tsumbô ga umare-tsuki ja kara, o yakusho ye
itte mo, kikoenai. Korera koso hontô no umare-
tsuki de, shikata ga nai ja ga, — kanshaku ya tanki
wa, kore to chigatte, mina ki-zui ki-mama, fuka-
kugo kara okoru mono ja kara, omae mo ima kara
aratamete, kono kanshaku ya tanki wa, dô de mo
ka de mo naosanakereba naranu mono ja to kakugo
wo kimeru toki wa, sugu ni naoru mono ja.

(Extrait de *Mono-shiri-gao*, page 33.)

3

NE CROYEZ QUE LA MOITIÉ DE CE QU'ON VOUS DIT.

Kotowaza ni " *Hanashi hambun ni kike* " to iu ko-
to ga gozaimasu ga, — kono kotowaza yori kan-
gaete mimasuru to, mukashi no hito wa, shôjiki
da to iu no wa, uso da ; mukashi no hito da kara
to môshite mo, yahari uso mo tsuki, hora mo fuki,
jôdan mo ii, hito mo damasu koto mo atta ni sôi
gozaimasen. Shikashi, mukashi wa, mukashi to
shite oite (1), kono kotowaza wo ima no yo ni

---

(1) ... *to shite oite*, mais, laissant l'ancien temps tel qu'il est.

mochi-dashite mo, jitsu ni tekitô ka to omoi; nao,
kono kotowaza wa, kojin ware wo azamukazaru
kingen ka to zonjimasu. (*Hya! hya!*)

Sate (1), nani yue ni, kono kotowaza wo kingen
to sôba wo tsuketa ka? to môshimasu to, kore wa,
sono iware innen wo o hanashi itashimasen kereba,
wakarimasen ga, — Dôjin wa, tadaima no tokoro
de wa, shika mo Tôkiô fu heimin de, "nande, be-
ramme!" no ichi nin de gozaimasuredomo, sono
moto wo tazunemasu to, yahari "nan chu kon da"
to iu inakap-pei de gozaimasu. (*Hya! hya!*)

Sono inakap-pei no Koppi Dôjin ga, mada chip-
poke na gaki de gozaimashite "Dai Gaku, Shuki
shoku. Shiteishi no iwaku" to ka; "yama tataki
ga yue ni, tattokarazu, ki aru wo motte, tattoshi to
su" to ka, nan to ka, hana wo tarashite, doma-goe
de yarakashite orimashita koro wa, ima wo saru
koto, sunawachi ni jû nen izen no koto de, mada
kimmon saki-bako to ka, nan to ka iu tobu tori

---

(1) *Sate* .... Le passage suivant présentant quelque diffi-
culté, nous en donnons ici la traduction libre, avec l'explica-
tion de plusieurs termes moins aisés à rendre en français :
Maintenant, on me demandera pourquoi, parmi tant de pro-
verbes, j'attache plus spécialement à celui-ci l'étiquette de
"parole d'or". Je vais vous en dire la raison mystique, sans
quoi vous ne comprendriez pas. Sachez tout d'abord que *Kop-
pi Dôjin*, pour le moment, un honorable citoyen de la bonne
ville de *Tôkiô*, n'est cependant, par sa naissance, ni plus ni moins
qu'un Gros-Jean de campagne. Donc, il y a quelques vingt
ans de cela, ce Gros-Jean de *Koppi Dôjin* n'était encore qu'un
petit diable affamé, au nez morveux, chantant de toutes
ses forces : "La Grande Etude. Préface de *Tchoû-hi* .... Le
docteur *Tching-tseu* a dit, etc." ou encore "Ce n'est pas la
hauteur de la montagne qui fait sa valeur, mais bien la forêt
qui la couvre"; et autres sentences de cette sorte. C'était
encore le temps, où les nobles faisaient porter devant eux
leurs boites laquées aux armoiries dorées. Dieu! quelle pompe,

mo ochiru, — ochinakereba, muri ni de mo ibari-
otosu, — to iu isei, dô-dô; iki, kaku-kaku de, —
"Shita ni orô! shita ni orô! Burei suru to, kubinek-
ko wo chongiru zo!" to odokasareta kyû-bakufu no
moyô wa…. — kore wa mata, mondai ga betsu ni
narimasu kara, kono gurai de okimashite, — nochi
ni ôsei ishin Meiji no mi yo to natte, Edo wo
Tôkiô to kaishô seraremashita koro wa, — iya! mô
Tôkiô to sae ieba, mina kingin de ie ga dekite oru
yô ni sôzô shi; mata, kojiki de mo, ginkô wo tatete
oru yô ni omotte oru nomi narazu, sono hyôban
wa, taihen de gozaimashita. Shikashite, sono koro
wa, mada shimbunshi no *shi* no ji mo naku, zasshi
no *za* no ji mo nakatta jibun desu kara, motoyori
sôzô suru bakari de, Tôkiô no fûzoku ninjô to iu
mono wa, sukoshi mo shiru koto ga dekimasen de-
shita. (*Kinchô! kinchô!*)

Yue ni, tada Tôkiô no arisama wo mokugeki
shita hito ni tsuite, dai tokwai no yôsu wo tazune,
sono hanashi wo kiku no hoka wa arimasen de-
shita ga, — sono mokugeki shi, Tôkiô wo maru-

---

quelle majesté à faire tomber de force les oiseaux du ciel,
s'ils ne voulaient pas tomber et se prosterner d'eux-mêmes!
Puis, les gardes criaient : "A bas! à bas! te dis-je. Si tu
n'es pas convenable, je te coupe le cou", et autres menaces
de la même espèce. À ce tableau, vous reconnaissez tous le
temps où les *Tokugawa* avaient le pouvoir,…mais je m'égare,
revenons donc à notre sujet. — *Nande! beramme!* quoi! gre-
din! Les gens de basse classe à *Tôkiô* emploient souvent
ces paroles, quand ils sont en colère.—*Nan chu kon da*, patois
de la campagne, pour *nan to iu koto da.*—Quant à *Inakap-pei,*
il est mis pour *Inaka no nani Gombei, nani Shichibei*, quelque
Gombei ou *Shichibei* de la campagne, où les noms de cet-
te sorte sont fort usités; à moins qu'on ne veuille dire qu'il
est employé pour *Inaka no heimin*, par opposition à *Tôkiô fu
heimin.*

nomi shita (1) to iu hito no hanashi wo kiku ni, iwaku: "Tôkiô wa, hakushiki tasai no hito (2) bakari de, waga shôkoku ni uyo-uyo suru yô na baka mono ya Santarô wa, kusuri ni shitaku mo, hitori mo nai (3). Omake ni gôshô taika (4) ga sorotte iru kara, waga shôkoku ni mago-mago suru yô na bimbônin ya kojiki wa, kane no waraji de, sannen tazunete mo, osoraku arumai. Sore yue, happyaku hatchô (5) wa, tsune ni hankwa zattô shite, tôzai nampoku, doko no, donna katasumi ye itte mo, jitsu ni rissui no yochi mo naku (6), marude ningen de ôrai wo fusaide oru; koto ni, Nihon-bashi no tôri nado wa, shûjitsu shûya to mo, jim-ba (7) no ôrai no taeru ma ga nai kara, toshiyori ya kodomo wa, totemo tsûkô suru koto wa dekimasen to ka; aruiwa shibai wa, kakubetsu mata rippa na mono de, taishô kara "môshi-age-masu" no yakusha made, nokorazu senryô yakusha da (8) kara, dô mite mo, shibai de wa nai, shôbutsu

---

(1) *Tôkiô wo maru-nomi shita*, ceux qui avaient avalé (c'est-à-dire, qui connaissaient) tout *Tôkiô*.

(2) *Hakushiki tasai no hito*, un homme de grande science, et de beaucoup de talent.

(3) ... *hitori mo nai*, ce n'est pas là que vous trouverez des imbéciles, comme ceux qui grouillent dans notre village, quand bien même vous vous appliqueriez à en découvrir, pour faire d'eux comme d'une médecine, que l'on conserve avec soin dans un *inrô* laqué.

(4) *Gôshô taika*, de puissantes maisons de commerce.

(5) *Happyaku hatchô*, les huit cent huit quartiers ou plutôt pâtés de maisons.

(6) *Rissui no yochi mo nai*, il n'y a pas même de place de reste pour y faire tenir un foret, c.-à-d. une aiguille.

(7) *Jimba*, hommes et bêtes.

(8) ... *senryô yakusha*, tous les acteurs, depuis celui qui remplit le rôle de général jusqu'au valet qui dit humblement: "J'ai l'honneur de...", tous, dis-je, sont d'une valeur hors ligne.

shika omoenai (1); sore ni dôgu-tate ga sorotte iru kara, waga shôkoku no kojiki shibai no yô na, shinin wo môsen ye tsutsunde, arukasetari; hara-kitta mono ga, warai nagara, hikkomu yô na bakageta koto wa, tsume no aka hodo mo nai (2). Tôkiô no shibai de wa, taitei shinin wo butai no shita ye seri-otosu to ka; yoko ye zutto hiite shimau to ka, subete te-girei ni suru kara, hitotsu kyôgen wo san jû nichi mite mo, chitto mo akinai'' to, — Dôjin, sono hanashi wo kiite, omou ni wa : ''Naruhodo ! Tôkiô wa, Nihon dai ittô no dai tokwai da kara, sô de mo gozaimashô'' to, kanshin, kampuku shite orimashita. (*Hya! hya! — Nô! nô!*)

Shikaru tokoro, sono nochi, Dôjin mo, iwayuru ''Gan ga tateba, hato ga tatsu (3)'' to iu mane to nama-iki no ryôken wo okoshimashite, — ''Yoseba, ii no ni'' to iu, oya, shinrui no iken mo kikazu, ''Ningen itaru tokoro ni, seizan (4) ari'' to ka, nan to ka muteppô shugi wo shuchô shite, Tôkiô ye de-kakete mairimashita no wa, sude ni jû iku nen mae no koto de gozaimasu ga, — sâ ! Tôkiô ye de-kakete, jissai wo mokugeki suru to, katte kunimoto de kiki, mata katte omotta to wa, maru de o tsuki sama to suppon no ô-chigai de gozaimashita. (*Hya! hya!*)

Mottomo hankwa na koto wa, sasuga Tôkiô wa Tôkiô dake de, kokyô ni kurabemasureba, oyoso

---

(1) *Shôbutsu to shika omoenai*, on dirait que ce ne sont rien moins que les héros vivants.

(2) ... *aka hodo mo nai*, il n'y en a pas un brin.

(3) ... *hato ga tatsu*, "si l'oie part, le pigeon aussi." Les moutons de Panurge.

(4) *Seizan*, ou *ao-yama*. — Il nous a été impossible d'obtenir une explication claire de cette phrase.

hyaku sôbai mo ue no hankwa de; mata gôshô daika mo zuibun ôi ga, — bimbônin mo takusan ari; kojiki mo dossari arimashite; tokoro de mata, hakushiki tasai no hito wa, dô da ka? to môsu to, kore mo sasuga ni dai tokwai wa, dai tokwai dake atte, rikô na hito ga takusan atsumatte oru yô na mono no, — sari tote, baka no tane-gire, ahô no kikin to iu wake de mo arimasen deshita (1). (*Hya! hya!*)

Kore ni oite ka, Dôjin ga hajimete ki ga tsuki, me ga samete miru to, saki no mono-gatari wa, taitei ô-hora fuita to iu koto ga shiremashita. (*Hya! hya!*)

Sore kaku no gotoku, jissai wo kembun suru to, hito no hanashi wo kiku to, miru to no aida ni oite, hanahadashiki ô-machigai wo shôzuru wa, dô iu wake de gozaimasu ka? — Dôjin omou ni: Kore wa, kochira no sôzôshin no sugiru to achira no hanashi jôzu de to myô na kane-ai (2) yori shôzuru gi de gozaimashô. Shikashi, kore wa Nihon no koto de, hayaku môseba, uchiwa-banashi da kara, dô de mo yoi yô na mono no, — kore to onaji koto de, toki-doki ware-ware no kimo-dama wo bikkuri gyôten seshimuru hito ga gozaimasu. Se wa mata, ika naru hanashi ka? to môshimasuru to, — gwaikoku, sunawachi Seiyô sho-koku yori kaetta hito no hanashi de gozaimasu. (*Nô! nô!*)

Seiyô to ieba, donna chikai tokoro de mo, nan sen ri to iu umi-ji wo hedatte orimasu kara, naka-naka ware-ware no mon nashi ga, sho-koku angya

---

(1) ... *arimasen deshita*, mais on ne peut pas dire que la graine de sots y fût épuisée, ni qu'il y eût disette d'imbéciles.

(2) *Kane-ai*, assemblage. — *Hedatte*, ou *hedatatte*.

wo kime-komi, hiza-kurige to de-kakeru wake ni
wa mairazu (1); koto ni kani no yoko-moji shim-
bun mo yomemasen kara, kore mo yahari sono
kuni no jissai wo mokugeki shita hito ni tsuite,
sono hanashi wo kiku yori, hoka ni shudan wa
gozaimasen:

Tokoro de, kore wo mokugeki shita hito ni tsui-
te kiku to, sono hito no iwaku: "Seiyô sho-koku,
izure no itaru mo, sono hankwa zattô wa, iwanu
kata naku; nichi-ya tomo ni, kemma wangeki (2)
de; rengwa-oku no kôzô wa, ômune jikkai, aruiwa
jû go kai nareba, giga to shite, ama-no-kawa wo
bukko-nuki (3); yoru wa, to-goto ni sû hyakki
no denkitô wo tsukeru kara, tare shi mo, hi no
kureta no ni ki mo tsukazu; atama no nôten de,
gô-gô unaru wa, kore kaminari ni arazu, jôkisha
no sugiru nari; ashi no tsumasaki de, pun-pun
hibikeru (4) wa, kore jishin ni arazu, denshin no
tsûzuru naru" nado to, maru de Abôkyû no fu (5)
de mo yomu yô na suteki meppôkai mo nai ô-furo-
shiki wo hirogeru hito ga gozaimasu. (*Hya! hya!*)

---

(1)...*wake ni wa mairazu*, ce n'est pas nous, pauvres diables
sans le sou, qui pouvons décider de faire à pied un pèlerinage
en tous pays. — L'auteur fait ici allusion à un livre très-po-
pulaire, le "*Hiza-kurige*", qui relate les aventures d'un certain
Yajirô-bei, et de son compagnon *Kidahachi*, dans leur voyage
de *Edo* à *Kyôto*.

(2) *Kemma wangeki*, c.-à-d. *kata wo suri, ude wo utsu*, la
foule est si pressée, qu'on se frotte les épaules, et qu'on se
heurte les coudes mutuellement.

(3)...*bukko-nuki*, les maisons en briques, à dix ou même
quinze étages, s'en vont donner du toit contre la voie lactée.

(4) *Hibikeru*, forme du style écrit, pour *hibiku*.

(5) *Abôkyû no fu*, le poème sur l'*Abôkyû*. C'était un palais
de Chine si grand, dit-on, qu'il fallut trois mois à l'incendie
pour le consumer !

Sokode mata, Seiyô no jikkyô no shiranai Dôjin nado wa: "Naruhodo! sasuga wa bummei-koku dake atte, sô de mo gozaimashô. Ikasama! kaikwa-koku wa, chigatta mono da" to kampuku suru wa, suru mono no, — mata hirugaette kangaete miru to, chôdo inaka ni ite, Tôkiô no arisama wo sôzô shi, Tôkiô no hora wo kiita to onaji ba-ai mo aru beshi to omowaremasu. Nan to nareba, genzai Nihon ni tokô shite (1) oru Seiyôjin wa, kano kuni de mo, nakanzuku rikô de, kane mo aru mono ga, ôku kite oru no de, — Seiyô-jin nareba tote, nokorazu kono tôri to, kore wo motte sashigane jôgi to suru wake ni mo mairimasumai. (*Hya! hya!*) Mata kano kuni wa, bummei wo motte, mizukara ibatte oru kurai desu kara, hyappan no koto ga, ware yori iku bun ka ue ni oru ni wa, sôi nakeredomo, — ikura bummei-koku da, kaikwa-koku da kara to môshite mo, kane ga ten kara furu wake mo nakereba, anagachi bimbônin ga nai, kojiki wa nai to iu shidai mo arimasumai. (*Hya! hya!*)

Shikaru wo, kano Abôkyû no yaki-naoshi-banashi wo shinjite, furue-komi; aka-hige to sae ieba, tômorokoshi no hige wo mite mo, rippa no yô ni omou no wa, sukoshiku sôzôshin no sugiru naraba, nan de mo, jibun ga jissai wo mi-todokeru made wa, hanashi hambun ni kiite oite, nan ni mo sonna ni tômorokoshi no hige wo mite made, buru-buru furue-komu ni wa atarimasumai. Kowai to omoeba, ki no mochi-yô de, hoki mo oni ni mieru dôri de gozaimasu kara (2). (*Hya! hya!*)

---

(1) *Tokô suru,* venir par mer.
(2) ... *de gozaimasu kara,* et si vous en avez peur, cela tient

Mata Nihonjin no kuse to shite, — gwaikoku ni mo aru ka mo shiranedo, — tokaku ni hora ga majirimashite, chotto môseba, shin san, hora shichi (1) to iu yô na hanashi jôzu no o kata ga arimasuredo, kore wa, irai o yame ni shite itadaite narô koto nara, — iya! iya! narô koto nara tokoro de wa nai, — zehi to mo, jissai no tokoro wo, shôjiki ni, hora to kake-ne nashi de, o hanashi wo negaitai mono de gozaimasu. (*Dai kassai !*)

(Extrait de *Kokkei hitori enzetsu*, page 20.)

à la disposition d'esprit où vous vous trouvez. Pour la même raison, on peut prendre un balai pour le diable.

(1) *Shin san, hora shichi,* trois dixièmes de vérité, et sept de mensonge.

TROISIEME PARTIE

BENKYÔKA NO TOMO

LEÇON I. *

I

LES ANIMAUX.

Dôbutsu wa, yûseibutsu (1) chû no kankaku wo motte, katsu mizukara undô shi eru mono wo iimasu. Dôbutsu wo taibetsu shite, yûsekizui (2) dôbutsu to musekizui dôbutsu no futa iro to shimasu. Yûsekizui dôbutsu wa, se-bone aru dôbutsu de, kemono rui, tori rui, uwo rui, hebi rui tô wo sashi; musekizui dôbutsu wa, se-bone naki dôbutsu de, hachi, chô nado subete no mushi rui wo sashimasu. Mata dôbutsu wa, taisei (3) to ransei no futa iro ni wakachimashite, taisei wa, oya no karada to onaji sugata de, umaruru mono de, — ransei wa, tamago de umare, kaeri shite, oya no karada to onaji sugata to naru mono de arimasu. Taitei no dôbutsu wa, hito no me ni miemasu ga, —

---

* N. B. — Dans cette troisième partie, nous avons dû faire subir au texte quelques légères modifications, afin de le rendre plus conforme au langage parlé. Malgré cela, le Lecteur remarquera que le style, en maints passages, se rapproche beaucoup de celui qui est employé dans les "*Tokuhon*," ou livres de lecture, à l'usage des écoliers. La raison en est que les auteurs, écrivant surtout pour les enfants, ont voulu se mettre davantage à leur portée, en leur remettant sous les yeux les mêmes formes, qu'ils étaient accoutumés de rencontrer dans leurs livres de classe.

(1) *Yûseibutsu*, ou *inochi aru mono*.

(2) *Yûsekizui dôbutsu*, vertébrés ; *musekizui dôbutsu*, invertébrés.

(3) *Taisei*, vivipares ; *ransei*, ovipares.

katô dôbutsu chû no mottomo katô naru mono wa,
me ni miemasen. Kano *cholera*, *typhus* nado no
densen-byô wa, hito no me ni mienu mottomo katô
naru dôbutsu, suna wachi *bachiruren* (1) ga, kui-
mono ni konji; hito no karada ni iri; tachimachi
hanshoku shite, tsui ni hito no inochi wo ubau
yô ni itaru no de arimasu. — Kore yori, sû-shu no
dôbutsu ni tsuite, nobemashô.

Uma wa, noru ni yoroshiku; katsu kuruma wo
hika e; ta wo tagaesu nado, sono yô wa, hanahada
hiroku arimasu. Kawa wa, nameshi-gawa to su
beku; hizume wa, bekkô ni kawari su beku; o no
ke, hone mo, mina hito no yô ni tachimasu. Waga
kuni de wa, Ôshû chihô yori san suru wo yoshi to
shimasu.

Ushi wa, ta wo tagaeshi, kuruma wo hiku nado
shite wa, nôka ni kanjin na mono de, sono niku
wa, ajiwai umaku, yoku jiyô no kônô ga ari; chichi
wa, nomi-mono ni sonae; tsuno, hizume, kawa,
hone mo, iro-iro no mono wo tsukuru ni mochi-
imasu. Tajima, Tamba, Tango, oyobi Nambu no
san wo yoshi to shimasu.

Hitsuji wa, niku no ajiwai, bi ni shite; chichi
wa, kanraku to su beku; ke wa, rasha, ke-nuno wo
ori; kawa wa, nameshi-gawa to shimasu.

Buta wa, niku no ajiwai, bi ni shite; kawa wa,
nameshi-gawa to su beku; ke wa, hake, fude nado
wo sei suru ni mochiimasu.

Chôrui (2) wa, tamago, mata niku no ajiwai,
bi naru mono, ôku; shokubutsu wo sokonau warui

---

(1) *Bachiruren*, bactéries ou bacilles.
(2) *Chôrui*, ou *tori no rui*.

mushi wo kuimasu. Koto ni, sono ke-iro, koe no yoki koto wa, hito no mimi, me wo yorokobashimasu.

Uwo rui wa, tabe-mono ni sonaete, hito no konomu mono de; mata ta-hata no koyashi ni mochiimasu.

Hachu (1) rui wa, mizu, riku tomo ni inochi wo tamotsu mono de, kame, gama, hebi nado wo iimasu. Kono rui wa, shokubutsu wo sokonau mushi wo kuimasu ga, — hebi wa, doku wo motte oru kara, mama hito wo gai suru koto ga arimasu.

Musekizui dôbutsu no naka de, mottomo yô ni tatsu mono wa, kaiko to mitsu-bachi de arimasu. Kaiko wa, kinu-ito wo haki; mitsu-bachi wa, mitsu wo kamoshimasu. *

(Extrait de *Futsû gaku enzetsu bijihô*, page 56.)

2

LES VÉGÉTAUX.

Sate, komban wa, shokubutsu no o hanashi wo itashimasu.

Sono shokubutsu to môsu mono wa, nani wo sasu ka? to môsu ni, — mina san no go zonji no sômoku yori, take, kinoko, mo koke, nado chi no naka ni shôzuru mono wo, nabete sômoku to môshimasu. Zentai shokubutsu to iu mono wa, makoto ni kimyô de, chotto mita tokoro de wa, ikite oru yara shinda mono yara, ikkô ni waka-

---

(1) *Hachu*, ou *hau mushi*, les reptiles.

* Pour compléter le discours qui précède, nous donnons à la fin de ce volume un tableau synoptique des principales divisions du règne animal.

rimasen. Saredo, harusaki ni natte, kô-en ya nobe ni sampo itashimasuru to, mina ao-ao to waba-ba wo shôjimashite, aruiwa kirei na hana ga saki-masu. Kore wo kangaete mimasu to, ishi ya kane no yô ni shibutsu (1) de nai koto ga wakarimasu. Jitsu ni shokubutsu wa, shibutsu de wa arimasen : mattaku iki-mono de arimasu. Sore yue ni, dô-butsu to tomo ni, kore wo yûkitai (2) to môshi ; kin-seki no gotoki, mukitai to kubetsu itashimasu. Shikashi, shokubutsu wa, dôbutsu no gotoku, mo-no wo shiri, koto wo satoru no chikara ga nakute, motoyori kuchi wo kiitari, undô wo shitari suru koto wa dekimasen. Moshi dekitara, taihen de arimasu. Sore koso niwa no matsu no ki ga, samui to iûte, zashiki ye agattari ; bonsai (3) no ume ga, taikutsu na tote, kô-en ni asobi ni de-kaketari shite, totemo ningen no chikara ni wa, dô suru koto mo dekimasen ga, — kakaru koto no nai no wa, mazu shiawase de arimasu. Saredo, shoku-butsu mo, hibi ni tabe-mono ni yorite, seikwatsu suru koto wa, mata dôbutsu to onaji koto de ari-masu. Sono ikani shite, tabe-mono ni yorite, sei-kwatsu suru ka ? to môsu ni, — kore wa mazu, sho-kubutsu no kanjin naru bubun, sunawachi, ne, ha, hana tô no koto wo gairyaku o hanashi itasana-kereba, wakarimasen.

Sono ne wa, mina san mo go shôchi no gotoku, shokubutsu wo shite, chi no naka ni kut-tsuka-seru mono de arimasu ga, — yoku yoku sono tori-shirabe wo itashimasuru to, naka-naka sore-shiki

____

(1) *Shibutsu*, corps morts.
(2) *Yûkitai*, corps organisés ; *mukitai*, corps non organisés.
(3) *Bonsai*, ou *ucki-bachi*, un pot à fleurs.

no (1) yô bakari de wa arimasen. Zentai shokubutsu no ne wa, mina hito taba no suji de arimashite, kore wo sen-i to môshimasu. Kô môseba, mina san no naka ni, "Nani daikon ya kabu wa, sô de nai?" to nai-nai o kangae nasaru ka mo shiremasen ga,— kesshite sô de wa arimasen. Daikon ya kabu ni mo, oya-ne wa, naruhodo futokeredomo, sore ni mata musû no ke no yô na sen-i ga tsuite orimasu.

Sate, sono sen-i ni, ika naru myô-yô ga aru ka? to môsu ni, — kore koso shokubutsu no mottomo hitsuyô na kikwan (2) de, sen-i no saki ni wa, kotogotoku kuchi ga arimashite, sore yori tsune ni chi no naka no tabe-mono wo sui-tori; kore wo tainai (3) ni okuri; ha ya hana ya tane nado no sho-bubun wo shôzuru no tasuke to shimasu.

Saredomo, shokubutsu wa, ne ni yorite, shoku-motsu wo sû bakari de wa naku, mata ha yori mo, kore wo sui-komimasu. Ha mo, sakurasô, tampopo no gotoki kusa no rui wa, ne-moto yori tadachi ni shôjimasu ga, — wata ya asa no gotoki wa, ne to ha to no aida ni, mata hitotsu no mono ga de-kimasu: sore wo kuki to môshimasu. Sugi, ma-tsu, hinoki no gotoki jumoku no kuki wa, kore wo miki to tonae; hijô ni dai naru mono mo dekite, naka ni wa, mi kakae ijô ni itaru mo arimasu. Sono miki ga wakarete, kore wo eda to môshi; sono saki ni atsumatte, usuppera naru mono wa, sunawachi ha de arimasu.

Ha wa, taitei midori-iro ni shite, yôhen (4) to

―――――

(1) *Sore-shiki no,* de cette sorte.
(2) *Kikwan,* organe.
(3) *Tainai,* ou *karada no uchi.*
(4) *Yôhen,* ou *ha no hira,* face ou page de la feuille ; *yôhei,* ou *ha no e,* pétiole ou queue de la feuille.

yôhei to môsu ni bu yori nari-tachimasu. Sono katachi wa, iro-iro arimashite, daen naru mo, maruki mo, nokogiri-ha naru mo gozaimashite, ichi yô de wa arimasen. Saredo, mina, shokubutsu ga, kore yori tabe-mono wo kyûshû suru (1) koto wa, onaji koto de animasu.

Sate, sono ha no kyûshû suru tabe-mono wa, nan de aru ka? to môsu ni, — kore zo, ware-ware dôbutsu ga, taigwai (2) ni fuki-dasu tokoro no fuketsu no kûki de; nao sono ha no hataraki wa, ware-ware no kyûnyû (3) ni teki suru junsui no kûki wo haki-dashimasu. — Kore de, ne to ha no koto wa, taigai o wakari ni narimashita de arimashô. Saredo, kore yori susunde, hana no koto wa, o hanashi itashimasu.

Shokubutsu no hana wa, sono iro airashiku ; sono nioi mo mata, tanoshiki mono de arimasu. Sono katachi wa, hanahada shurui ôku; nao ha no sama-zama naru to ippan (4) de arimasu. Ima, koko ni wa, te-jikaki tokoro no yuri no hana wo rei to shite, sono kôzô (5) wo môshimasu. Yuri no tsubomi wo totte mimasu to, sono hanshin (6) wa, midori iro no gwaihi wo kabutte orimasu : kore wa gaku (7) to tonaemashite, shoha wo hôgo suru (8)

---

(1) *Kyûshû suru,* pour *sui-toru,* absorber.
(2) *Taigwai,* c. à-d. *karada no soto.*
(3) *Kyûnyû,* ou *sui-ire,* absorption.
(4) *Ippan,* pour *onaji koto.*
(5) *Kôzô,* ou *kamae-zukuri,* agencement, disposition des parties.
(6) *Hanshin,* moitié du corps.—*Gwaihi,* ou *soto no kawa,* enveloppe extérieure.
(7) *Gaku,* le calice d'une fleur.
(8) ... *hôgo suru,* protéger les premières feuilles.—*Wa-nari,* en forme de cercle.

mono de arimasu. Sono yaya hiraita wo mimasuru
to, wa-nari ni iku hen ka no aka iro, aruiwa shiro
iro naru mono yori, nari-tatsu koto ga shiremasu.
Sono rimpen (1) wo nazukete, kwakan to môshi;
ono-ono ippen wo, kwaben to nazukemasu. Hana
no yôyaku oyuru (2) toki wa, kwaben kotogotoku
ochi-chirimashite, chûshin no tokoro ni, komakaki
ito no yô na mono wo mimasu. Sô shite, sono saki
ni wa, shôbô (3) wo itadaki, tsûrei wa ki iro no ko
wo fukunde orimasu. Sono ko wa, kore kwafun
to môshi; sono shôbô to ito yô na mono to wo awa-
sete, yûzui (4) to tonaemasu. Nao sono naka ni,
yûzui yori wa, nagaki ito yô na mono no, ko-tama
no tsuite, chokuritsu suru wo mimasu: kore wo
shizui to iimasu. Sono shita ni wa, shibô to iûte,
shushi (5) ga jûman shite, hito kago no ko-tamago
wo miru yô de arimasu.

Ijô, mina hana ni tsuite no kikwan ni itashima-
shite, sono naka ni yûzui shizui no ni kikwan wa,
shokubutsu wo hanshoku seshimuru ni, hitsuyô no
dôgu de arimasu. — Kore yori shokubutsu ni tsuite
no kôyô (6) wo o hanashi itashimasu.

Shokubutsu no naka ni mo, hana no saku mono
to hana no sakanu mono to ga gozaimasu. Kô

---

(1) *Rimpen*, cercle formé de plusieurs morceaux, c.-à-d. de
plusieurs pétales.— *Kwakan*, corolle. — *Kwaben*, pétale.

(2) *Oyuru*, présent de *oi*, devenir vieux, c.-à-d. se faner.

(3) *Shôbô*, ou *chiisana fukuro*. — *Ko*, poudre. — *Kwafun*,
pollen.

(4) *Yûzui*, étamines. — *Shizui*, pistil. L'auteur entend ici
par *shizui* plutôt le style, et le stigmate qui le termine; j'ai
préféré traduire par le mot plus général de pistil. — *Shibô*,
ovaire.

(5) *Shushi*, ou *tane*.

(6) *Kôyô*, usage.

môseba, mina san : '' Hana no nai shokubutsu to
wa, ichijiku ka?'' to oboshimesu ka mo shiremasen
ga, — kesshite sayô de wa arimasen. Naruhodo,
ichijiku wa, soto ni hana wa arimasen ga, kwa-
chû 1() ni wa, musû no komakaki hana ga arimasu.
Sareba, hana no nai to iu mono wa, nan de aru
ka? to môsu ni, — kore wa, warabi, koke, kinoko
no rui, oyobi kaisô nado de arimasu. Jitsu ni
kaisô no hana wa, tare mo mita mono wa arimasen.

Koko ni itarimashite, shokubutsu ni wa, hana
no aru to hana no nai to ga wakarimashô. Sono
hana no aru mono, sunawachi kaku-shu no kwabo-
ku, oyobi kokumotsu no rui, mata iro-iro na kusa-
bana nado, sono ta den-en san-rin (2) tô ni aru
kaku-shu no sômoku wo yûkwa-shokubutsu (3)
to tonaete; kano hana no nai, warabi, koke, kinoko,
kaisô, narabi ni mizo ya mizu-damari ni shôzuru
midori iro no doro no gotoki mono nado wo, mukwa-
shokubutsu to môshite, mae no yûkwa-shokubutsu
to, dai kubetsu itashimasu.

Mata, ware-ware no tsune ni mottomo hitsuyô
naru wa, yûkwa-shokubutsu no naka ni arimashite,
sono tada ni fuketsu na kûki wo seiketsu ni shite
kureru bakari de naku, jitsu ni ware-ware no hibi
ni mochiiru, in-shoku, ifuku, oyobi kaoku tô no
zairyô wa, taitei kono shokubutsu kara tori-mochi-
imasu. Ima rei wo agete môshimasureba, dai ichi
ni nichi-nichi no shokuryô to suru, kome, mugi yo-
ri, dai-zu (4), shô-zu nado no kokurui kara, nomi-

---

(1) *Kwachu*, dans le fruit.
(2) *Den-en san-rin*, rizières et jardins, montagnes et forêts.
(3) *Yûkwa-shokubutsu*, phanérogames ; *mukwa-shokubutsu*,
cryptogames.
(4) *Dai-zu shô-zu*, grands et petits pois.

mono to suru, cha, *kofi* no gotoki, sono hoka, daikon, ninjin, kabu nado ni itarite wa, ne mo, hana mo tomo ni shokuryô ni itashi; nao jagatara-imo, satsuma-imo no gotoki wa, sono ne wo shoku shi; na no rui wa, ha wo shoku shi; shingiku wa, hana wo shoku shi; fuki wa, kuki wo shoku suru nado, sono shu no kazu wa, ikubaku naru ka shiremasen. Sareba, ijô no shokubutsu wa, taitei niru ka shiozuke to suru wo tsûrei to itashimasu ga, — budô, kaki, mikan, nashi, ichijiku, biwa nado kudamono no rui wa, nama de shoku shi; sono atarashiki mono wa, ajiwai mo yoku, saijô no tabe-mono de arimasu.

Mata ifuku to suru shokubutsu no mottomo omo na mono wa, wata to asa no rui de arimashite, sono wata wa, shibô chû ni dekiru memmô (1) tote, ki-wata wo hôseki shite, ito wo tsukuri; mata asa wa, sono kuki ni tsuite oru kawa wo sarashi, sei shite, sen-i, sunawachi o wo totte, tomo ni nuno wo ori; shuju no kimono ya kaya nado wo shi-tatemasu.

Sore kara, kaoku nado ni yûyô naru shokubutsu wa, sugi, hinoki, matsu, momi, kashi, keyaki, kiri nado sono shurui wa, takusan arimasu ga, — mina, ie, hashi, kigu wo tsukuru ni mochiimasu. Sono hoka, kwa, ichibi, nara tô wa, sono ha wo motte, kaiko wo yashinau no ryô to nasu nado shokubutsu no kôyô wa, hanahada hiroku itashimashite, ichi ichi ni, koko ni wa, age-kiremasen (2).

Korera no jumoku ni mo, sono miki no hijô ni chôtai to naru mono to, ne-moto yori tadachi ni

---

(1·) *Memmô*, ou *wata no ke*. — *Ki-wata*, coton brut.
(2) *Age-kiremasen*, pour *môshi-ageru koto ga dekimasen*.

eda wo shôjite, sahodo ôkiku naranu mono to ga arimasu. Kano matsu, sugi nado no rui wa, sûjô ni itaru miki mo dekimashite, korera wo kyôbo-ku (1) to môshi; cha, hagi no gotoki sûshaku ni suginu mono wo, kamboku to iimasu. Mata budô no gotoki tsuru ni naru ki wo, mansei no jumoku to môshimasu. Subete kyôboku kamboku wo to-wazu, fuyu ni natte, ha no ochiru mono to, nenchû ao-ha wo tamotsu mono to ga arimashite,—sono ha no ochiru ki wo, fuyu kare-gi to môshi; ha no ochi-nu ki wo, tokiwa-gi to yobimasu. Nao sono hoka ni, ichi nen kiri de, ne no kareru shokubutsu wo, ichi nen shokubutsu to môshite, asa-gao no gotoki wo iimasu. Mata, suisen no gotoku, taete ne no kareru koto naki shokubutsu wo, shuku-kon (2) shoku-butsu to tonaemasu. Hikkyô korera no tonae wa, moto shokubutsu gakusha ga, sono kenkyû ni benri naru yô ni, mottomo nite oru shokubutsu kara, ruj wo wakachi, kwa wo môke, nao shu wo atsume-te, roku man ijô ni kubetsu shita mono de arimasu. — Mata kono tsuide ni, shokubutsu no tane no koto wo, o hanashi itashimashô.

Tane to môsu mono wa, dôrui no shokubutsu wo hanshoku seshimuru mono de, saisho kwafun no kôsetsu ni yotte, sei-iku itashimasu. So wo ikan? to môshimasu ni, — kano yûzui no saki ni shôzuru kwafun wo, chô, hachi nado no ha-mushi (3) ga, sono karada ni tsukete, mata ta no hana ni tomari, sono shizui ni kore wo utsushimasu. Jitsu ni, sore

---

(1) *Kyôboku*, arbres; *kamboku*, arbustes. — *Mansei no ju-moku*, plantes qui s'étendent, c.-à.d. plantes grimpantes.

(2) *Shuku-kon*, racine perpétuelle, ou vivace.

(3) *Ha-mushi*, ou *ha no aru mushi*, insectes ailés.

no tame ni, sono shushi ga juku shi, zenryô no tane to narimasu. Mata sono shushi to tomo ni, dandan fukure-agaru mono ga arimasu : kore wo kwajitsu (1) to môshi; kubun shite, gwaihi, shushi no ni bu to itashimasu. Nashi, su-momo no rui wa, gwaihi no nikubun wo shoku shi (2); kurumi, kuri no rui wa, sono shushi wo shoku shimasu. Shushi wa, kore wo jin (3) to yobimashite, chi no naka ni okeba, dôshu no shokubutsu wo shôjimasu. Jitsu ni kore Zôkwa no myô ni itashimashite, subete shokubutsu wo hanshoku seshimen ga tame de arimasu. Sono tane wo shôzuru mottomo ôki wa, *tabako* de arimashite, hito kabu ni oite, san jû roku man tsubu mo dekiru to môshi; keshi mo, nao ikkon ni, san man go sen tsubu no tane ga dekimashite, moshi kore wo kotogotoku maite seichô sasereba, go nen de chikyû-jô keshi-batake ni naru to môshimasu. Nan to! odoroku beki koto de wa arimasen ka?

Nao, hana, mi, ha, kuki nado no naibu ni tsuite, iro-iro no o hanashi ga arimasu ga, — naka-naka, ni san ya gurai de, môshi-tsukusemasen. Korera no koto wo, mina san ga, shokubutsu seiri to iu gakumon wo osamete, jûbun go ryôkai nasaimashô to zonjimasu.

(Extrait de *Go jü ya mono-gatari*, page 279.)

---

(1) *Kwajitsu*, le fruit.
(2) ...*shoku shi*, on mange la partie charnue du fruit, qui constitue l'enveloppe du noyau.
(3) *Jin*, cotylédon.

3

LES MINÉRAUX.

Kôbutsu to iu wa, kane, ishi, tsuchi, mizu no gotoku, shi-sei ei-ko (1) no kawari naki mono no tonae de arimashite, sore wo wakete miru to, kotai (2), ekitai, kitai no mitsu to narimasu. Kore sunawachi, kotai to wa, kane, ishi, tsuchi, hai no gotoku, katamatta mono wo ii; kitai to wa, mizu, sake, abura, su no gotoku, nagare-ugoki yasui mono wo ii; kitai to wa, kûki, jôki, suiso *gasu* no gotoku, hiromari-chiri yasui mono wo iimasu. Koto ni, kotai ni zoku suru kôbutsu no naka de, rokumen, hachi-men nado ichi ni sadamatta hô ni shitagau no wa atte, sadamari no katachi wo arawasu mono to, sadamari no katachi wo arawasanu mono to no futatsu ni wakaremasu. Sadamari no katachi wo arawasu mono wo, kesshôtai to ii; sadamari no katachi wo arawasanu mono wo, mukeitai to iimasu.

Ijô wa, katachi ni tsuite, nobeta no de arimasu ga, — kotai, ekitai, kitai no san tai wa, tada kôbutsu no jôtai bakari de naku, ten chi no aida ni aru subete no buttai wo, kono san tai ni wakatsu mono de arimasu. Mata oyoso kôbutsu ni zoku suru mono wa, sono kazu wa kiwamete ôku arimasu keredomo, kore wo kinzoku (3), hikinzoku no ni rui ni taibetsu shimasu. Kore sunawachi, kinzoku to wa, kin, gin, dô, tetsu no rui wo ii; hikinzoku to wa, suna, ishi, tsuchi, hai no rui wo

---

(1) *Shi-sei ei-ko*, mort et vie, floraison et décrépitude.
(2) *Kotai*, corps solides; *ekitai*, corps liquides; *kitai*, corps gazeux.
(3) *Kinzoku*, métaux: *hikinzoku*, métalloïdes.

iimasu. — Kore yori kanjin no kinzoku ni tsuite, isasaka nobemashô.

Ôgon wa, mata kin to mo ii; kichi (1) wa, yawaraka de, azayaka no ki iro de arimasu. Kwahei, tokei, yubiwa wo hajime, sono ta iro-iro no kazari-dôgu ni mochiimasu. Koto ni nobashi-yasui sei-shitsu no mono de arimasu kara, kore de kimpaku kinshi wo sei shimasu. Sado no Aikawa, Tajima no Ikuno kara deru no wa, mottomo nadakaku arimasu. — Gin wa, seishitsu wa ôgon yori yaya ka-taku shite, shiro iro de arimasu. Tajima no Ikuno, Ugo no Innai, Iwashiro no Handa ni san suru no wa, mottomo nadakaku arimasu. — Tetsu wa, sei-shitsu wa kataku shite, moto no iro wa, hai-jiro naredomo, kûki ni hisashiku arashi-arawaseba, yô-yaku sabite, kuro cha-iro ni kawarimasu. Tetsu wa, kinzoku chû de, mottomo hito no yô suru mono de arimasu. Waga kuni de, san suru tokoro ôku arimasu keredomo, kôzan kara hori-toru kasa wa, mainichi no yô ni sonaeru ni tarimasen. — Dô wa, tetsu ni kurabereba, seishitsu wa yawaraka de, aka cha-iro wo obite arimasu. Kwahei, dôhan yori moro-moro no utsuwa ni itaru made, yoku mochiiru koto, tetsu bakari ni tsugimasu. Ugo no Ani, Rikuchû no Osaruzawa, Shimotsuke no Asuo, Iyo no Besshi wa, mottomo dô no deru tokoro de ari-masu. — Suigin wa, ekitai no kinzoku de, gin-iro de arimasu. Kan-dankei, sei-ukei wo hajime, moro-moro no gijutsu (2) seiyaku nado ni mochii; mata, suzu ni awashite, *garasu*-kagami no ura ni nurima-

---

(1) *Kichi*, ou *tachi*, nature.
(2) *Gijutsu*, arts.

su.—Namari wa, seishitsu yawaraka ni shite, ao shiro iro wo obi; teppôdama ni mochiiru koto ôku; sono ta furi-sage (1), mizu-hiki, kuda nado wo tsukuru ni mochiimasu. — Totan wa, moto ao jiro iro de arimasu keredomo, kûki ni sarashite arawaseba, hai-jiro iro ni kawarimasu. Kore de, yane-ôi, toi nado wo tsukurimasu. — Suzu wa, seishitsu wa yawaraka de, iro wa tsuya namari ni nite imasu. Cha-dôgu, matawa kuimono-utsuwa nado ni sei suru koto, sukunaku arimasen.

Mata ijô shimeshita futa iro no kinzoku kôbutsu wo tokashite awashitaru mono wo, gôkin (2) to tonaemasu. Gôkin no naka de, yô no ôki wa, shinchû, kara-gane, yôgin, *arumi* nado de arimasu. — Shinchû wa, dô ni totan wo awashite, tsukuri; kara-gane wa, dô ni suzu wo awashite, tsukuri; yôgin wa, dô to totan to *nikeru* no gôkin de, *arumi* wa, dô to *aruminium* no gôkin de arimasu. — Kore yori kanjin no hikinzoku ni tsuite, isasaka nobemashô.

Kongôseki wa, junsui no tanso yori nari-tachi; sono seishitsu wa, bambutsu no uchi de, mottomo katai mono de, kano *garasu* wo kiru ni mochiimasu; kore wo migakeba, zuibun hikaru mono de, atae wa takaku shite, ôkô (3) no kazari-mono ni mochiiru no de arimasu. — Sekiboku wa, kichi yawaraka ni shite, namari-iro wo obi; empitsu no shin wo sei suru ni mochiimasu.

Sekitan wa, mukashi no shokubutsu ga chi no naka ni uzumari, kwaseki shitaru mono de, iro kuroku shite, sono seishitsu wa moe yasui mono

---

(1) *Furi-sage*, un pendule.
(2) *Gôkin*, alliage.
(3) *Ôkô*, rois et princes.

de arimasu kara, taki-mono ni sonae; aruiwa *gasu* wo sei shite, hi wo toboshimasu. — Sekiyu wa, e-kitai ni zoku suru mono de, sono seishitsu wa, moe yasui mono de arimasu kara, tomoshibi ni mochiimasu. — Kohaku wa, yani no hisashiku chi no naka ni uzumari, henkwa shita mono de, mama ko-mushi wo naka ni osamuru koto ga arimasu (1). *Paipu* no sui-kuchi wo hajime, iro-iro no kazari-shina ni sei shimasu. — Iwô wa, usu ki iro de, seishitsu moroku shite, moe yasuku arimasu kara, kwayaku, matawa kusuri ni mochiimasu. — Dairi-seki (2) wa, seishitsu wa yaya yawaraka ni shite, shiro iro de arimasu ga, aka, kuro, cha-iro nado no mono mo arimasu. Ie, hashi ni mochii; tôrô, mizu-bachi nado ni tsukurimasu. — Sekikwaiseki wa, dairiseki to onajiku dôbutsu no hone yori kwa-seki shita mono de, yaite ishibai wo sei shimasu. — Seki-yei wa, kesshô shite, suki-tôri no mono wo, suishô to ii; katachi sadamarazu, hikari tsuya rô no gotoki mono wo, gyokuzui to ii; aka iro no mono wo, menô to iimasu. Izure mo, seishitsu kataku, iro-iro no kazari-dôgu ni mochii; somatsu na mono wo, garasu, rengwa-seki ni sei shimasu. — Kwakôseki wa, shiro iro de, kuro iro no ten ari-masu. Seishitsu kataku shite, kenchiku no zai ni mochiimasu. — Tôdo wa, atarimae shiro iro de ari-masuredo, mata, ki, aka, ao iro nado wo obiru mono mo arimasu, Tôki wo sei suru ni mochi-imasu. — Shoku-en (3), iro shiroku, seishitsu mo-

---

(1)... *koto ga arimasu*, il arrive souvent que cette substance renferme de petits insectes (pétrifiés).

(2) *Dairiseki*, calcaire. — *Sekikwaiseki*, pierre à chaux.

(3) *Shoku-en*, sel de cuisine.

roku, umi-mizu wo nite, sei shimasu ga, mata yama yori izuru mono mo arimasu. Kui-mono no aji wo totonoeru no hoka, mada mochii-kata wa, takusan arimasu.

(Extrait de *Futsù gaku enzetsu biji-hô*, page 22.)

LEÇON II.

I

L'HISTOIRE.

Shokun, watakushi wa, ima rekishi to iu koto ni tsuite, sukoshi o hanashi wo itashimashô.

Sate, o tagai no ie wa, kyô ni hajimatta mono ka? to iu ni, — kesshite sayô de wa arimasen. A-tarashiki mo, sû jû nen; furuki wa, sû hyaku nen no izen ni hajimatte, sû dai, matawa sû jû dai no aida, tsuzuite kita de arimashô. Sarebá, senzo yori o tagai no toki made ni wa, sakan na koto mo ari; otoroetaru koto mo ari; ka-un no arisama, iro-iro to natta de arimashô: korera no koto wa, ie no enkaku to môshimasu. O tagai no ie wa, chichi haha ga, chô (1) to natte, o tagai hajime, kazoku wo yashinai; hiboku (2) wo tsukôte, kagyô wo itashimasu: kore wo, ie no seiji to môshimasu. Mata, o tagai no ie wa, Nihon-zukuri no mono ga areba, Seiyô-zukuri no mono ga ari; fuku wa, wa-fuku wo tsuketaru mono ga areba, yôfuku wo tsu-ketaru mono ga arimasu: korera wo, fûzoku to mô-shimasu.

---

(1) *Chô*, ou *kashira*.
(2) *Hiboku*, ou *genan, gejo*, les domestiques,

Sokode, ijô nobemashita koto wo subete tonae-
reba, nan to môshite yoroshû gozaimashô ka? —
sunawachi kore, ie no rekishi de arimasu. Ie wo
atsumete, shi-chô-son to shi; shi-chô-son wo awa-
sete, gun to shi; gun wo subete (1), kuni to shi-
masu. Desu kara, shi-chô-son ni wa, shi-chô-son
no rekishi ari; kôri, kuni ni wa, kôri, kuni no
rekishi aru wa, atarimae no koto de arimasu. Sare-
domo, ie, shi, chô, son, kôri no koto wa, semaku
chiisai kotogara de arimasu kara, ikkwa no ga-
kumon to shite, kôji-kiwameru ni wa, ikkoku no
rekishi wo motte shimasu. Ikkoku no rekishi wa,
kuni wo tateta arisama yori, yo-yo no enkaku,
seisui, seitai, fûzoku nado wo tokitaru mono de
arimasu. Sekai wa hiroku, kuni wo nashitaru to-
koro, ôshi; sareba, sekai no kuni-guni ni wa, mina
rekishi to iu mono arimasu ga, — jibun no sunde
oru kuni no arisama wo shitta nochi, ta no kuni-
guni no arisama wo ukagau wa, rekishi-gaku no
junjo de arimasu kara, kono enzetsu-kwai ni oite,
waga kuni, sunawachi Nihon no rekishi nomi wo
nobemasu.

Shokun yo! shokun wa, kono enzetsu-kwai ni
oite, waga Nihon koku no hajimari yori konnichi
ni itaru made no arisama wo shiri, motte tada ni
isshin ikka 2 no koto ni tsutomuru nomi narazu,
Tennô heika ni taishi, Nihon koku ni taishi, iwa-
yuru yamato-damashii to iu chûyû (3) no ki wo fu-
rûte, kokoro wo kudaki, hone wo ko ni shite,
tsukusu tokoro araneba narimasen. Hatashite shi-

---

(1) *Subete*, de *sube, ru*, réunir.
(2) *Isshin ikka*, pour *hitotsu no mi, hitotsu no ie*.
(3) *Chûyû*, loyauté et bravoure.

karaba, koi-negawakuwa Dai Nihon teikoku no shimmin taru ni somukazaran ka to zonjimasu (1).

(Extrait de *Rekishi enzetsu biji-hô*, page 16.)

<hr>

2

Vue d'ensemble du Japon.

Nihon wa, ware-ware no sumu kuni de, kami ni, bansei ikkei (2) no Tennô heika shiroshimeshi tamai; shimo ni, chûgi zenryô no shimmin, shi sen man atte, — kikô wa yoku, bussan wa ôku, jitsu ni sekai ni tagui naki kunigara de arimasu. Ware-ware ga, kono kuni ni umareta wa, saiwai de arimasu.

Sate, Nippon wa, sekai no dono hen ni aru ka? to môsu ni, — Ajia shû no higashi-sumi (3), Tai-heiyô no nishi-kita ni, yotsu no ô-jima to amata no ko-jima to yori nari-tatsu mono de, — nakaba ni aru mottomo ôki na shima wo, Hondo to tonae; sono nishi-minami ni aru futatsu no ô-jima wo, Shikoku, Kyûshû to tonae; sono higashi-kita ni aru hitotsu no ô-jima wo, Hokkaidô to tonaemasu.

Kaku ieba, taigai sono ichi (4) wo wakatta de arimashô ga, — Ajia shû to ka, Taiheiyô to ka wa, dô iu mono de aru to iu koto wo akiraka ni seneba, "*Kutsu wo hedatete, kavuki tokoro wo kaku*" no kanji

<hr>

(1) ... *to zonjimasu*, si nous agissons ainsi, j'ose espérer que nous ne manquerons pas à nos devoirs de citoyens de l'empire Japonais.

(2) *Bansei ikkei*, c.-à-d. *yorozu no yo ni hito suji*, qui remonte, par une ligne d'aïeux ininterrompue pendant dix mille âges, jusqu'à *Jimmu Tennô*.

(3) *Sumi*, coin, angle.

(4) *Ichi*, position.

ga arimasu kara, tsuide ni sekai sôtai no koto wo
aramashi môshimasu.

Somo-somo sekai wa, katachi maruku shite,
daidai no gotoku de, mata mari ni nite arimasu
kara, kore wo chikyû to tonaemasu. Chikyû no
menseki (1) wa, ichi oku ku sen shichi hyaku
man hô-ri de, — hô-ri to wa, ichi ri shihô no koto
de arimasu. Kore wo, mizu to riku to ni wakachi;
riku wa, zentai no shi bu ichi ni sugizu, sono
nokori wa, mina mizu de arimashite, sunawachi
riku wa, go sen sambyaku man hô-ri; mizu wa,
ichi oku shi sen shi hyaku man hô-ri de arimasu.
Kuga wa, Ajia shû, Afurika shû, Yôroppa shû, Mi-
nami-Amerika shû, Kita-Amerika shû, Oseania shû
no roku dai shû ni wakachi; shû no uchi ni, ôku
no kuni ga arimasu. Mizu wo, Taiheiyô, Daiseiyô,
Indoyô, Nanhyôyô, Hokuhyôyô (2) no go dai yô ni
wakachi; yô yori no wakare ga, umi de arimasu.

Mae ni nobemashita gotoku, Nippon wa, shima-
guni de arimasu kara, tochi ga ikutsu ni mo wa-
karete arimasuredo, zenchi wo mireba, nishi-mi-
nami yori naname ni higashi-kita ni yokotawatte,
nagasa oyoso go hyaku yo ri; menseki, ni man
shi sen shichi hyaku ku jû shi hô-ri yo de, — chimi
koe, den-en yoku hirakete arimasu ga, — kwazan
myaku chû (3) ni atte, takaku kewashiki yama-
dake wa tsuranari-watari; kewashiki chi mo suku-
naku arimasen. Sareba, kuni chû ni wa, ô-gawa
nado to iu mono wa nai keredomo, kitsui nagare

---

(1) *Menseki*, superficie.
(2) ... *Hokuhyôyô*, océan Pacifique, océan Atlantique, océan
Indien, océan Glacial antarctique, océan Glacial arctique.
(3) *Myaku chû*, litt. dans les veines. V. au Diction. *sammyaku*.

wa takusan arimasu, Mizu-umi, numa wa, mina keshiki wa yoku; nohara wa, ômune tagaesu ni teki suru ga, — shohô ni misaki to ka, iri-umi ga arimasu kara, mono hakobu ni benri no minato mo, sukunô gozaimasen.

Kuni jû wo Kinai, Tôkaidô, Tôsandô, Hokuri-kudô, Sanindô, Sanyôdô, Nankaidô, Saikaidô, Hokkaidô no ku bu ni taibetsu shi; mata mo kore wo wakatte, hachi jû go koku to shimasu. Kore sunawachi, — Kinai wo, Yamashiro, Yamato, Kawachi, Izumi, Settsu no go koku ni wakachi; — Tôkaidô wo, Iga, Ise, Shima, Owari, Mikawa, Tôtômi, Suruga, Kai, Izu, Sagami, Musashi, Awa, Kazusa, Shimôsa, Hitachi no jû go koku ni wakachi; — Tôsandô wo, Ômi, Mino, Hida, Shinano, Kôzuke, Shimozuke, Iwaki, Iwashiro, Rikuzen, Rikuchû, Mutsu, Uzen, Ugo uo jû san koku ni wakachi; — Hokurikudô wo, Wakasa, Echizen, Kaga, Noto, Etchû, Echigo, Sado no shichi koku ni wakachi; — Sanindô wo, Tamba, Tango, Tajima, Inaba, Hôki, Izumo, Iwami, Oki no hachi koku ni wakachi; — Sanyôdô wo, Harima, Mimasaka, Bizen, Bitchû, Bingo, Aki, Suô, Nagata no hachi koku ni wakachi; — Nankaidô wo, Kii, Awaji, Awa, Sanuki, Iyo, Tosa no roku koku ni wakachi; — Saikaidô wo, Chikuzen, Chikugo, Buzen, Bungo, Hizen, Higo, Hyûga, Ôsumi, Satsuma, Iki, Tsushima, Ryûkyû no jû ni koku ni wakachi; — Hokkaidô wo, Oshima, Shiribeshi, Ishikari, Teshio, Kitami, Iburi, Hidaka, Tokachi, Kushiro, Nemuro, Chishima no jû ikkoku ni wakachimasu. — Mata, kuni wo wakatte, kôri, ichi to shi; kôri, ichi wo wakatte, machi, mura to shimasu.

Kano fu-ken no tonae wa, seiji no tsugô de, tsu-
keta mono de, tadaima wa, kunijû wo, Tôkiô, Ô-
saka, Kyôto no sam-pu to, Kanagawa, Hyôgo, Na-
gasaki, Niigata, Aomori, Yamagata, Akita, Fuku-
shima, Iwate, Miyagi, Nagano, Yamanashi, Gumba,
Tochigi, Ibaraki, Saitama, Chiba, Ishikawa, Fukui,
Toyama, Miye, Aichi, Shizuoka, Shiga, Gifu, Nara,
Wakayama, Ehime, Kagawa, Tokushima, Kôchi,
Okayama, Hiroshima, Tottori, Shimane, Yama-
guchi, Fukuoka, Saga, Ôita, Kumamoto, Miyazaki,
Kagoshima, Okinawa no shi jû san ken to shi;
sono kenchô no chôkwan wo, chiji to tonae; fu-
kenchô no shimo ni aru, kôri, ichi no yakusho no
kashira wo, gunchô, shichô to tonae; mata, sono
shita ni aru, machi, mura no yakuba no kashira
wo, chôchô, sonchô to tonaete, ono-ono sono shita
no jimmin wo shihai shimasu. Mata, kore wo sube-
kukuri suru wa, Naikaku, oyobi shô de arimasu.
Naikaku wa, Tennô heika ga nozomi tamôte, shi-
tashiku matsurigoto wo kiku tokoro de, sôri daijin
to shô no daijin to wo motte, kumi-tatemasu. Shô
wa, Gwaimu, Ôkura, Naimu, Rikugun, Kaigun,
Shihô, Mombu, Nô-shômu, Teishin, Kunai no jû
shô de, — Kunaishô nomi wa, Naikaku no hoka
ni tatte, Tennô heika no o ie ni tsukimasu.

(Extrait de *Futsu gaku enzetsu biji-hô*, page 14.)

3

AGRICULTURE. — INDUSTRIE. — COMMERCE.

Oyoso hito no yo ni seikwatsu sen ni wa, mazu
mina ono-ono mizukara i-shoku-jû tô wo motomuru

ka no katawara (1), gimu to môsu koto wo, kuni no tame ni, itasaneba narimasen, Hayaku môseba, sore-zore no gyô ni atte, sadame no zei wo dashi; matawa chôhei (2) ni ôzuru nado, sunawachi gimu no ichi bubun de arimasu. Korera no koto ni sashi-tsukae naku shite, yo ni jumyô wo tamotte yuku koto wo, sôshô (3) shite, yo-watari, aruiwa kashoku, matawa shokugyô to môshimasu. Sono yo-watari no naka ni mo, iro-iro arimashite, mata sama-zama no na wo tsukemasu ga, — motoyori nôgyô, kôgyô, shôgyô no mitsu no hoka wa arimasen.

Nôgyô to wa, tahata wo tagayashite, kokumotsu, saiso (4) wo tsukuru yori, kwaboku wo uete, kudamono wo idashi; kaiko wo yashinôte, ito wo sei shi; ushi, uma, hitsuji wo katte, kachiku wo tsukuri; uwo wo fukwa (5) sasete, hanshoku seshimuru nado, mina sono mi wo ri suru bakari de naku, ôi ni koku-san wo mashite, yo wo eki suru mono de arimasu. Mata kôgyô to wa, kaoku kyôryô (6) no kenchiku yori, bompyaku (7) no buppin wo seizô, kôsaku shite, hito no juyô ni kyô suru (8) nado wo ii: kore mata kuni wo ri suru mono de arimasu. Shôgyô to wa, nôgyôka no te yori izuru

---

(1) *Katawara*, en même temps que...
(2) *Chôhei*, conscription.
(3) *Sôshô*, dénomination générale.
(4) *Saiso*, légumes.
(5) *Fukwa*, reproduction.
(6) *Kyôryô*, un pont.
(7) *Bompyaku*, cent sortes. — *Kôsaku*, fabrication.
(8) *Juyô ni kyô suru*, fournir aux besoins. *Juyô*, implique le sens de demande, en même temps que celui de besoin. — *Juyôsha* et *kyôkyûsha*, répondent à consommateurs et producteurs, quoique leur sens strict soit : celui qui demande et celui qui fournit.

mono to, kôgyôka no tsukuri-dasu mono to wo kai-
tori; aruiwa tori-tsugite naigwai ni uri-sabaku mono
de, hayaku môseba, juyôsha to kyôkyûsha to no
chûkan ni aru buppin-shûsennin de arimasu. Mata
kore hitsuyô no shokugyôsha de, sono sei-sui wa,
kuni no kô-bô ni mo kakawaru mono de arimasu.
Sô shite, nôgyô wo nasu mono wa, kore wo nôfu
to môshi; kôgyôsha wa, kôjin; shôgyôsha wa, shô-
nin to ii: mina sono uchi ni sama-zama no shurui
ga arimasu ga, — yô suru ni wa, nôfu no tsune ni
hitsuyô to suru tokoro wa, tochi no hi-seki (1) wo
kangaete, sore ni tekitô no shokubutsu wo tsukuru
to, sôjite shushi wo seisen shite, nôgu ni kairyô wo
kuwae; mata kôsaku no ryôhô wo eru to ni ari-
mashite (2), — kôgyô ni wa, jitsuyô ni teki suru
yô ni kufû shite, ranzô (3) wo fusegi; yoku yoku
juyô no taka wo kangae; banji ni seishin wo tsu-
kushite, te-gataki mono wo idasu koto ga, kanyô
de arimasu. Mata shônin wa, mottomo jiki wo
miru koto ga, kinyô de arimashite, hito ni saki-
gakerarenu yô ni (4), kokoro-gakeneba narimasen.
Moshi sono saichi naki toki wa, tsune ni sommô
nomi wo hiki-okoshi; koku-eki wo nasu koto wa
motoyori, ikka wo mo tamotsu koto ga dekima-
sen (5). — Koko ni hitotsu no hanashi ga arimasu.

---

(1) *Hi-seki*, ou *koe-yase*.

(2) *...eru to ni arimashite*, cela consiste, en un mot, à choisir
les graines avec soin, à donner aux instruments de labour les
perfectionnements nécessaires, à suivre une bonne méthode
d'agriculture.

(3) *Ranzô*, c.-à-d. *midari ni tsukuru*. — *Juyô no taka wo
kangae*, calculer la somme des besoins.

(4) *...saki-gakerarenu yô ni*, qu'il s'applique à ne pas se lais-
ser devancer.

(5) *...dekimasen*, si, par manque d'esprit, il n'éprouve que

Aru futari no akiudo ga arimashite, tsune ni
tagai ni ito mutsumashiku tsuki-atte, banji, sôdan
no ue de, koto wo itasu rei (1) desu ga,—aru toki no
koto de, tagai ni kane wo eru no kyôsô wo kokoro-
miyô to, go ka nen wo ki shite, wakaremashita. Shi-
karu ni, kô no akindo wa, kibin (2) no seishitsu
wa atta yue ni, ichi-i ni (3) ie wo shimai; nani chi
ye ka shuppatsu itashimashita ga,—otsu no akindo
wa, chinchaku no sei (4) ga aru kara, kô iu
koto wa omoi mo yorimasezu, hitasura te-gataki
koto wo kangaemashite, kore made shôhô no moto-
de to shite otta kin-yen wo motte, kotogotoku
tetsudô-kabu ya kôsai shôsho (5) wo kai-komi, kore
de son wo suru kizukai wa nashi: "Kô no akindo
no yô ni ayauki koto wo shite wa, tajitsu son wo
maneku koto ga aru beki ga, ware koso risoku wo
tamete, son wo nasu koto wa arumai" to, ito mo
toku-i ni natte orimashita.   Kô no akindo wa,
kanete urushi no juyô ga sakan ni naru to iu koto
wo senken shite orimasu kara, tôhoku no chi ni
itari nôka ni sono baiyô (6) wo susumemashite,
iku bun ka no motode wo mo kashi-atae nado
itashi; tajitsu kore wo yasu-ne ni kai-ireru koto

---

pertes sur pertes, non-seulement il ne pourra procurer l'avan-
tage de son pays, mais encore il ne pourra soutenir sa propre
maison.

(1) *Rei*, ou *tsune*, coutume.
(2) *Kibin*, sagacité.
(3) *Ichi-i ni*, litt.: d'une seule résolution, c.-à-d. sans hé-
siter.
(4) *Chinchaku no sei*, d'un caractère paisible, c.-à-d. peu en-
treprenant.
(5) *Tetsudô-kabu ya kôsai shôsho*, des actions de chemin de
fer, et des obligations du Trésor.
(6) *Baiyô*, culture.

wo kángae; hôbô honsô shite, yoru mo roku-roku
nenai de, hone wo orimashita ga, — kore ni hiki-
kae, otsu no akindo wa, an-itsu ni hi wo okuri,
nen-nen rishi no fueru wo tanoshinde, kurashi;
hisoka ni : " Kô no akindo wa, baka hone-ori shite
oru" to reishô (1) shite orimashita.

Kakute toshi tsuki mo sugi-yukite, haya yo nen
me no haru to narimashita tokoro, kabu-ken ya
kôsai wa shidai ni urite ga ôku natte, dandan to
geraku itashi; ri-eki mo mata, shidai ni usuku na-
rimashite, totemo wazuka bakari wo shoji suru mono
wa, sore nomi de wa, kurasu koto ga dekinai yô ni
narimashita. Kono toki, kano otsu no akindo wa,
ôi ni kôkwai shite: "Kore de wa, naka-naka kô no
akindo ni katsu koto wa mochiron, nochi-nochi
no mikomi mo shinai tote, saki ni takaku katta
kabu-ken wo yasuku uri-haratte, kore wo motode ni
nani ka no yoki shôhô wo..." to iro-iro ki wo
momimasu ga, — tokaku hito no shita ato-ato to
ki-ô (2) no koto nomi wo kangaete itashimasu kara,
itsumo ri-eki ga nakute, tsui ni wa shindai wo
kaimu ni nashi, kano kô no akindo to yakujô no
toki made ni wa, san do no shokuji mo naranu
hinku ni ochi-irimashita.

Shikaru ni, kô no akindô wa, honsô no kai atte,
urushi wa masu-masu sanshutsu ôku nari; juyô wa
iyo-iyo sakan ni narimashite, kaigwai ni dasu koto
mo hijô na taka to narimashita ga, — kô no akindo
wa, saki ni jinryoku no kô aru wo motte, sanka (3)

(1) *Reishô*, un rire froid, c.-à-d. sarcastique.
(2) *Ki-ô* ou *sugi-satta*.
(3) *Sanka*, litt.: les producteurs, c.-à-d. les paysans qui
fournissaient la laque au marchand en question. — *Ka*, se met
pour *sha*, mais dans un sens un peu plus relevé. — *Choku-shu-
shutsu*, exportation directe.

yori amata no urushi wo hitotsu te ni uri-saba-
ki; aruiwa choku-shushutsu suru koto to nari-
mashita kara, ri-eki mo mata bakudai naru koto
de, iyo-iyo otsu no akindo to yakujô shita toki
made ni wa, sû jû man yen no shindai to natta
nomi narazu, ôi ni koku-eki wo nashita kara, kun-
shô made mo itadaku koto to natte, sono meiyo
wo naigwai ni hibikasemashita. Mottomo giki (1)
aru jimbutsu de arimasu kara, otsu no akindo no
fukô wo ki-no-doku ni omoi; motode wo wakete
yatte, banji ni sewa wo itashita to môshimasu.

Kore wa, shôhô wa, jitsu ni senken wa kanyô de,
ki-ô no kangamiru wa, tada chû-i ni todomatte,
jitsu-eki wa arimasen. Kore mata shôhô ni kagi-
razu, nôgyô, kôgyô mo mata jiki wo miru to, kairyô
wo hodokosaneba, ri wo eru koto ga dekimasen.
Sono nani mono de mo, kairyô wo nasu ni wa, dai
ichi ni sono michi michi no gakumon ga hitsuyô
de, kore wo osamenakereba, nanigoto de mo, hito
ni okurete, yoi kufû no dekiru koto wa arimasen.
Jitsu ni kokoro-gaku beki koto wa, yônen no toki
ni, gakugyô wo hagemu koto de arimasu.

(Extrait de *Go jû ya mono-gatari*, page 369.)

LEÇON III.

I

LE CORPS HUMAIN.

Hito no karada wa, hone yori naru mono de,—
hone no kazu, ni hyaku jû ichi arimasu. Hone

---

(1) *Giki*, générosité.

ni tsuranaru wa, kinniku (1) de, — kinniku wa, myakkwan, shinkei tô wo fukunde aru aka iro no suji de, sono kazu shi hyaku yo arimashite, ono-ono tanken (2) to nazukeru shiro iro marui katachi no hoso nawa to natte, jizai ni shinshuku shite, shintai no undô wo tsukasadorimasu. Suji wo wakete, zui-i-kin to fuzui-i-kin (3) no futatsu to shi; zui-i-kin wa, ishiki ni shitagatte, undô suru mono de, te ashi tô no moro-moro no suji de arimashite; fuzui-i-kin, ishiki ni shitagawanu mono de, shinzô, i-no-fu tô no moro-moro no suji de arimasu. Shinkei wa, nôzui to sekizui yori izuru gin iro no suji de, zentai ni shiki-habikori; tsûjô futa iro no hoso suji to natte, ichi wa, gwaibu no moro-moro no kankaku wo nôzui to sekizui ni tsutaeru koto wo tsukasadori; ichi wa, nôzui to sekizui no sashizu wo ukete, shintai no shobu no undô wo tsukasadorimasu.

Nôzui wa, atama no uchi ni atte, futatsu ni wakaremasu: ôkiku shite, mae ni aru no wo, tainô to ii; chiisaku shite, ushiro ni aru no wo, shônô to ii; mata seishin no yadoru tokoro de arimasu (4). Me, mimi, hana, kuchi, hada no go kan wa, nô no sashizu ni shitagai; shinkei ni yotte, ono-ono sono kanji wo nô ni shiraseru koto, denshinki yori mo, sumiyaka de arimasu.

Shokumotsu wo shôkwa suru wa, shokumotsu ga kuchi ni ireba, mazu ha de kami, tsuba ga konjite, nomi-kudashi yasui yawaraka na katamari to

---

(1) *Kinniku*, muscles.
(2) *Tanken*, tendons.
(3) *Zui-i-kin, fuzui-i-kin*, muscles volontaires, muscles involontaires.
(4) *...de arimasu*, c'est encore là que réside le principe vital.

narimasu. So shite, nodo no shoku-kwan (1) wo tôri, hara no i-no-fu ni itareba, i no uchi yori sui aji no shiru wo idashi, shokumotsu wo konarashite, kayu no katachi to shimasu. Mata, chô ni haitte, tan-eki sui-eki (3) tô no shiru to konji, shiro iro chichi no yô na shiru to narimasu. Sara ni nyû-bikwan ni haitte, chi to natte, karada wo yashinai; sô shite, muyô no kasu wa, daishô ni kudari, fun to natte, karada no soto ni dete shimaimasu.

Shinzô wa, mune no mannaka ni atte, yotsu no fusa ni wakare; futatsu wa, ue ni atte, sashinji to yûshinji (3) ni wakare; mô futatsu wa, shita ni atte, sashinshitsu to yûshinshitsu ni wakaremasu. Sashinji wa, chi wo hai yori ukete. sashinshitsu ni oshi-kudashimasu. Mata sashinji to sashinshitsu no aida ni, sôbô-bemmaku (4) ga atte, sono chi no kaeri-nagare wo fusegi, kore wo karada-jû ni okurimasu. Kono toki, yûshinji wa, ittan karada-jû ni junkwan shite, tanso wo fukumu fuketsu na chi wo seimyaku yori ukete, sugu ni yûshinshitsu ni oshi-kudashi; mata yûshinji to yûshinshitsu no aida ni, sansen-bemmaku ga atte, sono chi no kaeri-nagare wo fusegi, kore wo hai ni okuri; koki (5) ni yotte, tansan wo haki; kyûki ni yotte, kûki chû no sanso wo totte, chi wo arata ni shimasu. Mata sara ni sashinji ni okutte, mae ni no-

---

(1) *Nodo no shoku-kwan*, œsophage.
(2) *Tan-eki*, bile; *sui-eki*, suc pancréatique.
(3) *Sashinji, yûshinji*, oreillette gauche et oreillette droite. — *Sashinshitsu, yûshinshitsu*, ventricule gauche et ventricule droit.
(4) *Sôbô-bemmaku*, valvule mitrale. — *Sansen bemmaku*, valvule tricuspide.
(5) *Koki*, expiration; *kyûki*, aspiration. Le composé est *kokyû*, respiration.

bemashita tejun ni shitagatte, itashi; shijû jun-kwan shite, yamimasen.

Kokyû suru kikai wa, hana no ana, nodo no saki, kikwan (1), kikwanshi, haizô de arimashite; ôkaku-maku (2), rokkotsu nado wa mata iki wo tasukemasu. Haizô wa, mune no ryôhô ni ari; kikwan wa, nodo saki yori kudari, wakarete futa e-da to nari; ryôhai ni haitte, futatabi wakarete, musû no ko-eda to narimasu: kore wa, sunawachi kikwanshi de arimasu. Kikwanshi no sue ga, mu-sû no ki-bukuro to nari; ki-bukuro wa, kyûki ni yotte, fukure; koki ni yotte, chijimari; kono ha-taraki de, chi no naka no tansan wo fuki-idashi, kûki chû no sanso wo, sono kawari ni sui-komu mono de arimasu.

(Extrait de *Futsû gaku enzetsu biji-hô*, page 132.)

2

LES CINQ SENS.

Watakushi wa, hito no go kan to iu koto ni tsuite nobemasu kara, shibaraku shizuka ni o kiki wo negaimasu.

Sate, nani wo hito no go kan to iu ya? to môsu ni, —shikan (3), chôkan, kyukan, mikan, shokukan no itsutsu de arimasu: sunawachi, bambutsu no keijô, me kore wo mite, akiraka ni wakatsu wo, shikan to shi; kyôin no hentai (4), mimi kore wo

---

(1) *Kikwan*, trachée-artère ; *kikwanshi*, bronches.

(2) *Ôkaku-maku*, diaphragme ; *rokkotsu*, côtes.

(3) *Shikan*...., la vue, l'ouïe, l'odorat, le goût, le toucher.

(4) *Kyôin no hentai*, ou *hibiki-oto no kawari-arisama*, les différences des sons. — *Buppin no hô-shû*, ou *shinamono no nioi-*

kiite, shiri-wakaru wo, chôkan to shi; buppin no
hô-shû, hana kore wo kaide, shiri-wakaru wo,
kyukan to shi; aji no kan-ku, shita kore wo
ajiwôte, wakachi-shiru wo, mikan to shi; buttai no
dai-shô, kikô no kan-sho, hada kore ni furete,
kanji-wakatsu wo, shokukan to shimasu.

Hito dare ka go kan naki mono wa arimasen.
Sareba, haru, atataka na kikô ni atari, uruwashiki
hana wo nagame, kôbashiki nioi wo kagi, yasashiki
tori no koe wo kiki, aji no yoi mono wo tabe nado
sureba, tachimachi yasashiki omoi wo okoshite,
kokoro ni tanoshimi wo kanjimashô. Aki no hiya.
yaka na kaze ni atari, ko-no-ha no tobi-chiru wo
mi, gan no naki-goe wo kikimasureba, tachimachi
kanashimi no kan wo okoshite, danchô no omoi wo
itashimashô. Guntai (1) no sakan naru wo mi,
rappa no isamashiki wo kikimasureba, tachimachi
buyû no kokoro-zashi ga okori; bukaku (2) no
nikumu beki ni ai, bagen no imu beki ni aimasureba,
tachimachi ikari no omoi wo kizashimashô. Itou be-
ki nigami wo name, shinobi gatai kusami wo kagi-
masureba, tachimachi itoi-nikumi no omoi wo oko-
shi; osoru beki jishin ni ai, odoroku beki kaminari
ni aeba, tachimachi osore no omoi wo okoshimashô.

kusami, l'odeur agréable ou désagréable des corps. — _Kan-ku_,
douceur ou amertume. — _Dai-shô_, ou _ôkii to chiisai_, c.-à-d. di-
mensions. — _Kan-sho_, froid et chaud.

(1) _Guntai_, corps d'armée.
(2) _Bukaku_, ou _anadori-itachi_, contenance railleuse; _bagen_,
ou _nonoshiri-kotoba_, paroles insultantes. — _Nikumu beki ni ai._
Le tour de phrase se rapprochant ici quelque peu du style écrit,
on doit par conséquent en éviter l'emploi en conversation.
Il en est de même pour un grand nombre d'autres tournures,
qui ne se trouvent guère usitées que dans les "_enzetsu_," ou
discours relevés.

Kore ni yotte, kore wo mimasureba, go kan wa, hito no hatsujô (1) wo nakadachi suru bakari de naku, makoto ni chishiki wo mashi-susumemasu. Subete no gakugei ga, hitotsu to shite go kan no hataraki ni yoranu mono wa arimasen. Kano shohan no gakugyô wo hajime to shi, nô-kô-shô no koto ni itaru made, konnichi no sakan wo itashi, yo no hito no kaikwa wo susumemashita wa, kore mina go kan no sakuyô no kekkwa de arimasu.

Hito moshi go kan no hitotsu wo ushinaeba, kore wo katawa to tonaemasu. Sono fujiyû naru koto wa, jitsu ni omoi-yararemasu. Saredo, korera wa nao ta no kikan ni yotte, kore ga daiyô (2) suru koto wo emasu: sunawachi, mekura ni shite, ongaku ni takumi naru mono; tsumbô ni shite, saiku ni hiidetaru mono nado, sono rei sukunaku arimasen. Shikaru ni, seken ni go kan wo mattaku shi nagara, guzu-guzu inochi wo iyashikumo shite, nani hitotsu sugureru koto mo nasanai mono aru wa, makoto ni nagekawashiki no itari de wa arimasen ka? Sekkaku ten yori sazukatta go kan de arimasureba, kore wo yoku mochiite, sugureru koto wo itashitai mono de arimasu.

(Extrait de *Futsû gaku enzetsu biji-hô*, page 27.)

3

L'HYGIÈNE.

Mai-yo, sho-gakushi ga omoshiroi o hanashi itasaremashite, komban wa, watakushi no ban ni ataru to môsu koto de arimasu ga, — sate, sô naru

---

(1) *Hatsujô*, manifestation des émotions de l'âme.
(2) *Daiyô suru*, ou *kawari ni mochiiru koto*.

to, kanete ichiban goku omoshiroi o hanashi wo mộsô to kokoro ni shikumi oita ga, koto mo kyû ni dekinaku natte, — hate na! nani wo o hanashi itasô ka? to arata ni kangae wo okosu yô na koto ni narimashita. Saredo, kono ba-ai to natte, sayô na yûyo mo arimasen kara, omoi-kitte, eisei to iu koto no o hanashi wo itashimasu.

Oyoso ningen ni wa, nani ga ichiban taisetsu naru ka? to môshitaraba, — shokun wa, nan to kotae nasaimasu? Kanarazu seimei de arimashô. Jitsu ni seimei hodo taisetsu na mono wa arimasen. Kotowaza ni mo *"Inochi atte no mono-dane"* to iu de wa arimasen ka? Nani mo suru ni mo, seimei atte nochi no koto nite, seimei ga nakereba, mono-goto no dekiyô dôri wa arimasen. Nanitozo ichi dai jigyô wo okoshite, ichiban mi kuni (1) no dai ri-eki wo hakari; nan de mo tenka ni na wo todo-rokasan to omoi; neru beki jikan mo, nezu ni ben-kyô shite, nao mada nakaba ni itarazu, sono kô (2) wo sô senu uchi ni, waka-jini shite wa, nan no kai mo arimasen. Mata tatoi shi suru ni itarazu to mo, sono karada kyojaku naru toki wa, kokoro ni wa ika hodo dai jigyô wo nasan to kuwadateru mo, kanyô no chikara ga taeru koto ga dekima-sen de, totemo sono nozomi wo tassuru koto wa kanaimasen. Sareba, dai jigyô wo kuwadatete, na wo tenka ni ageyô to omou ni wa, mazu sono karada wo sôken ni shite, chôju wo tamotsu koto wo tsutomeru ga, kanyô de arimasu: sunawachi yôjô wo moppara ni tsutomeneba narimasen.

---

(1) *Mi kuni*, l'auguste pays, c.-à-d. le Japon.

(2) *Kô wo sô suru*, l'équivalent japonais est *isao wo yo ni ageru*, accomplir des actions d'éclat.

Sate, sono yôjô wo suru ni wa, mazu inshoku ga taisetsu de, *Furankirin* no jû ni toku ni mo, dai ichiban ni inshoku wo tsutsushimaneba naranu to iûte aru gotoku, subete no yamai wa, ôku kono inshoku yori okoru mono desu kara, shokuji wo suru ni wa, tsune ni do wo mamotte, sono do wo koenu yô ni kokoro wo mochii; katsu ha to tsuba wa, shokumotsu no shôkwa wo tasukeru mono yue, yoku ha de kami, tsuba wo mazete, shoku suru ga yoroshû gozaimasu. Shigoto no isogashiki hito nado wa, wazuka na jikan wo mo oshimi, sumiyaka ni shokuji wo shimawô to omoimasu kara, sono tabe-kata ga rambô de, roku-roku ni kami-kuda-kazu shite, nomi-kudasu koto ga arimasu ga,—kore wa makoto ni warui koto de, jikan wo oshimu wa, yoi koto de arimasu keredomo, kono tôri karada no gai to narimasu kara, shokuji no aida wa yururi to shite, sono hoka no toki ni benkyô shite, shoku-ji shita jikan wo tori-kaesu ga yoroshû gozaimasu.

Mata inshu no sugite, gai aru koto wa, ima koko ni môsu made mo naku, kanarazu tsutsushimu beki koto de arimasu.

Mata, kûki no ningen ni nakute wa kanawanu koto wa, koko ni te-mijika ni o hanashi shimasu. Kono kûki wa, shizen no ri ni yotte, tsune ni shin-chin daisha shite, shinsen naru mono de arimasu keredomo, toki to shite wa, kusaru koto mo ari; mata warui yamai no doku-ki wo tsutaeru nakada-chi to mo naru koto ga arimasu kara, yoku kore wo fuseganeba narimasen. Moto kûki wa, oyoso sanso-*gasu* ni to, chisso-*gasu* hachi to no wari-ai de, naru mono de arimasu keredomo, haizô ni hairu toki, sono sanso no go bun no ni wa, chi to nat-

te, heru mono desu kara, tansan-*gasu* to iu mono
ga atte, kore wo oginaimasu. Kono tansan-*gasu*
ni wa, dokushitsu (1) wo fukunde ite, haizô wo
idete tôku chiri-sareba, kakubetsu gai wo nash:-
masen keredomo, moshi chiri-sarazu shite, shitsu-
nai (2) ni komoru toki wa, tachimachi sono heya
no kûki wo kusarashite, hito ni ôi ni gai wo a-
taemasu. Mukashi, *Calcuta* no gokuya de, hyaku
shi jû roku nin no toriko ga, ichi ya no uchi ni,
hyaku ni jû san nin shi shite, nokoru ni jû san
nin wa, sono ato netsubyô wo hasshite, mata shi
shita to iu koto ga arimashita ga, — kore wa, sono
gokuya ga, kûki no ryûtsû waruku, ôku no hito
no haizô yori fuki-dashita tansan-*gasu* no doku-ki
ga chiri-saru koto atawazu shite, kono komotte ita
kûki wo iku hen mo kokyû shita tame de arimasu.
Jitsu ni tansan-*gasu* no osoru beki wa sayô de ari-
masu kara, shitsunai wa — iu ni oyobazu — shitsu-
gwai wo mo seiketsu ni sôji shite; kûki no ryûtsû
wo yoku shi; kono doku-ki wo tomenu yô ni tsune
ni chû-i suru ga kanyô de arimasu.

Mata karada wo seiketsu ni suru wa, yôjô no
michi ni oite, kaku bekarazaru koto de arimasu.
Oyoso, karada no naka no amari-mono wa, tsune
ni jôki to nari, kikô (3) wo hette, hifu wo tsutai-
deru mono de, sono seibun (4) wa, mizu no hoka
ni, en-rui to niku-rui no bunshi ga kuwawatte, sui-
bun wa yoku tobi-chirimasu keredomo, en-rui to
niku-rui no bunshi ga, moto kokeitai de arimasu

---

(1) *Dokushitsu*, propriété vénéneuse (c.-à-d. nuisible).
(2) *Shitsunai*, ou *heya no uchi*. — *Shitsugwai*, ou *heya no soto*.
(3) *Kikô*, pores de la peau.
(4) *Seibun*, composition. — *En-rui*, ou *shio-rui*.

kara, suibun no yô ni tobi-chiru koto ga atawanu ni
yori, himen (1) ni todomarimasu. Kore sunawachi
aka ni shite, moshi kore wo arai-sarazaru toki wa,
tsui ni kikô wo fusaide, jôki no hasshutsu wo
samatage, ôi ni shintai ni gai wo ataemasu kara,
tsune ni karada wo arai-kiyomete, aka wo tamenu
yô ni seneba narimasen.

Mata undô wa, kinkotsu wo takumashû shi; sho-
kumotsu no shôkwa wo tasuke; shintai wo futorasu
hitsuyô no waza de arimashite, tsutomete kore wo
okonau ga yoroshû gozaimasu. Saredomo, mono-
goto kanarazu do to iu mono ga arimashite, sono
do wo sugiru toki ni wa, kaette ôi ni gai wo nashi-
masu kara, undô wo suru ni mo, mazu do wo hakat-
te, tekigi ni nasu ga kanyô de arimasu.

Mata suimin wa, tsukareta karada wo yasumern
tame nareba, it-chû ya ni jû yo ji kan ni wa, su-
kunaku to mo, roku ji kan ka hachi ji kan wa,
kanarazu nemuraneba narimasen. Moshi jûbun ni
nemuranai toki wa, ôi ni kenkô wo gai shimasuru
yue ni, nasu beki waza wa, naru beku hiru no aida
ni shite, yoru wa, hayaku nemuru ga yoroshû go-
zaimasu.

Mata nure, aruiwa aka-zuita kimono wa, shintai
no gai to narimasu kara, kanarazu yoku kawaite,
aka-zukazu seiketsu naru wo mochiyuru beki koto
de arimasu.

Sono hoka, hanahadashiku kokoro wo itameru
koto mo, ôi ni kenkô wo gai shite, tsui ni wa shi
ni itarimasu koto ga arimasu kara, tsutomete kore
wo sakeru yô ni itasaneba narimasen. Mata shigoto

---

(1) *Himen*, la surface de la peau. — *Aka*, la crasse.

wo okotaru wa, makoto ni yoku nai koto de arimasu
ga,—sukoshi mo tanoshimi mo sezu, hataraku nomi
de wa, kaette karada no gai to natte, yoroshû
gozaimasen. Tanoshimi wa, utsu wo sanjite, shin-
ki (1) wo kokoroyoku nasashimuru mono de arima-
sureba, mainichi sadame no jikan wo hataraita na-
raba, sono amari wa, onore no konomu koto wo
shite, omoshiroku kokoro wo nagusameru wa, yôjô
no michi ni oite mata kaku bekarazaru koto de
arimasu. Ijô wa tada yôjô-hô no aramashi bakari
nobemashite, jûbun to môsu wake de wa arimasen
ga, — mazu hito tôri wa, kaku no gotoku mi wo
mamotte, yoi koto de arimasu.

(Extrait de *Go jû ya mono-gatari*, page 64.)

LEÇON IV

L'AIR.

Kanete kyôiku-sho wo idasu koto ni nesshin
naru Makino Shobô (2) no shujin arimashite, kondo
kyôiku-dan yakwai wo okoshi, mai-yo kwai-in ga
gakujutsu jô no chindan kiwa wo isseki zutsu
enzetsu wo itashite, kodomo wakamono-ra ni bô-
chô seshimen to no kuwadate ni, shigoku yoi koto
nari tote, sansei suru mono ôku. Tsui ni iyo-iyo
hon-ya wo motte, sono dai ikkwai wo hiraku koto
to narimashite, makoto ni yorokobashii koto de
arimasu.

---

(1) *Shinki*, l'esprit.
(2) *Shobô*, ou *shosai*, librairie. — Le nom du libraire est
Makino zembei. — Le discours qui suit est le premier des
cinquante contenus dans les deux volumes intitulés: *Go jû ya
mono-gatari*.

Watakushi ga, mazu komban, ningen no mottomo
hitsuyô ni shite, byôji mo nakute kanawanu to iu
kûki no o hanashi wo itashimasu. Saredo, wata-
kushi wa, ben ga warukute, hanashi ga heta de,
mina san no o kiki kurushii tokoro mo arimashô
ga, — ko wa, zenza (1) no koto de, nao hanashi no
juku senu koto to, komban dake wa go taichô wo
negaimasu. Sono kawari, myôiban yori wa, sho-
daijin ga, ude, ina! shita wo futte, takusan omoshi-
roi o hanashi wo itasaremasu.

Sate, ningen wa, ika ni shite sei wo tamotte oru
ka? to môsu ni, — mazu dai ichi ni, kûki ni yotte,
seikwatsu itashimasu. Moshi sono kûki nai toki
wa, hito wa – motoyori — kemono mo, tori mo,
mushi mo, sômoku mo, mina yo ni nagaraeru koto
ga dekimasen. Sô shite, ningen, kinjû, sômoku
no kûki ni okeru wa, jitsu ni uwo mizu ni okeru
yô na mono de, tsune ni sui-kondari, fuki-dashitari
shite, inochi wo tamochimasu.

Zentai sono kûki to iu mono wa, donna mono ka?
to iu ni, — moto katachi mo naku, iro mo naku,
nioi mo nai mono de arimasu ga, ware-ware no
sumu chikyûjô ni wa, suki-ma naku jûman shite,
sono atsusa wa, ni jû ri yo ni itaru to môshi-
masu. Saredo, kûki ni yoi to warui to ga arima-
shite, yoi kûki wa, shintai wo yashinaimasuredo,
warui kûki wa, kaette gai ni narimasu. Ittai kûki
to iu mono wa, sanso tote, nani to de mo issho ni
gassureba, tadachi ni moe-yasui seishitsu no aru

---

(1) *Zenza*, séance préliminaire. — *Taichô*, écouter avec pa-
tience. — *Sho-daijin*, litt. tous les grands hommes. Ce sont
des personnages fictifs, qui sont supposés prendre la parole à
tour de rôle.

kwappatsu na mono to, chisso tote, nan de mo tozuru to iu goku nibuki seishitsu no mono to no gasshite, nari-tatsu mono de arimasu. Saredo ichi do kore wo kokyû shite, futatabi fuki-dasu toki wa, taichû ni aru tanso to iu mono to sanso to ga majiri-atte, tansan-*gasu* to iu doku-ki ni henshi; sore ga mata, hoka no kûki to majiri-aimasu. Sono yue, shijû heya no to shôji nado wo shime-kiri, sono naka ni nagaku oru toki, kûki ga dandan waruku natte, taihen ni shintai wo gai shimasu. Kore ni tsuite, hitotsu no hanashi ga arimasu.

Aru toki *Sukoterando* (1) to môsu tokoro de, *Kirisuto* tanjôbi ni ataru kara, ôzei ga, isshitsu ni atsumatte, butô-kwai wo hirakimashita ga, nani-ga-sate samusa no ori nareba, mina, to wo shimete, shûya butô wo itashimashita. Shikaru ni, sono heya wa kiwamete semaku, katsu tenjô mo hikui tokoro ni, chôdô san jû roku nin mo orimashita kara, yokuchô (2) ni narimasu to, sono uchi shichi nin ga, sono warui kûki no tame ni, netsu-byô ni kakari; mata sono uchi, ni nin wa, sokushi shita to môshimasu ga, — jitsu ni osoroshii koto de wa arimasen ka?

Zentai kuchi kara ideru warui kûki wa, suiki wo fukunde ite, atataka de mekata ga karuku arimasú kara, yoi kûki yori wa, ue no hô ni agarimasu. Sono yue, tenjô no hô ni ana de mo areba, soko kara soto ni dete shimaimasuredomo, sa mo nakereba, futatabi hiete shita ni kudari; kaku suru uchi ni, sono heya no naka no kûki wa

---

(1) *Sukoterando,* prononciation japonaise de *Scotland,* l'Ecosse.

(2) *Yokuchô,* ou *tsugi no asa,* le lendemain matin.

taisô waruku natte, tsui ni wa, tadaima o hanashi
môshimashita tôri, hito wo gai suru made ni itari-
masu. Mottomo seiyô-fû no ie wa, taitei mado
no to wo ue to shita ni akeru yô ni itashi; sono ue
no hô wo sukoshi zutsu akete okimasu kara, tsune
ni warui kûki wa shitsunai ni todokôrimasen.
Nihon de mo, mukashi kara, shitsu to shitsu to no
sakai no kamoi no ue ni, ramma to môsu mono
wo tsukuri; suki-bori (1) nado wo kazari-tsukeru
koto ga arimasu ga, yahari kûki no ryûtsû wo
kangaeta mono ka to omoimasu ni, — naka ni wa,
sore ni shôji wo hametari, sôtai ni kami wo hari-
tsumetari (2) shite, nan no yô wo mo nasanai yô
ni itashimasu mono mo arimasu. Saredo yoku yoku
tori-shirabete mimasu to, jissai wa, kô iu kûki no
koto nado ni wa, ikkô tonjaku sezu, mattaku heya
no kazari ni shita mono ka to omowaremasu. Nani
ni itase, shintai no tame ni wa, taisetsu na koto
de arimasu kara, yoku kokoro wo mochiite, ramma
no aru ie nareba, kore wo akete oku yô ni itashi;
sa mo nai ie nareba, shôji no ichiban ue no dan
wo kami wo harazu ni oku nado itasu ga, yô gozai-
masu. Kore ni wa, chotto kangaeru to, samui yô
ni omowaremasu ga, — kesshite sayô de wa arimasen.
Sono shôko ni wa, ni ka (3) no te-shoku wo, kamoi
no tokoro ni ikka to, shikii no tokoro ni ikka
to oite gorôjiro: ue no te-shoku no hi wa, soto
ni mukai; shita no te-shoku no hi wa, uchi ni mu-
katte, moete arimasu. Kore warui kûki wa, ue no

---

(1) *Suki-bori*, des sculptures à jour.
(2) *Hari-tsumetari*, de *hari*, coller, et *tsume*, remplir.
(3) *Ni ka*, deux. (Sur le numéral *ka*, voyez *Hand-book*,
etc. page 96.)

hô ni dete, yoi kûki wa, shita no hô yori, hairu kara de arimasu.

Mata nete oru toki wa, koto ni daiji na mono de, moshi warui kûki nomi sûte oru toki wa, jûbun ni nemuru koto ga dekimasen. Katte aru hito ga, hito ban ni kokyû suru kûki no bunryô wo hakatta koto ga arimasu ga, —hotondo ikken shihô gurai no tokoro de, sukoshi mo yoi kûki wa hairanai toki wa, sono naka ni nete oru hito wa, shi ni itaru to môshimasu. Sono yue, atama kara futon wo kabuttari, kotatsu ni netari nado suru to, gyakujô suru koto ga arimashô. Kore mina warui kûki, sunawachi tansan-gasu no waza de arimasu.

Sono tansan-gasu mo wakete, tanso to sanso to betsu betsu ni itashimasuru toki wa, mata ningen ga kore wo sûte, yashinai to narimasu. Saredo, kore wa naka-naka deki-gatai koto de, tatoeba shio to satô to wo· kongô shite, kore wo wakeyô to suru ni onaji koto de arimasu.

Shikaru ni, koko ni mata myô na mono ga atte, tsune ni sono yaku wo toru koto de arimasu. Kore wo nanzo? to iu ni, —kano sômoku to iu mono wa, sono ao-ba wo motte, tsune ni ware-ware no doku to suru tokoro no tansan-gasu wo sui-tori; sono naka no tanso wo motte, onore no karada wo tsukuri; sanso wo ba fuki-dashite, ningen, sono ta no dôbutsu no kokyû ni yô-date; mata sono tai wo mo, tanso wo hodo yoku sonaete, dôbutsu no shoku ni mo atemasu. Jitsu ni Zôbusha no hataraki wa, fushigi ni shite, mata, myô na mono de arimasu !

Saredo, asaku kangaemasu to : "Sômoku no sukunaku, ningen no ôi tokwai nado de wa, nani

wa kûki wo tsukuri-kaeru de arô?" to omoimasu
ga — yahari sômoku no hoka wa arimasen. Kûki
to môsu mono wa, taezu ryûdô suru mono de, su-
nawachi kore wo, kaze to môshimasu. Tokwai
no warui kûki wa, sanrin nado ni fuki-mairi; mata
ôi naru mori nado de tsukuri-kaeta yoi kûki wa,
tokwai ni fuki-kuru nado, shijû ire-kawarimasu
kara, jumoku no sukunai machi de mo, hito no
kokyû ni sashi-tsukaeru yô na koto wa arimasen
ga, — koko ni hitotsu mina san ni go chûi mô-
shi-oku koto ga arimasu: hoka de mo arimasen
ga, kano warui kûki ni wa, iya na nioi ga tsuite
imasu keredomo, ningen no go kwankaku no uchi,
hana to môsu mono wa, ichiban mono ni nare-
yasui mono de, moshi warui kûki no aru tokoro
ni mairimasu to, hajime wa shûki ga wakarimasu
ga, jiki ni sono nioi ga naku naru yô ni narimasu:
kore mattaku shûki no kieta wake de wa naku,
hana ga nareru kara de arimasu. Yue ni korera
no koto wo, go chûi nasaranai de wa narimasen.

(Extrait de *Go jû ya mono-gatari*, page I.)

2

L'ÉLÉMENT. — L'OXYGÈNE.

Maemotte kwagaku no o hanashi wo itashima-
shita toki, genso no koto wo môshimashita ga, —
nao tsukusazaru tokoro ga arimasu kara, komban
wa sono tsugi wo sukoshi o hanashi môshi, tsu-
zuite sanso no o hanashi wo itashimasu.

Mae ni môshimashita tôri, genso to iu mono wa,
sukoshi mo hoka no mono no majiri nai hitotsu
no mono to môshi; sono futatsu no mono ijô majitte

14

aru mono wo, kwagôbutsu (1) to môshite, suna-
wachi kore wo wakereba, mata iku shu ka no
genso wo eru mono de arimasu. Sono hataraki wo,
busshitsu no henkwa, matawa kwagaku-sayô to
môshimasu. Sono genso ni shurui ga arimasu kara,
kore wo futatsu ni taibetsu shite, kinzoku genso,
hikinzoku genso to itashimasu. Kinzoku genso
to wa, kingin, dô, tetsu no rui wo sashi; hikinzoku
genso to wa, sanso, tanso, iwô no rui wo môshi-
masu. Genso to môsu mono wa, nani hodo bunseki
suru mo, kesshite futatsu no mono to wa naranu
mono de arimasu ga, — tajitsu gakujutsu no ima
yori shimpo suru ni itarimasureba, aruiwa nao wa-
katsu koto ga dekiru ka mo shiremasen. So wo,
ikan? to môsu ni, — mukashi wa, kûki, hi, mizu
no gotoki mono mo, ono-ono hitotsu no genso to
itashite orimashita ga, konnichi de wa, kûki wa,
sanso (2) to chisso no kwagôbutsu da to wakari; .
mata hi wo bunseki sureba, sanso, suiso, kôso,
onso no yotsu no genso to nari; mizu mo mata,
suiso, sanso no kongôbutsu de aru to shiru ni
itarimashita. — So wa, shibaraku oite, kore yori
genso no hitotsu, sunawachi sanso no koto ni tsu-
ki, mata tegaru no shiken wo shi nagara, sono
kwagô-sayô (3) wo mo awasete o hanashi itashi-
mashô.

Sate, sanso to môsu mono wa, kano suiso, chisso
to nado to tomo ni, kwagaku jô de mottomo tai-

---

(1) *Kwagôbutsu*, un composé chimique.

(2) *Sanso*, oxygène; *chisso*, nitrogène ou azote; *suiso*, hy-
drogène; *tanso*, carbone; *tansan-gasu*, gaz acide carbonique;
kôso, ou simplement *kô*, lumière; *onso*, calorique.

(3) *Kwagô-sayô*, combinaison chimique; *kwagaku-sayô*, phé-
nomène chimique.

setsu na mono de arimashite, mata dô-shokubatsu
no kore ni yotte seikwatsu suru wa atarimae no
mono to shite, sanso no sakuyô ni yoranu mono
wa arimasen. Sate, sore ga nan no karada wo so-
naete aru mono ka? to môsu ni, — motoyori iro mo
naku, aji mo noku, nioi mo naku, katachi mo nai
kitai (1) de arimasu kara, miru koto wa dekimasen
ga, — tenchi kan ni wa, takusan ni arimashite,
sono chikyû no meguri ni fuka-fuka (2) shite oru
mono wa, chisso to ai-konjite, kûki to nari; mata
chi ni aru mono wa, kwagô shite, tochi no bun-
ryô hambun wa, sanso de arimasu. Sono ta suiso
to majiri-atte, mizu to nari; dô-shokubutsu chû
ni mo mata kwagô shite takusan haitte orimasu.
Sono sanso no ta no genso to kwagô suru wo,
sankwa (3) to môshimasu. Shite, bambutsu no
sankwa suru toki wa, kanarazu netsu wo okoshi-
mashite, sono tsugi ni hikari wo hasshimasu. Kore
wo nenshô (4) to môshi; tetsu no sabi wo shôji,
sake no su to naru ga gotoki mo, yahari mina san-
kwa de arimasu ga, — sono do ga yuruyaka de ari-
masu kara, sono deru netsu ga sahodo de arimasen.
Saredo, maki, rôsoku nado no moeru wa, sankwa
no mottomo ichijirushiki mono de arimasu kara,
mina san no tsune ni goran nasaru tôri, sono has-
suru netsu ga hanahadashiku gozaimasu.

Sate, migi no sho-butsu ga, doko ni aru sanso to
kwagô suru ka? to môsu ni, — kore zo kûki chû
ni aru sanso de arimasu. Ware-ware ga tsune ni

---

(1) *Kitai*, corps gazeux.
(2) *Fuka-fuka suru*, flotter.
(3) *Sankwa*, oxydation.
(4) *Nenshô*, ou *moe-yaki*, combustion.

mochiyuru (1) sumi wa, moto tanso de arimasu kara, kore wo taku toki wa, mata tanso no sankwabutsu, sunawachi tansan to môsu kitai to narimasu ga, — abura, rôsoku nado wo moyashimasu to, tansan no hoka ni, ikubaku no mizu wo shôjimasu. Sâ! mina san, kore ga hitotsu no fushigi de arimashô. Hi no naka kara, mizu no deru ri wa, nakarô to omoimashô. Koko de shiken wo shite, sono shôko wo misemasu. Mazu rôsoku ni hi wo tenji, *koppu* wo hitotsu o mochi nasaimase. Ima kono *koppu* wo motte, hi wo ôimasu to, sora! (2) *koppu* no naka ni kumori wo shôjimashô. Sokode, kore wo hiyashimasu to, sore! goran nasai! tsuyu ga tamarimashita. Mina san, namete mi nasai. Mizu de arimashô. Kore de mizu no hitotsu no rui wa, o wakari ni natta de arimashô.

Kore kara tansan no shiken wo itashimashô. Kondo wa, migi no hi no ue ni *koppu* wo kayô ni ôi-kabusete shimaimasu. Goran nasai! hi ga, sora! kiete shimaimashita. Kore *koppu* no naka no sanso to rôsoku no naka no tanso to kwagô shite, *koppu* no naka ni kûki no seishitsu ga kawatta yue de arimasu.

Kono *koppu* wo torimashite, senkoku ishibai wo hitashi-okimashita mizu no sumitaru (3) tokoro wo, kono *koppu* no naka ni kayô ni iremashite kaki-mawashimasu to, shiroku nigorimasu. Shite

----

(1) *Mochiyuru*, pour *mochiiru*. De même *oyuru*, pour *oiru;* *hiyureba*, pour *hiereba*, etc. Cette forme de langage, quoique peu usitée en conversation, est cependant considérée comme élégante, et peut être employée avec avantage dans un discours.

(2) *Sora!* ou *ara!*

(3) *Sumitaru*, pour *sunde aru*, être pur, clair.

shibaraku shizumemasuru to, *koppu* no soko ni shi-
roki mono ga todomarimashô: kore sunawachi tan-
san to ishibai-mizu no kwagô shita no de arimasu.

Jitsu ni sanso wa, sore bakari no yô de naku,
ningen wo hajime iki-mono wa, kata-toki mo na-
kute wa, ikite oraremasen. Sono ningen nado no
kokyû suru sanso wa, karada no naka no tanso
to kwagô shite, futatabi kore wo fuki-dashimasu
koto wa, rôsoku to onaji yô de arimasu. Yoku
kodomo ga, kakurembô (1) nado wo itashite, naga-
mochi no naka nado ye hairi, sokkuri futa wo
kabusemasu to, dan-dan iki kurushiku narimashô.
Kore sono naka no sanso wo sui-tsukushite, tansan
wo fuki-dasu kara, kûki ga kawaru yue de arimasu.
Sokode mata, hito no fuki-dasu tansan wo shiken
shite mimashô. Senkoku no *koppu* ni mata ishibai-
mizu wo ire, kuda wo motte, sono naka ye iki wo
tsuki-komimasu to, sore! mizu ga mata shiroku
nigorimasu. Kore zo rôsoku no naka ni deru to
onaji mono de, sunawachi tansan to ishibai-mizu
to kwagô shita mono de arimasu. Kore wo motte,
rôsoku no moeru to onaji ri de, hito no karada no
naka ni wa hodo yoi netsu wo shôji; kano seiri
no sakuyô de, ketsu-eki (2) wo tôshi; zenshin ni
onki wo tamotsu mono de arimasu.

Nao kono hoka sanso sona ta no genso ni tsuíte,
iro-iro no o hanashi ga arimasu ga, — amari fuka-
iri wo itashimasu to, iku ban o hanashi môshite
mo, tsukimasen kara, mazu wa kono gurai ni shite,
yamete okimasu.

(Extrait de *Go jû ya mono-gatari*, page 262.)

(1) *Kakurembô*, le jeu de cache-cache.
(2) *Ketsu-eki*, ou *chi-shiru*, le sang; *onki*, chaleur animale.

3

LA CHALEUR ET LA LUMIÈRE.

Oyoso buttai wa, netsu ni aeba, fukurete kasa wo mashi; hiyureba, chijimatte kasa wo herasu mono de arimasu. Moshi netsu ga nai toki wa, bammotsu sono keitai wo tamotsu koto ga dekimasen. Kano mizu no gotoki tsumetai mono de mo, onnetsu wo fukunde oru shôko wa, fuyu ni itareba, kôte kori to narimasu. Sareba, onnetsu wa, kono yo ni, itatte dai naru kôtoku wo nasu mono to môsaneba narimasen.

Shikashite netsu wa, taiyô-netsu, chishin-netsu, kwaen-netsu, denki-netsu, nikushin-netsu, kwasei-netsu, sôgeki-netsu no nana iro ni wakaremashite, — taiyô-netsu wa, taiyô no tai yori hassuru mono; chishin-netsu wa, chikyû no chûshin ni aru mono; kwaen-netsu wa, sumi-bi, tomoshibi no mono; denki-netsu wa, denki no hataraki de okoru mono; nikushin-netsu wa, hito no karada no naka ni tamotsu mono; kwasei-netsu wa, kwagaku no hataraki de okoru mono; sôgeki-netsu wa, mono to mono to ai-utsu yori hassuru mono de arimasu.

Sono kyôjaku wo hakaru utsuwa ga, kandankei de arimashite, koshirae-kata wa, Kwa-shi, Ses-shi, Res-shi (1) no mi iro de arimasuredo, ôku seken ni

---

(1) *Kwa-shi, Ses-shi, Res-shi.* Les trois différents thermomètres connus sous les noms de : *Fahrenheit, Centigrade,* et *Réaumur.* Par abréviation on n'écrit, en Japonais, que la première syllabe du nom de chaque inventeur; donc *Kwa-shi,* équivaut à *Kwa uji no kandankei,* etc., comme si nous disions en français: thermomètre de Mr. Fah. pour Fahrenheit; de Mr. Cel. pour Celsius, physicien suédois qui proposa le premier la division centigrade; de Mr. Ré. pour Réaumur.

mochiiru wa, Kwa-shi no sei de arimasu. Kwashi wa, hyôten (1) wo san jû ni do to shi, futsuten wo ni hyaku jû ni do to shi, ni ten no aida wo hyaku hachi jû do ni wakachi; Sesshi wa, hyôten wo reido to shi, futsuten wo hyaku do to shi, ni ten no aida wo hyaku do ni wakachi; Res-shi wa, hyôten wo reido to shi, futsuten wo hachi jû do to shi, ni ten no aida wo hachi jû do ni wakachimasu. Sono katachi wa, izure mo, nagasa isshaku bakari no *garasu* de sei shita hoso kuda, sono shita no hashi ni tama ari, mata katawara ni do-me (2) wo tsukete arimasu.

Hikari ni mo shurui ga arimashite, nikkô, kwakô, denkô, rinkô, kankô, chûkô no mutsu to shimasu. Nikkô wa, taiyô no tai yori, hassuru hikari; kwakô wa, sumi-bi tomoshibi no hikari; denkô wa, denki no hikari; rinkô wa, rinso to iu mono no hikari; kankô wa, umi no shio no hikari; chûkô wa, hotaru, mimizu nado no mushi no hikari de arimashite, sono naka ni mottomo kôtoku no ôi naru no wa, nikkô de arimasu. Moshi nikkô nakereba, sekai tsune ni yami-yo no gotoku de arimashô.

Shikashite, hikari wa, yoku buttai wo tôru to, buttai ni atatte, hansha suru to no kubetsu ga arimashite, yoku hikari wo tôsu tai wo, tômeitai (3) to ii; hikari wo hansha shite tôsanu tai wo, futômeitai to iimasu. Hansha suru ni wa, taimen taira nareba, massugu ni hansha shi; taimen kubomeba,

---

(1) *Hyôten*, le point de congélation; *futsu-ten*, ou *futten*, le point d'ébullition.
(2) *Do-me*, les degrés.
(3) *Tômeitai*, corps transparents; *futômeitai*, corps opaques.

kôsen atsumari-ai; taimen takameba, kôsen hiro-
gari-chirimasu kara, tsûjô no kagami wa, mono
no kage to mono no tai to onaji ôkisa ni utsushi;
kubomu taimen no kagami wa, mono no kage wo
ôkiku shi; takameta taimen no kagami wa, mono
no kage wo chiisaku shimasu. Buttai wo tôru ni
mittai (1) yori sotai ni iru toki wa, enchokusen ni
tôzakatte, magari-ore; sotai yori mittai ni iru toki
wa, enchokusen ni chikazukimasu kara, mizu no
naka no mono wo naname ni nagameba, sono mono
no aru tokoro yori tôku ni mie; *garasu* wo hedatete,
naname ni mono wo nozomimasureba, sono mono
no aru tokoro yori, chikaku ni miemasu. Kore wa,
mizu wa, kûki yori, mitsu; kûki wa, *garasu* yori, so
de aru kara natta no de arimasu. Shashinjutsu wa,
kôsen no magari-ore no ri yori naru mono de, —
hito no me ga, yoku mono wo miru mo, mata kono
ri ni yorimasu. Hikari no sokuryoku (2) wa, ip-
pyô jikan ni, shichi man shi sen shi hyaku yo ri
de arimasu.

Mata mono no iro wa, sama-zama ni wakaremasu
keredomo, sono moto wa, ai, ki, aka no mi iro de, —
kono mi iro ga konjite, murasaki kon, midori,
tô, kô ga deki; sara ni iro-iro konji-atte, ôku no
iro to naru no de arimasu. Shikashite, shiro iro
no kôsen wa, kubetsu sureba, murasaki (3), kon,
ai, midori, ki, tô, aka no nana iro to naru mono

----

(1) *Mittai*, corps dont les atomes sont serrés ; *sotai*, corps
dont les atomes sont déliés.—*Enchokusen*, en fil à plomb, c'est-
à-dire, verticalement.

(2) *Sokuryoku*, ou *hayasa no chikara*, la vitesse.—*Ippyô*,
une seconde.

(3) *Murasaki*…, violet, indigo, bleu, vert, jaune, orangé,
rouge.

de, — kore wo kokoromiyô to sureba, hito ma wo shime-kiri shite, makkura to shi; to ni chiisai ana wo akete, taiyô no kôsen wo michibiki-ire; ana ni taishite, san kaku no *garasu* wo oki, kôsen wo tôraseba, kôsen magari-oremashite, kabe no omote ni nana iro wo arawashimasu. Kano niji wa, sora no naka no mizu-dama ga, san kaku *garasu* no gotoku, taiyô no kôsen wo magare-oresasete, arawasu mono de, — sono arawaruru wa, taiyô to aitai suru tokoro ni oite shimasu kara, asa no niji wa, nishi ni araware; ban no niji wa, higashi ni arawaremasu. Oyoso mono no iro wa, taiyô no .kôsen ni motozuku mono de,—sono mono no seishitsu wa, ki iro no kôsen nomi wo hansha shite, hoka no kôsen wo sui-komimasureba, hito no me ni, ki iro wo arawashi; ai to ki no kôsen wo hansha shite, ta no kôsen wo sui-komimasureba, midori iro wo arawashi; nana iro wo kotogotoku hansha sureba, shiro iro to nari; nana iro wo kotogotoku sui-komimasureba, kuro iro to narimasu.

Ijô nobemashita gotoku, netsu to hikari no kôyô wa, makoto ni hiroku ôi naru mono de, — koto ni taiyô wa, netsu to hikari wo ataeru koto, mottomo ôi naru mono de arimasu.

(Extrait de *Futsŭ gaku enzetsu biji-hô*, page 121.)

LEÇON V.

I

LA TERRE.

Senkoro wa, Sanchitsu sensei ga kûki no o hanashi wo itasaremashita kara, watakushi wa, sore ni tsuide, chikyû no o hanashi wo itashimasu.

Chikyû wa, sunawachi ware-ware no sunde oru tokoro de arimasu. Sono chikyû to nazukemashita wake wa, sono katachi ga, tama no gotoku, marui kara de arimasu. Sono marui to iu koto no shireta to iu wa, gesshoku no toki, chikyû no kage ga, maruku tsuki ni utsuru nado ya; mata fune, umi ni susumu shidaï ni, dan-dan shita no hô ni kakurete mieru ya; sono hoka iro-iro na shôko ga arimasu.

Kono chikyû wa, kôsei to môshite, taiyô no meguri wo meguri-yukimashite, taiyô kara hikari to netsu to wo ukemasuredo, — chikyû wa, sukoshi mo ugokanu yô de, taiyô ga kaette ugoku ka to omowaremasu. Kore wa, jôkisha ni notte hashiru toki ni, mado kara soto wo mimasuru to, ie ya ki ya denshin-bashira nado ga, hashiru yô ni mieru to onaji wake de arimasu.

Mata chikyû wa, mainichi korori-korori to korogete oru ni, nani yue chikyûjô ni aru mono ga, koroge-ochinu de arô ka? to iu ni, — kore wa inryoku to iu mono ga aru kara de arimasu. Chikyû wa, tsune ni nishi yori higashi ni mukatte korogemasu kara, taiyô wa, higashi yori nishi ni yuku yô de arimasu. Hiru, yoru no wakachi ga aru riyû wa, zentai chikyû no katachi ga marui no de, — sono hambun wa, tsune ni taiyô no hikari wo uke; ippô no hambun wa, tsune ni taiyô no kage ni narimasu. Tatoeba, tama no aru tokoro ye shirushi wo tsuke-oite, rôsoku no hikari ni terashite, guru-guru to mawasu toki ni wa, sono shirushi no tokoro ga, rôsoku no hikari ni mukatta toki ni wa, sono tokoro wa akaruku nari; mata kage ni natta toki ni wa, kuraku narimasu. Chûya no kubetsu wa, sunawachi kono wake de arimashite, chikyû ga korogemasuru uchi, taiyô no hô ni mukatte, hikari wo ukemasuru tokoro wa, hiru de; taiyô no kage ni narimasuru tokoro wa, yoru de arimasu kara,—Nippon wa, hiru de mo, hoka ni wa, yoru no kuni ga arimasu. Gen ni Nihon no Tôkyô no shôgo (1) jû ni ji wa, Eikoku no *London* no gozen ni ji de, mada yo no akenu mae de arimasu.

Mata ichi nen no uchi ni, jikô ga, haru, natsu, aki, fuyu to yo tabi kawarimasuru riyû wa, chikyû ga, taiyô no meguri wo meguri-yukimasuru ni yotte, shizen ni shôzuru mono de arimasu,—sunawachi taiyô no hikari wo ôku ukemasu toki ga, natsu de, atsuku arimasu; sukoshi ukemasu toki ga, fuyu de, samuku arimasu; haru, aki no ni ki wa (2), taiyô no hikari wo ukuru koto ga, ôki ni mo sugizu, mata sukunaki ni mo sugimasen no de, atsuki koto mo naku, makoto ni yoki jikô de arimasu. Hi ni nagai toki to mijikai toki to no kubetsu ga arimasu mo, mata taiyô no hikari wo ôku ukeru to sukunaku ukeru to ni yoru mono de arimasu, — sunawachi natsu, hi no nagakute yo no mijikaki wa, taiyô no hikari wo ôku ukemasu yue de—fuyu, hi no mijikakute yo no nagaki wa, taiyô no hikari wo sukoshi ukemasuru yue de arimasu; haru aki wa, taiyô ni hikari wo ukuru koto ga, ôki ni mo sugizu, sukunaki ni mo sugimasen yue, hiru yoru onaji chôtan de arimasu.

Kono chikyû wa maruki mono de arimasu keredomo, sono uwabe ni wa, taka-hiku ga arimasu:

<hr>

(1) *Shôgo*, midi juste.

(2) *Ni ki wa*, les deux saisons (du printemps et de l'automne).

takai tokoro wa riku de, yama mo ari, oka mo arimasu; hikui tokoro wa mizu de, kawa mo ari, umi mo arimasu.

Sate, yama ni wa, funkwazan to môshite, Shinano no Asama-ga-take, Higo no Asoyama no gotoku, tsune ni hi wo fuku yama ga arimasu. Kore wa, chi chû ni aru kwa-en no hataraki de arimasu. Mata jishin no okoru mo, kwazan to onaji riyû de, mukashi no hito wa, chi no naka ni namazu ga atte, kono jimen wo furuwasu no ja to môshita ga, — kore wa toru ni mo taranu bakageta setsu de arimasu. Zentai chikyû no uchi-gawa wa, sakan ni hi ga moete imasu no de, chijô no mizu ga, sukima wo tsutôte, chichû ni hairi; kwa-en no aru tokoro ni tassureba, jôki ya ta no *gasu* wo shôjite, shikiri ni bôchô sen to itashimasuru yue, tsui ni jishin wo okosu no de arimasu.

Jishin no yuri-kata ni wa mi iro arimashite, — sono ichi wa, jûshin to môshite, kami-shimo ni yuru mono de, seireki issen shichi hyaku ku jû shichi nen, *Riobamba* to môsu tokoro ni atta jishin wa, sunawachi kono jûshin de, ningen ga, takasa sû hyaku shaku mo aru yama no ue made ye hôri-agerareta to môsu koto de arimasu; — sono ni wa, ôshin to môshite, sa-yû ni furi; — sono san wa, senshin to môshite, tate-yoko issho ni yutte, neji no gotoku mawari-yuru mono de, kono jishin wa, mi iro no uchi de, mottomo osoru beki mono de arimasu. Issen shichi hyaku hachi jû san nen, minami-*Itari* no *Karaburiya* to môsu tokoro ni hasshitaru wa, kono senshin no mottomo yûmei naru mono de, jimen no aoru koto ga, adakamo umi no nami ga kaze ni tobi-agaru yô de, jinmin no shi

shitaru koto ga hotondo jû man nin hodo ari-
mashite, *Sento-Buruno* to môsu tokoro ni atta seki-
hi no kasane-ishi ga, nejire-yugande ita sô de ari-
masu. — Sono hoka onsen nado mo mina, chichû
ni aru kwaen-sayô yori, okoru mono de arimasu.

Mata umi no mizu wa, shio-karaku shite, riku
no mizu to kotonaru wa, mukashi kara sore ni tsui-
te iro-iro no setsu ga arimasu keredomo, izure
mo tashika de naku, ima motte tashika na setsu
ga arimasen kara, yamu wo ezu, umi no mizu wa,
umi no dekita toki yori, sude ni shio-ke wo fu-
kunde ita mono to iu yori hoka wa arimasen.

Mizu no shio (1) ga, itchûya, sunawachi ni jû
yo ji kan ni, ni do michitari-hitari suru wa, dô iu
riyû ka? to iu ni, — taiyô to tsuki to no inryoku
ni yotte de arimasu. — Sui-men ni nami no shôzuru
riyû wa, mattàku kaze no tame ni yurusareru ni
yoru mono de, sono taka-hiku osoki-hayaki wa,
kaze no tsuyoki-yowaki nagashi-mijikashi to, sui-
men no hirosa-semasa fukasa-asasa to ni yotte (2),
chigai no aru mono de arimasu.

Kaze wa kûki no ryûdô suru yori okoru mo-
no de, oyoso ai-tonari suru jimen ni oite, ondo no
chigai ga arimasu toki ni wa, kono aida ni kûki
no ryûdô wo okoshite, ondo wo heikin saseru mono

---

(1) *Shio*, la marée.

(2) ...*yotte*. Voici le même passage, d'après les caractères
chinois : *Sono kôtei chisoku wa, kaze no kyôjaku chôtan to suimen
no kôkyô shinsen to ni yotte.* On voit par là que si la même
phrase en chinois est moins diffuse, elle est par contre plus
difficile à comprendre. La meilleure règle pour l'emploi des
mots chinois, est d'abord de ne les employer qu'à coup sûr,
c'est-à-dire après en avoir parfaitement saisi le sens, et en-
suite d'avoir égard au degré d'instruction de son interlocuteur,
ou de ses auditeurs.

de, — sunawachi hiyayaka na kûki wa, atsuki chi ni kitari; atsuki kûki wa, hiyayaka na chi ni yuki-masu. Sono kûki no ôrai suru wa, sate koso kaze wo shôzuru mono de arimasu.

Kaminari wa, *ereki* no sayô ni yotte okoru mono de, chijô yori jôhakki (1) to tomo ni kûchû ni agatta *ereki* ga, futatabi chijô no *ereki* to au ga tame ni, kaihô (2) shite hassuru koe de, — inabikari wa, sunawachi *ereki* no hikari de arimasu.

Ame wa, kawa to umi no mizu ga taiyô no netsu ni atatamerarete, jôhakki to nari; kûchû ni nobot-te, kumo to nari; sono kumo ga, dandan atsumatte omoku naru ni shitagai, tsui ni tamochi atawazu shite, chijô ni furi-kudarimasuru mono de, — moshi kûki no ondo wa, san jû ni do ika ni kudatte (3) tsumetaku naru toki ni wa, sono ame to naru beki jôki, sunawachi kumo wa, kôrimashite, furi-kudaru mono wa, ame de naku, yuki de arimasu. Yuki no katachi wa rokkaku naru kara, Shina de, yuki no koto wo, riku-shutsu (4) to môshimasu wa, kono yu-en de arimasu, — Ame no kôri-katamatta shizu-ku wa, arare to môshi; kûki no naka ni aru shime-ri-ke (5) ga, yoru-ma reiki no tame ni chinden shite, chi no ue ya, kusa, ki no ha no ue nado ni suibun wo todomuru mono wo, tsuyu to ii; sono tsuyu no masu-masu reiki ni yotte kôta mono wo, shimo to môshimasu.

---

(1) *Jôhakki*, vapeurs qui s'élèvent de terre.
(2) *Kaihô*, ou *hiraki-hanatsu*.
(3) ... *kudatte*, quand la température, descendant à trente-deux degrés Fahrenheit (c.-à-d. zéro centigrade).
(4) *Riku-shutsu*, ou *roku shutsu*, litt. : les six sorties.
(5) *Shimeri-ke*, humidité. — *Chinden shite*, se condensant. — *Suibun*, partie liquide.

Niji wa, taiyô ni mukatte oru kûchû ni, ame no furu toki ni, arawaruru mono de,—sono iro wa, nana iro ni shite, mottomo ue ni aru iro wa, sumire iro de; tsugi wa, ai iro; tsugi wa, ao iro; tsugi wa, midori iro; tsugi wa, ki iro; tsugi wa, daidai iro; tsugi wa, aka iro de arimasu. Sate, nani yue ni taiyô wa, ame wo terasu toki ni wa, kono tôri nana iro wo arawasu ka? to iu ni, sankaku-kyô (1) wo motte, taiyô wo miru toki ni wa, sono iro ga, niji no gotoku, nana iro ni miemasu, — sunawachi mizu no shizuku wa, kono sankaku-kyô no gotoku naru kara de arimasu.

(Extrait de *Go jû ya mono-gatari*, page 8).

2

LA LUNE.

Watakushi ga, komban wa, tentai (2) no koto ni tsuite, mina san ga: " Naruhodo ! Sô ka?" to omowaruru o hanashi wo môshimasu.

Sate, tentai to môsu mono wa, jitsu ni odoroku beku hiro-biro shita mono de, sono naka ni wa, iku sen man to mo kazu no shirenu hoshi ga pikari-pikari to muragatte, tate-yoko hidari-migi ni hase-chigai (3 ; naka ni wa, taiyô no kazu mo, iku hodo aru ka shiremasen ga, — shitagatte tsuki mo mata takusan aru koto de arimasu.

Waga chikyû de miru tsuki wa, tada hitotsu de arimasu keredomo, hoka no chikyû de wa, futatsu aru mo areba, mata mitsu aru mo ari, yotsu,

---

(1) *Sankaku-kyô*, un prisme.
(2) *Tentai*, corps célestes.
(3) *Hase-chigai*, se croiser avec rapidité.

itsutsu mo tsukete oru chikyû mo aru to môshi-
masu. Zentai tsuki wa, chikyû ga taiyô no me-
guri wo mawaru yô ni, tsune ni chikyû no ma-
wari wo megurimashite, taiyô no hikari wo chikyû
ni hansha shimasu. Sono tsuki wa, yahari kôsei
no hitotsu de arimashite, kore wo chotto miru toki
ni, taiyô to onaji ôkisa ni miemasu ga, — dô shite
mo, taiyô no soba ye yori-tsukeru mono de wa na-
ku (1), haruka ni chiisai mono de arimasu. Sono
chikyû wo shûkwai (2) itashimasuru wa, ikka
getsu zutsu hashirimashite, moto no tokoro ni
kaeri; mata meguri, mata kaeri shite, sukoshi no
aida mo yasumu koto naku, mata jikan wo chi-
gaeru koto mo arimasen.

Tsuki wa, motoyori jitai ni hikari no nai mono
de arimasu kara, taiyô no hikari wo ukete, hajime-
te mai-yo shokun no: "Yoi tsuki ja! yare! jû go
ya de aru no, jû san ya de aru no!" to goran
nasaru yô ni, hikaru mono de arimasu (3). Ima
kore wo kokoromimasuru ni, yoru hito ma ni ka-
gami wo kakete okimashite, rôsoku wo tomoshi-
masu toki ni wa, kagami wa kira-kira to hikari-
masu keredomo, moshi rôsoku wo kesu toki wa,
kagami no hikari mo mata, tomo ni kiete, mienaku
narimasu. Shikaru ni, mata futatabi rôsoku wo
tenjimasuru to, kagami wa izen no gotoku, hikari
wo hasshite, kira-kira to hikarimasu. Tsuki ga,

---

(1) ... *de wa naku*, quoi qu'il en soit, on ne peut certes pas
la mettre au même rang que le soleil.

(2) *Shûkwai suru*, faire le tour.

(3) ... *hikaru mono de arimasu*. La lune n'a pas par elle-
même de lumière, ce n'est que lorsqu'elle est éclairée par le
soleil, que, la contemplant brillante, vous vous écriez: "Qu'elle
est belle! Tiens! c'est le quinzième, — c'est le treizième jour
de la lune."

taiyô no hikari ni yotte, hikaru mo, kono riyû
de arimasu. Kayô ni hikari wo hoka ni utsusu
koto wo, hansha to môshimasu; sunawachi kagami
no yo ni oite hikaru no wa, rôsoku no hikari no
hansha de, — tsuki no yo ni oite hikaru no wa,
taiyô no hikari no hansha ni yoru de arimasu.
Taiyô wa, kure-kata ni nishi ni shizunde, yo no
aida wa miemasen. Shikaru ni, dô iu wake de
tsuki wo terasu no de arimashô ka? — kore wa,
ware-ware no sunde oru chikyû ga, taiyô no kage
ni natte ite, kuraki toki de mo, taiyô wa nao tsuki
ni hikari wo ataeru kara de arimasu. Tatoeba,
yabun achira no ma ni shokudai wo tsukemashite,
kochira no ma ni kagami wo kakete oki, sono aida
no fusuma wo akemasu toki ni wa, shokudai wa
mienakute mo, kagami wa kira-kira to hikari-kaga-
yakimasu. Kore sunawachi, taiyô wa miemasen
toki ni, tsuki no hikarimasuru mo, mattaku kore
to onaji wake de arimasu.

Tsuki wa, jû go nichi koro ni naru to, mam-maru
ni nari; shichi nichi koro ka, matawa ni jû ni
nichi koro ni naru to, hambun ni nari; tsuki no
sue ni narimasuru to, sukoshi mo mienaku nari-
masu. Kayô ni maruku nattari, hambun ni nat-
tari suru riyû wa, nani yue ka? to iu ni, — tsuki
ga, chikyû no shûi wo megurimasuru toki no ba-
sho ni yotte okoru mono de arimasu. Koko ni
kakageru zu wa, sono michi-kake wo shimesu mono
de, — *kô* wa, taiyô; *otsu* wa, chikyû ni shite; *i, ro,
ha, ni, ho, he, to, chi* wa, tsuki ga, kidô wo meguri-
yuku toki, sho-sho de katachi no kawaru wo shi-
mesu mono de, — sunawachi tsuki ga, *i* no tokoro
ni itatte, taiyô to chikyû to no aida ni hasamaru

toki ni wa, mattaku sono katachi ga mienaku nari-
masu. Sore yori shidai ni kidô wo susunde, *ro* no
tokoro ni itareba, iwayuru mikazuki-nari (1) to
narimasu: kore wo, shingetsu to môshimasu. *Ha*
no tokoro ni itareba, masa ni hambun to natte,
kore wo, hangetsu to môshimasu. Kore kara tsuki
no ôkisa ga zen-zen to ôkiku mieru yô ni narima-
shite, *ni* wo hete, *ho* ni itari, taiyô to no aida ni
chikyû wo hasamimashita toki ni, mam-maru ni
miemasu: kore wo mangetsu to môshimasu. Sore
yori mata *he* wo sugi, *to* wo sugi, *chi* wo sugite, *i*
ni itareba, mata moto no gotoku, mattaku mienaku
narimasu. *I* yori *i* ni kaeru aida san jû nichi ni
shite, chikyû wo isshû itashimasu: kore sunawachi
ikkagetsu de arimasu.

Tsuki no naka ni kuroi tokoro ga miemasu wo,
mukashi wa, kore wo, usagi wa mochi wo tsuite (2)
iru no ja to môshimashita ga, — dai uso de arimasu.
Zen-zen yo-no-naka no gakumon ga susumu ni
shitagaimashite, ima de wa, tsuki no naka ni mo,
umi, oka, yama, kawa ga aru to môsu koto made,
tsumabiraka ni shiru koto ga dekimashita. Kore
wo miru ni wa, sokutenkyô (3) to môshite, tentai
wo kwansoku suru megane wo motte, meihaku ni
sono yôsu ga wakarimasu. Sono kuroki tokoro
wa, umi, aruiwa sammyaku ni shite; shiroku a-
karuku mieru tokoro wa, heitan naru nohara ya
sabaku de aru to môshimasu. Shikashi, sono umi
ya kawa ni wa, sukoshi no mizu mo naku, kawaki-

---

(1) *Nari,* ou *katachi.*

(2) *Mochi wo tsuku,* piler du riz, pour en confectionner des
mochi ou gâteaux.

(3) *Sokutenkyô,* ou *ten wo hakaru megane.*

kitte (1) aru to no koto de arimasu. Kore wa mat-
taku chûshin no kwaki ga naku natte, sui-jôki
ga sono hyômen ni wa tachi-noboranai kara de
arô to môsu koto de arimasu. Sareba, dôbutsu ya
shokubutsu mo sadamete nakarô to omoimasu ga, —
fukaku kangaemasureba, aruiwa Zôkwa no myô
de, itteki no mizu wa nai ni mo kakawarazu, dô-
butsu ya sômoku ga aru ka mo shiremasen. Sa-
redo, waga tsuki mo, iku sen man nen ka izen ni,
kono chikyû no gotoku, chûshin ni kwaki mo ari,
mata hyômen ni wa, mizu no kyôkyû mo atte,—umi
ni wa, tô-tô nami ga okori; yama ni wa, shin-shin
to jumoku ga hammo shite atta koto de arimashô.

Sate, kore yori, gesshoku, nisshoku tô no koto
yori, gunsei (2) no o hanashi wo itasô to omoimasu
ga, — honya wa jikan ga arimasen kara, myôban
yuru-yuru sorera no myô na hanashi wo tsuku-
shimasu.

(Extrait de *Go jù ya mono-gatari*, page 53.)

3

LES ÉTOILES.

Sate, mata komban wa, tentai to iu mono ni
tsuite, tsuzuite o hanashi itashimasu. Gwanrai
hi (3) to tsuki ni wa, shoku to môsu koto ga ari-
mashite, hi, tsuki no mam-maru ni mie beki toki
ni, aruiwa mienakattari, matawa kakete mietari
suru koto ga arimasu. Kore wo, nisshoku, mata
gesshoku to môshite, mukashi kono nisshoku, ges-

---

(1) *Kawaki-kitte*, ou *mattaku kawaita*.
(2) *Gunsei*, pour *hoshi no mure*, constellations.
(3) *Hi*, le soleil.

shoku wo mite, o tentô sama no go byôki ja to ka, o tsuki sama no o wazurai ja to ka môshite, hito-bito ga osore wo idaki: "Sore! soto ni doku ga kudaru no ja. Yare! o tômyô wo agero! O senkô wo ... " to itaku odoroita mono de arimasu ga, —konnichi no gotoku, sono ri wo kiwamereba, nan ni mo odoroki, osoreru koto de wa arimasen. Kore taiyô to tsuki to chikyû ga, unkô (1) ni yotte, ono-ono sono i-dokoro ga kawari; toki ni wa, taiyô no hikari ga, tsuki, aruiwa chikyû ni saegirareru koto ga arimasu. Sono toki no guai de, shoku to môsu koto ga shôjimasu. Moshi tsuki ga taiyô to chikyû to no aida ni hasamaru toki ni wa, tsuki wa, taiyô no hikari wo saegirimasu kara, chikyû no sono kage ni natta bubun ni oite wa, nisshoku wo mimasu; mata chikyû ga taiyô to tsuki to no aida ni hasamatta toki ni wa, onajiku taiyô no hikari wo ôte, tsuki no aru bubun wo kage ni itashimasu: kore sunawachi gesshoku de arimasu. Sono nisshoku, gesshoku ni mo shurui ga arimashite, taiyô zentai ga makkuro ni naru no wo, kaiki nisshoku to môshi; sono fuchi nomi hikari no nokoru wo, kinkwan nisshoku to môshi; tada sono iku bubun wo ôu no wo, bubun nisshoku to iimasu. Shikôshite tsuki ni mo kaiki shoku, bubun shoku wa arimasu ga, — kinkwan shoku to môsu mono wa arimasen. Nao kuwashiku o hanashi môsu ni wa, tôtei hito ban futa ban ni wa toki-tsukusemasen kara, kore yori hoshi no o hanashi wo môshimasu.

Hoshi ni wa kôsei to teisei (2) no betsu ga arima-

---

(1) *Unkô*, ou *hakobi-yuki*, parcours.
(2) *Teisei*, ou *sadamatta hoshi*, étoiles fixes; *wakusei*, ou

su. Kôsei wa, mata wakusei to mo, yûsei to mo
iûte, taiyô no meguri wo meguru mono de, sono
naka ni mata ittô kôsei to ni tô kôsei to no kube-
tsu ga arimasu. Ittô kôsei to wa, taiyô wo meguru
hoshi de, ni tô kôsei to wa, tsuki no gotoku, taiyô
wo megurazu ni, ittô kôsei no shûi wo meguru
hoshi de arimasu.

Ima ittô kôsei no waga taiyô ni chikai tokoro
ni arimasu mono kara, junjo ni shitagatte môseba,
dai ichi ga, suisei; dai ni ga, kinsei; dai san ga,
chikyû; dai shi ga, kwasei; dai go ga, mokusei;
dai roku ga, dosei; dai shichi ga, ten-ôsei (1); dai
hachi ga, kai-ôsei de arimasu. Kono naka ni, kin-
sei to môshimasuru hoshi wa, hi-tsuki ni tsuide,
yoku hikaru mono de, — yo-ake mae wa, higashi
no hô ni araware; yoi no aida wa, nishi no hô ni
arawaremasu. Sono yo-ake mae ni mieru wo, ake
no myôjô to tonae; yoi no aida ni mieru wo, yoi
no myôjô to tonaemasu. Yatsu no taisei (2) no
naka ni ichiban ôkii mono wa, mokusei de arima-
shite, tsugi wa, dosei de arimasu. Kai-ôsei, ten-
ôsei wa, sono tsugi de, chikyû wa, dai go ban me
de, tsugi wa, kinsei, kwasei, suisei de arimasu.
Kwasei to môsu hoshi wa, waga chikyû ni yoku
nite orimashite, sono naka ni wa, umi mo ari, ya-
ma mo aru sô de arimasu.

---

madou hoshi, étoiles errantes. — *Ittô kôsei, ni tô kôsei*, planètes
principales et secondaires.

(1) *Ten-ôsei*, planète Uranus ; *kai-ôsei*, planète Neptune. —
Voici l'étymologie des noms de planètes qui précèdent : É-
toile-eau, étoile-or (métal), la terre, étoile-feu, étoile-bois,
étoile-argile, étoile-roi du ciel, étoile-roi de la mer.

(2) *Taisei*, ou *ôkii hoshi*.

Mata hoshi no naka ni hôki-boshi to tonaema-
shite, nagai o no yô na mono no aru hoshi ga ari-
masu. Kono hoshi mo kôsei no yô ni ugoki wa
itashimasu ga, — taiyô no shûi wo unkô suru ko-
to naku, tada haruka naru ten no ippô yori su-
sumi-kite, taiyô no soba ni chikayoru bakari de
arimasu. Sono toki ni wa, sono hikari ga tsuyoku
narimashite, miru koto ga dekimasu ga, — sa mo
nai toki ni wa, tsune ni miru koto ga dekimasen.
So shite, sono kazu wa, oyoso go roku sen mo aru
sô de arimasu. Sate, sono hoshi ga dekiru to, sono
toshi wa, warui yamai ga hayari; matawa kikin
ga aru nado, mukashi kara ii-tsutaemasuru ga, —
sore wa machigai de arimasu. Yoshi mata, muka-
shi kono hoshi ga dekita toshi ni, warui yamai
ga hayari, kikin nado arimashita ni seyo (1), sono
toki wa mawari-awase (2), to môsu mono de, kono
hoshi ga dekita kara to iûte, kanarazu warui yamai
ga hayaru no, kikin ga aru no to môsu wake wa,
kesshite arimasen.

Mata teisei wa, ichi ni gôsei to môshite, shijû
ugokanu mono to môshimasu ga, — jitsu wa, kôsei
no gotoku, hayaku meguri-ugoki wa itashimasen
ga, — shôshô zutsu shizu-shizu to ugoite oru mono
de arimasu, — sunawachi taiyô no gotoki mo, kono
teisei no hitotsu de, hibi ni kita no hô ye susunde
oru to môshimasu.

Mata kano ama-no-gawa to tonaemashite, shiroi
iro de, nagai obi no yô na mono ga sora ni miema-
su. Kore wa, komakai teisei ga, iku oku man ka

---

(1) *Ni seyo*, admettez que.
(2) *Mawari-awase*, coïncidence.

to mo kazu kagiri naku atsumari-atte oru no de arimasu.

Zentai hoshi wa, hiruma to iûte mo, yoru no go-toku ni, sora no naka ni aru mono de arimasu ga, — taiyô no hikari ga kitsui no de, sore ga tame ni samatagerarete, miru koto ga dekimasen. Tatoeba, hiruma *rambu* wo tomosu mo, hikari no nai to onaji dòri de arimasu. Saredomo, nisshoku no toki ka, matawa fukai ido no naka ni atte, sora wo miru toki wa, hiru to iûte mo, yoku hoshi wa miru koto ga dekimasu.

Nao takusan, korera ni tsuite, o hanashi ga ari-masu keredomo, — kôseki ga tsukaete orimasu ka-ra (1), tajitsu no koto to itashimashô.

(*Extrait de Go jû ya mono-gatari*, page 59.)

---

(1) *Kôseki ga tsukaete orimasu kara*, est mis pour *Watakushi no ato ni enzetsu no seki ni noboru o kata no jama wo shimasu kara*.

APPENDICES.

Tableau des principales Divisions
DU RÈGNE ANIMAL.

Yûsekizui dôbutsu (Vertébrés).

Onketsu dôbutsu (Animaux à sang chaud).

1. *Honyû rui* (Mammifères). — Kono rui no dôbutsu wa, hai wo motte kokyû shimasu. Ko wa, taisei shi; haha no chi wo nonde, seichô suru. Karada ni ke wo kaburi; tsune ni chijô ni hokô shimasu: uma, ushi nado wa, kono rui ni zoku suru.

2. *Kinchô rui* (Oiseaux). — Kono rui no dôbutsu wa, kokyû wa, hai wo motte shimasu. Ko wa, tamago kara fukwa shimasu. Hane wo motte, taitei wa, kûchû ni tobimasu.

Reiketsu dôbutsu (Animaux à sang froid).

1. *Ha-chû rui* (Reptiles). — Kono rui no dôbutsu wa, hai wo motte kokyû shimasu. Tsune ni hôte aruku mono de arimasu: kame, hebi, tokage nado wa, kono rui ni zoku shimasu.

2. *Chi-chû rui* (Batraciens). — Kono dôbutsu wa, hai to era de kokyû shimasu. Hattari oyoidari suru mono de arimasu: kaeru, imori nado wa, kono rui ni zoku shimasu.

3. *Uwo rui* (Poissons). — Kono rui no dôbutsu wa, era wo motte kokyû shi; mizu no naka ni oyogimasu.

Musekizui dôbutsu (Invertébrés).

Kwansetsu dôbutsu (Articulés).

1. *Rokkyaku-chû rui* (Insectes à 6 pattes). — Kono rui no dôbutsu wa, san tsui no fushi-ashi, oyobi atama, mune, shiri to no sambu yori nari-tachimasu: kabuto-

mushi, hotaru, kami-kiri, hachi, chô, ka, hae, semi nado, sunawachi kono rui no naka de arimasu.

2. *Kumo rui* (Arachnides). — Kono dôbutsu wa, fushi-ashi wa, shi tsui atte, atama to mune no ni bu ga tsuite, ittai to narimasu.

3. *Yûkoku rui* (Crustacés). — Kono rui wa, go tsui ijô no ashi wo sonae; sono karada wa, tsûjô fusoroi na kwan-hen yori nari-tachimasu : ebi, kani, mukade no gotoki wa, kono rui ni zoku shimasu.

4. *Sen-chû rui* (Vers). — Kono rui no dôbutsu wa, ashi no nai mono ari; mata ashi no kawari ni, chijimaru beki fushi no kataki ke no yô na mono wo sonaete oru mono mo arimasu. Karada wa, hoso nagaku shite, kwan-hen yori nari-tachimasu : gokai, mimizu, hiru, sanada-mushi nado wa, kono rui ni zoku shimasu.

Nen-eki dôbutsu (Mollusques).

1. *Nantai-chû rui* (Céphalopodes). — Kono rui wa, karada wa yawaraka na kawa wo kabutte, taitei wa ikko, naishi ni ko no ishibai-shitsu no kara wo sonaete orimasu : tako, ika, katatsuburi, ta-nishi, hama-guri nado no gotoki wa, kono rui no naka de arimasu.

2. *Hôsen-chû rui* (Acalèphes). — Kono rui wa, karada wa gunya-gunya to shite, kuchi yori suji wo kakuhô ye hirogeru mono de arimasu : namako, uni, kurage nado wa, sono rui ni zoku shimasu.

3. *Takyô-chû* (Polypes), ou *Sango-chû rui* (Coraux). Kono rui wa, amata no karada wo awasete, hito miki to narimasu.

4. *Genshi-chû rui* (Primitifs — amorphes — spongiaires). Kono rui wa, sono karada ôku wa, tokubetsu no kikwan wo sonaete orimasen : kaimen nado no gotoki wa, kono rui ni zoku shimasu.

(Extrait de *Go jû ya mono-gatari*, page 193.)

2.

Ouvrages cités dans ce Volume.

Voici pour ceux de nos Lecteurs qui désireraient se les procurer, la liste des Ouvrages cités dans ce Volume. Nous ne donnons que le titre de ceux qui ne portent pas le vrai nom de l'auteur :

Kokkei hitori enzetsu. — A Kô-shô-dô. Tôkiô, Kyô-bashi-dôri, Ginza, Ni-chô-me, roku ban chi.

Rakkwa ryûsui. — A la même librairie.

Nintai no hana,   ,,

Mono-shiri-gao.   ,,

Hitori-goto.   ,,

Go jû va mono-gatari. 2 vol. — Chez Makino Zembei. Tôkiô, Nihon-bashi-dôri, Shi-chô-me, shichi ban chi.

Futsû gaku enzetsu biji-hô, par MM. Imai Michio et Kawahara Nobuyoshi. — Chez Yoshioka Heinosuke. Ōsaka, Higashi ku, Bingo-chô, Shi-chô-me, shichi jû ban chi.

Rekishi enzetsu biji-hô. — A la même librairie.

Yônen no shinro, par M. Tamura Chokushin. — A Jûjiya. Tôkiô. Ginza, San-chô-me, ni ban chi.

Kodomo enzetsu, par M. Suba Keiji. — A Gaku-yû-kwan. Tôkiô, Asakusa, Shinbeiei-mon-chô, ichi ban chi.

Kyôiku dai enzetsu. A Kôgyoku-dô. Tôkiô, Kanda-ku, Yamamoto-chô, san jû ban chi.

Kokkei shingaku michi no hanashi, par M. Nishimori Nobushiro. — A Meguro Shiten. Tôkiô, Kyôbashi-dôri, Minami-demba-chô, Ni-chô-me, go ban chi.

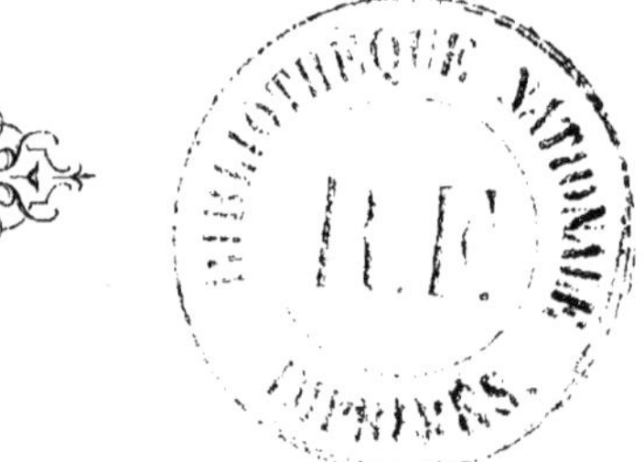

TABLE

Deuxième partie.

Troisième Partie.

ERRATA.

Page.	Ligne.	Au lieu de:	Lisez:
9	11	hana uta	hana uta
17	10	iuta	iûta
—	14	iute	iûte
18	14	ukagô	ukagawô
20	25	negô	negawô
28	1 (et note.)	ka-nyu	ka-nyû
29	15	...-naka mono	...-naka no mono
37	28	ron yori shôko	" *ron yori shôko* "
—	30	lno	no
—	note 2	dans e	dans les
42	2	moke-kuchi	môke-kuchi
50	4	ima sara	ima-sara
53	note 1	voix là	voix-là
77	4	mu kashi	mukashi
—	6	shinamo no	shinamono
78	20	komono	kemono
95	note 2	en outre de	outre
100	7	arasô	arasou
104	9	oi-tsukau to, ippan	oi-tsukau to ippan
113	10	kono tsûyô	kono tsûjô
144	10	haka	hoka
158	14	tataki	takaki
161	1	shika	to shika
171	7 (et note.)	hachu	hachû
—	21	mo koke	mo, koke
176	14	arn	aru
188	17	ugo uo	ugo no
205	8	myôiban	myôban
214	7	kori	kôri